JN211998

大正期日本の転換

―辛亥革命前後の政治・外交・社会―

櫻井良樹　著

芙蓉書房出版

本書のはじめに

本書の各章は、筆者がこれまでにさまざまなところに書いた論考のうち、本書タイトルに関係するものを選び、四部に再構成してまとめたものである。それぞれの論考は、大学の「紀要」や「論集」に寄稿したものや、各章の末尾の追記にその経緯を記したように、企画の一章として執筆したものもある。それらは、筆者が過去に出版した『大正政治史の出発』および『辛亥革命と日本政治の変動』を補足し、更に深めたものである。筆者の、もう一つの分野である東京や国際交流に関するものは、別の機会を期し、本書には含めなかった。

第一部は、本書の序章的意味をもつもので、日露戦後期から大正期を扱った二つの長めの文章をおいた。この二つの文章は、書いた時期が近く問題関心が接近しており、また他章に比べて、日露戦後および大正期の日本社会・政治を俯瞰し、政治思想史的な色彩も有するものであり、第二部・第三部の細かい分析を理解する上で役に立つと思い最初に置くこととした。

続く第二部は、日露戦後の政治と社会に関する論文を集めた部分である。第三章では、日露戦後政治体制を切り崩し、大正期の政治において一定の役割を果たした政治家である島田三郎の活動を紹介することによって、桂園体制期に政界の中心から疎外されていた勢力の大正期への転換を見る。第四章では、政党勢力の増大が進行していく体制下でなされていた華族・貴族院の動向を扱った。第五章では、多くの戦死者を生んだ日露戦争が、日露戦後社会に与えた動きの一つを、犠牲者の全国的追悼活動を通じて紹介した。

第二部最後の第六章では、加藤高明の特に中国とのかかわりを論じることを通じて、島田三郎とは異なる日露戦後から大正期の政治社会の展開を示した。

第三部は、すべて辛亥革命一〇〇周年にあたり執筆したもので、第七章は日本の外交政策が革命事件をきっかけとして分裂・混迷してくる過程を描き、第八章においては革命のクライマックス期に構想、一部は実行された日本陸軍による出兵計画の全貌をあきらかにし、第九章では清国の政体問題を論じる日本の世論を分析して、それと大正政変・護憲運動とのつながりについて再考してみた。

第四部は、辛亥革命や、その後の中国に関する文章を集めたものである。第一〇章は、大陸に関心を有する人物としては共通していたものの、これまで並べて論じられることのなかった宇都宮太郎と後藤新平の関係を史料面から明らかにし、第一一章では地理的に遠く直接的な関係の少なかった中国の新疆地域に対する参謀本部の見方と位置づけを見た。第一二章は、他章とは異なり、辛亥革命の記念物である歴史遺跡を巡った体験を通じて考えたエッセイ的な文章である。そして最後の第一三章では、その後の日中関係の展開に関係する、いくつかの史料紹介を行った。

全体として本書に収めた文章は、日露戦後から大正期にかけての日本政治・外交や社会の転換あるいは展開を扱ったものが多いので、本書のタイトルを『大正期日本の転換』とし、副題を「辛亥革命前後の政治・外交・社会」とした。

このタイトルは、文庫本にもなっている岡義武『転換期の大正』を連想させるかもしれない。この名著は短い大正時代を、さらに短く、一九一四年の第二次大隈重信内閣と第一次世界大戦参戦から第二次加藤高明内閣までの約一〇年間の政治史を概説したものであった。そこでは明治時代の藩閥政治が変動し始め、いわゆる「大正デモクラシー」期における政党政治への期待がふくらむ中で、確かに政党内閣への歩みを進めたものの、いっぽうで実際の政治はさまざまな問題をはらんでいたとし、その限界性が描かれている。

転換期として大正期を位置づけるとしたら、その限界が昭和期の非政党政治と軍国主義化を招いたということになる。本書は、概説書ではないし、また明治と昭和に挟まれた大正期を、大上段に転換期と位置づけることはせず、日露戦後から辛亥革命、大正政変、第一次世界大戦を経ていく過程の日本において、従来の政治の枠組みや、外交政策、そして日本社会が多様な転換を見せ、さまざまな可能性を見せていたことを扱いたい。

大正期日本の転換◆目次

✺第三部　辛亥革命と日本

✺第四部　辛亥革命の周辺

✺ 第一部

序・日露戦後ナショナリズムのゆくえ

第一章　日露戦争後の日本と「大国民」意識

はじめに

一九〇六（明治三九）年三月に『大国民』という新聞が発刊された(1)。ここで、この新聞を取りあげるのは、このタイトルが日露戦後の日本の気負いを象徴しているように思えるからである。タブロイド判月三回発行なので雑誌に近く、現にその年の一二月（二三号）からはB五判月二回発行の雑誌体裁に改められた。発行は大国民社であり、国民倶楽部の機関誌を兼ねていた。国民倶楽部は、日露講和条約反対運動で活躍した政治家たちが、条約成立後の運動を継続するため一九〇五年一〇月に組織した在野政治団体である。

その発刊の辞の冒頭に、次のような一節がある(2)。

対露戦争に於ける大活動は我国をして一躍世界列強の伍班に入らしめたり、啻に東洋の形勢に大変化を与へたるのみならず、世界の大局にも亦大影響を及ぼせり

日露戦争の勝利により日本は列強の一員となり、東洋における国際政治に大変化を与え、世界政治にも大影響を与えるようになったというのである。この言葉は、まだ戦争が終わって半年も経っていない時期のものである。たしかにロシア勢力を南満洲から退けたという点では大変化であり、白人国に対する勝利という意味で画期的だったに違いない。しかしこの時点では日仏協商も日露協商も結ばれておらず、後に出現する三国協商と三国同盟の対立という世界大局への影響はまだ明らかではなく、また日本がアジアの

一員としてよりも帝国主義列強国の一員として振る舞うことが明瞭になるまでには、多少の時間差があった。つまり筆者の願望が籠められた文章なのである。それを次のように説明する（3）。

〔日本の〕位置たるや宛かも所謂二十世紀逐鹿の場たるへき支那大陸と太平洋との中間に介在す、世界の大局に影響を及ぼす所以のもの固より偶然に非ず

日本の地理的な位置は、今後国際政治の焦点となっていくと思われる中国大陸と太平洋の中間にあるから、世界情勢に大きく影響することができるのだという地政学的な説明をしており、それは偶然ではない、必然なのだと断言している。それをふまえて、日本国民の気構えについて論じていく。戦争前までは、実際には日本の国力・国勢は伸びていたにもかかわらず、世界の人々も、ましてや日本人自身もそれを自覚していなかった。しかし戦争の結果、世界の人々も日本の進歩を認め、日本人も誰一人としてそれを疑い日本を侮るものがなくなった、と。そして最後に今後の課題について、こう述べる（4）。

吾人は吾人の大国民たるを自覚し且其実力を自信すると同時に、吾人は亦吾人の進歩が尚ほ甚だ欠漏多きを知了せり、〔中略〕是時に当り内、憲法の精神を擁護して国力を充実し、外、形勢の変に応じて国権を伸張し、以て東洋の平和を保持し、世界に於ける大国民の任務を果たさんとする豈容易の事ならんや

日本は日露戦争によって大国となり、また列強もそれを認めるようになり、日本人自身も「大国民」であるという自覚を持つようになった。このような自覚の上に立って、日本人は「世界に於ける大国民の任務」を果たさねばならないというのである。ここで重要なのは、その前提として「憲法の精神を擁護して国力を充実」しなければならないと述べられていたことである。

一、日露戦後の原点

五〇年前の宮地正人の研究(5)は、日露戦争以後の帝国主義時代に乗りだしていった日本が、政治的および社会的にどのように再編されていったのかという観点に立って、社会的には地方改良運動における社会の再統合を進める側面をいっぽうで描くとともに、政治的には、その後「大正デモクラシー」運動を演出した一要素としての「国民主義的対外硬派」というグループの存在を析出した。

その際に宮地は、たとえば国民倶楽部の設立趣旨の次のような語句に注目した。これは今ではとても有名な語句であろう。これも『大国民』の村松恒一郎「媾和問題活動始末」に再掲されている(句読点を加えた)(6)。

晩近列国競争の局勢を支配する二大潮流あり、此に順ふものは興り此に逆ふものは衰ふ。二大潮流とは他なし。其一は則ち立憲主義にして、其二は則ち帝国主義なり。而して此二主義は併行れて相悖るものに非ず。即ち内立憲主義を取り、外帝国主義を行ひ、表裏相依り相須ちて始めて方今の大勢に応ずべし。〔中略〕内には憲政を振興し、外には国力を発展し、以て帝国の大任務を行ふ、敢て難きに非ざるべし。

このような主張のうち、「内には憲政を振興」の面に関する動きについて注目する研究は、大逆事件に象徴される日露戦後「冬の時代」に押し込まれていく社会主義運動史の観点から描かれていたそれまでの民衆運動史に、新たな地平を切り開くことになった。宮地と前後して進められた松尾尊兊『大正デモクラシー』や江口圭一『都市小ブルジョア運動史の研究』が、その代表であった(7)。

日比谷焼打事件が支配層の社会主義運動に対する恐怖感を高め、赤旗事件や大逆事件のような弾圧を生んだのは確かである。しかしいっさいの民衆運動を閉塞させてしまったわけではない。松尾や江口は、この時代に新たに力を伸ばしてくる各地の商業会議所などに集う資本家たちの起こした悪税廃止運動や増師反対運動を追うことにより、その社会的影響が政治の組み替えにつながっていくことを描いた。このような研究動向は、一九八〇年代以後の都市政治史研究につながっていったように思われる。原田敬一は、日清戦後から始まり日露戦後により顕著となる都市への人口流入が引き起こした都市問題が、都市支配構造を変化させていくことを描いた(8)。

日比谷焼打事件は、多くの国民の講和に対する失望に原因があった。新聞の戦勝報道(9)は、民衆に期待を抱かせるものであったから、賠償金を獲得できなかったことに、民衆は屈辱講和だと憤り、戦死と増税のためだけに戦ったのかと政府を恨むことになった。

しかし原因として、それは十分ではない。都市に置き去りにされつつあった民衆の状況も重要であった。暴動の主力は職人や、日雇い人夫、人力車の引き手など、農村の生活が苦しくて都市に流れ込んできた人々が多く、彼らの貧困に対する怒りと政府の専制に対する忿懣が、対外硬派の扇動によって爆発したのであった。日露戦後不況は、まだ先のことであったが、日露戦争の遂行のための重課と犠牲は、民衆の負担感を増大させていた。

ここに戦後社会の原点があった。そして類似の騒擾事件が全国各地で起こる。たとえば一九〇六年の二回にわたる東京市電値上げ反対運動がある。これらの運動を指導した者は、都市問題を民衆福祉の観点から重視し市民生活の観点から解決しようとしていた。彼らは政治的立脚点を民衆勢力に求め、より国家を強くしていく(帝国主義実現)ためには、一般国民の力を重視しなければならない(立憲主義実現)ということを主張して政治活動を開始したのであり、本章冒頭にあげた『大国民』に集った桂園体制から疎外され政界革新を唱えた政治家であった。筆者は、都市における新たな動向を政治史的な動向と接合させ、桂園体制から大正政変への流れを描き出そうとした(10)。

ここで確認しておこう。桂園体制とは、日露戦後の第一次桂太郎内閣末期から第二次西園寺公望内閣の崩壊まで、官僚・藩閥勢力を代表する桂と立憲政友会総裁の西園寺とが互いに対立しながらも、元老会議の決定を経ることなく政権授受が行われた時期、あるいはその時期の政治構造を指す。藩閥勢力からの自立を強めつつあった桂と、原敬の指導によって力を増しつつあった政友会が、山県有朋や伊藤博文らの元老を牽制しながら政治運営を行った時代である。この体制に対抗したのが、前述の三税廃止運動などで活動を始めた中小ブルジョアジーや、都市民衆に基盤を置く新たな政治勢力であった。

二、対外硬派の満洲開放論

日露戦争での日本の勝利は、開国・明治維新以来の日本が追求してきた、欧米の植民地になるという恐れを払拭した事件であり、欧米列強に対抗できる国家となったことを意味するものであった。そして同時にこの勝利は、多くの人にとって自明であった維新以来の国家目標を喪失させるものでもあった。徳富蘇峰は『大正の青年と帝国の前途』という著作の中で、「世界に恐ろしき物もなく、又た心配の事もなき結果」として、国民は「太平の民」となり、「臥薪嘗胆の合言葉は、何時の間にやら消え失せて、社会の一部には、安逸放恣の醜状を呈せり」と述べている(11)。それに代わって多様な価値観が生まれてくるのが日露戦後の時代であった。これらは人々の関心を、国家から社会へ、また一人ひとりの暮らしへと下降させていくものであり、その流れの中から夏目漱石の個人の主体性を重んずる考え方や、労働運動や婦人運動などの新しい思潮が生まれてくることになる。民衆に目をむけるような動き、あるいは「小日本」をめざす動きも、このようなところから生じたのであろう。

　また日露戦後という時代は、日本のあるべき姿をめぐって新たな国家構想が議論され始めた時代であった。日本は南樺太を譲り受け（一九〇五年）、韓国を併合した（一九一〇年）。またロシアから譲渡された南満洲の利権を基礎に、中国大陸に対する関心と関与を高めた。そしてこれがアメリカとの長い対立の始まりとなった。

その中で新領土や利権を基盤に植民地（帝国）経営を考えていこうとする動きも現われた。世界的には列強間対立が深まりつつあり、軍拡競争が始まっていた。日本は帝国主義の道を選択し、植民地帝国を築きあげていったことは事実である。最近の研究動向では、そこにもさまざまな方向性のあったこと、つまり昭和戦前期の日本に直結していないことが、明らかになりつつある。また軍部（特に陸軍）が一貫して政治的に横暴を働き武断的侵略を追求したというイメージも崩れつつある。軍部の一体性について最初に疑問を呈したのが北岡伸一であった(12)。そこでは対中政策において慎重な立場をとる長州閥と武断かつ積極的な上原派というような対立軸が描かれた。小林道彦は、桂の元老政治からの自立を大陸政策に絡めて、日露戦後の桂や後藤新平らの対外政策が山県有朋や寺内正毅などの軍事大国路線ではなく経済的観点重視の植民地経営論であったという差を強調している(13)。伊藤博文や西園寺公望の国際協調的（特に対欧米協調的）な姿勢を指摘する研究もある(14)。このような研究の変化により、政治外交史はずいぶん変化をした。千葉功は、日露戦後の日本帝国主義外交（旧外交）の全体像を描いている(15)。

さて冒頭で紹介した「内に立憲、外に帝国」というスローガンを唱えた国民倶楽部のメンバーは、実際に戦後の外交問題に関してどのような主張をしていたのであろうか。『大国民』の社説を見ると、たしかにロシアに対しては対外強硬的色彩が強い。しかし意外なことに排外論であったかというと、そうではなかった。「戦後の外交（中）」は、次のように論じている(16)。

> 英国は同盟国なり、米国は親善の与国なり、過去に於て我が外政の主眼たる東洋の平和を支持するに於て最も有力なりし日英米の提挈は将来に於ても亦必ず継続し得へきものと信じ、且つ之を望まざるを得ず

日露戦後になると日英同盟の重みが減少するとともに、アメリカとの対立が強くなっていくのだが、こ

こでは日露戦争以前からの同盟・親善関係を維持することが必要だとしている。日米対立の要因となる中国問題についても、英米との良好な関係を維持するには、アメリカの主張する「領土保全、門戸開放」原則に則って行動すべきだとしている(17)。

支那問題に至りては、他列国の利害深く相錯綜し、三国〔日英米〕の関係も亦頗る相纏綿たり〔中略〕然れども領土保全、門戸開放の大主義に於て、三国既に一致し、東洋の平和を支持するに於ても亦共に異言なきは、対露戦争の事実に視て甚だ明かなり〔中略〕我国に於ては英米の交誼を益厚くし、共に世界大局の平和に力を致さんと欲せんは、必ずや虚心坦懐、支那問題を協定し和衷し、各其長所を以て之を啓発誘掖することを努めざるべからず〔中略〕要するに我国の外交は、東洋の平和を以て目的となし、支那の保全開放を主眼となすが故に、列国との関係も亦之を以て主となすべきやいふ迄もなし

このように意外にも国際協調的（対英米協調的）なのである。そしてそれは満洲開放を積極的に主張していることからもわかる。「北満洲の開放」という論説(18)では、「対露大戦争の原因は、満洲開放問題に在り〔中略〕故に戦後経営の題目、固より一にして足らずと雖も、畢竟満洲開放を以て主眼となさざるべからざるなり」と述べ、「満蒙韓の経営」(19)では、同地方において商業を発展させる必要を説き、そのためにはまず交通機関整備が必要であると述べる。そして、

吾人は最後に於て一言せざるべからざるなり。他なし、所謂満洲の門戸開放是れなり。〔中略〕夫れ政府は既に奉天安東県の開放を列国に通牒し、更に「清国の主権を尊重し列国に機会均等の主義を許し」云々の方針を公にしたる事なれば固より疑問を其間に挿むの要なしと雖とも、少くも一時は列国人殊に英米人までをして我国の意思を疑はしめたるに就ては、吾人窃に当局者に遺憾なきに非ず

この時期、五月に満洲の安東が、六月に奉天が開放されたばかりであった。満洲問題をめぐる協議会が開催され、軍政撤廃が決定されたのは五月二二日のことであった。『大国民』は、早期満洲開放論であった

のである。このような主張は、開戦にあたっての論理がロシアの満洲不当占領を排除するための日本の「正義の戦い」であったことを考えればわかりやすい。そしてアメリカもイギリスも、そのような日本を応援する国であったのである。したがって文章の末尾にあるように、英米人に疑いを持たれるような行為は避けねばならなかった。このように『大国民』の主張は、対外硬派というネーミングには似つかわしくない。この英米両国に対する姿勢は、しばらく継続される。

ところで一九〇六年一〇月、サンフランシスコにおいて日本人児童が東洋人学校への転校を命じられる事件が起こった。それ以前からアメリカ西海岸では、急激に増加する日本人移民に職場を奪われることへの恐怖感から排日論が高まっていた。この事件をきっかけとして日米関係は一挙に緊張し、開戦論までもがマスコミをにぎわすことになった。『大国民』は、この事件を、「人種的偏見を以て我が国民に対し一大侮辱を加ふるもの」であり、「対等の地位に立てる條約上の精神を没却し、我帝国の面目を汚損する最も甚しきもの」であると不満を表明しており、同志の一部は不当を訴える運動を起こしたが、いっぽうでは次のように述べている（「排日事件と国民の覚悟」）[20]。

吾人同志たるもの一たび起つて天下に呼号せんか全国響の如くに応じて国論一時に沸騰すべきは毫も疑ひを容れず、然れども今は猥りに軽挙妄動すべき時に非ず

ここでも冷静な対応を促しているのである。

この後『大国民』は休刊に入るために、日米対立のその後や韓国併合に関する意識を知ることはできない。そこで別の方向に話を向けよう。

なお日米間の緊張は、一九〇七年暮れから翌年初めにかけて交わされた移民自主規制の紳士協定、および一九〇八年一一月の高平・ルート協定によって一時的に解消した。しかし一九〇九年にはホーマー・リーによる日米未来戦を描いた小説『無知の勇気』が出版されたり、一九一三年にはカリフォルニア州外国

人土地法（いわゆる排日土地法）が可決されたりするなど、その後の日米関係はしっくり行かなかった。大逆事件裁判が非公開・控訴審なしのものであったことも、言論弾圧の事例としてアメリカの対日批判を高めた。

三、植民地帝国日本

満洲開放に消極的な意見は、小村寿太郎や陸軍の一部にあった。日露開戦後まもない時期の一九〇四年七月に、小村外相は意見書を提出した。そこでは、開戦以前には韓国を勢力範囲とし、満洲では既得権利を維持することで満足すべきであったが、開戦の結果として日本の満韓政策を一歩進めなければならないとして、韓国は「事実上に於て我主権範囲」として「保護の実権を確立」し利権の発達を図り、満洲は「或程度まで我利益範囲と為し我利権の擁護伸張を期せさるへからす」という戦争目標を設定していた。具体的な清国政府への要求として、満洲不割譲の約束、満洲秩序維持と行政・兵制・警察の改善実行、ハルビン・旅順間鉄道と遼東租借地の譲渡承認、鴨緑江より遼陽に至る鉄道敷設権譲与、列国通商のために多くの市邑を開き商工業上機会均等の主義を維持することなどであった(21)。

ここで問題になるのは、ある程度までの利権の範囲とする、その程度であろう。小村の主張点は、ほぼ日露講和条約と一九〇五年一二月の「満洲における日清条約」により、また一部は満洲五案件条約として一九〇九年九月に日本が獲得することになり、また満洲の通商のための開放も、陸軍の抵抗のために多少遅くはなったものの実現したので、最初から列強、特に英米両国と折り合える程度のものを想定しており、それほど膨張的なものであったわけではないと評価することもできる。

しかし戦後になると、南満洲（後にはこれに東部内蒙古が加わり満蒙）を日本が特殊利益を持つ地帯として、列強各国の関与を排除していこうとする動きが出てくる。たとえば第二次桂内閣（外相は小村）は、一九〇八年九月二五日の閣議で、「満洲に於ける我特種の地位に関しては漸次列国をして之を承認せしむるの手段を取るへし」という語句を含む決定を行っている(22)。

外交的には、日露講和条約により日本がロシアから譲り受けた遼東半島を関東州とし、関東都督府を設けて陸軍大将が都督となって統治した。そこから長春へ向けて走る南満洲鉄道は、日本の満蒙経営の中核として設立された国策会社であった。日本は三回にわたる日露協約(一九〇七年七月・一九一〇年七月・一九一二年七月)によって、両国は満洲および内蒙古に分界線を設けて、南満洲地域と東部内蒙古地域を日本の特殊利益地域として規定し、同様に北満洲を特殊利益地域とするロシアと協力して防護することを約束した。フランスとも一九〇七年六月に日仏協約が結ばれ親善関係に入り、同年八月の英露協商の成立によって、日本は帝国主義列強対立における対ドイツ包囲網の一翼を担うことになる。満蒙へのこだわりが、この時期に生まれ始めていたのである。ただしアメリカは、日本の積極的な満洲政策に反発し、満鉄平行線建設計画を立て、それに失敗すると、満洲鉄道中立化案を列強諸国に提案し、日米の対立的立場がしだいに明瞭になる(一九〇九年九月)。

以上のような日本が膨張していく姿を夏目漱石は、小説『それから』(一九〇九年六月二七日〜一〇月一四日『東京朝日新聞』掲載)の中で「牛と競争する蛙」のたとえ話に託して「もう腹が裂けるよ」と批評している。漱石の目には、日本は無理なことを行い、神経衰弱に罹って呻吟しつつあるように見えたのである(「現代日本の開化」と題する講演)。このような発言は、石橋湛山や三浦銕太郎の小日本主義、そして東亜同文会の雑誌『支那』にペンネーム無尊壺狂という人物によって掲載された「満洲還付」が日中和親の前提であるという論(23)などに通じるものがあろう。

四、日露戦争の記憶化

しかし現実には、漱石や石橋湛山とは別の感情の方が、しだいに主流の位置を占めていったように思われる。日露戦争後数年もすると、日露戦争は歴史的記憶として定着し始める。日露戦争は、東郷平八郎や乃木希典などの勇将たちの活躍と、広瀬武夫や橘周太などの「軍神」となった戦死者たちの物語として語られるだけでなく、徴兵されて戦士として出征し旅順攻撃などで亡くなった身近な地域の多くの戦没者に対する物語としても語られたのであった。それは日本の発展を、犠牲の代償として理解することによって遺族が慰められるという構造を持っていたように思える。

明治の終わり頃には日本全国津々浦々の町村には、忠魂碑が建てられる。それは、日露戦争で多くの戦死者が出たことによる。日清戦争での戦没者は少なかったため、個人碑か郡などを単位とする記念碑が多かった。筆者の旧佐原市内（現在は香取市）における調査(24)では、日清戦争直後に建てられた碑について、戦没者個人を祀ったものは確認できたが、複数の戦死者を一つの碑に同時に刻んだものはなかった。複数の名前が刻されているのは、瑞穂村・佐原町・香取町などと香取郡を単位とする従軍記念碑・戦勝記念碑に限られていた。それに比較して日露戦争直後に建てられたものは、東大戸村・大倉村・香取町・佐原町・津宮村など村単位の集合碑である。集合碑は、戦没者と従軍者を分けて作る場合もあるが、両者が一体となっている場合もある。このときの建碑にあたって日清戦争関係者を加えた例は一例だけであり、ほぼすべて日露戦争に限定される。なお大正期に入って建てられた集合碑（新島村・香西村）は、西南戦争あるいは日清戦争より第一次世界大戦までの戦没者がまとめられて刻まれている。

また一〇年を経ずして起こった日清・日露戦争は、軍隊システムを地方に根付かせていった。人々が国家に徴兵されて出征し、凱旋・帰郷あるいは除隊して故郷に戻ってくるという行為が積み重ねられたことにより、徴兵システムの地域社会における重みが増していった。そしてそれは村々に生まれた軍人援護団体が、一九一〇年に全国組織である帝国在郷軍人会として統合化され規格化されていくことにつながった（25）。

これについても静岡県磐田郡三川村（現袋井市）の例では、兵士を慰労するということを出発点とした村の兵事関連組織（尚武会や振武会）が、日清戦争前後に郡による組織的な活動に取り込まれ、在郷軍人同士のつながりや町村における一般民衆の軍事知識と意識を高めていく運動を行うようになっていく。それが日露戦後になると、新たな全国組織としての帝国在郷軍人会の下に収斂させられていった。袋井市域でも日清戦後には郡単位に記念碑・慰霊碑を建設し所有するようになっていたが、日露戦後になると各町村で作られるようになっている。これもある種の規格化の反映だったといえよう（26）。

五、アジアへの視線

日露戦後は、一面では日本人が世界に飛び出していった時代であった。植民地として獲得し、あるいは利権が及ぶようになった地域は、それまでの日本人にはまだまだ未知の地域であった。植民地帝国日本は、それらの地域とかかわりを持たざるを得なくなる。日本人が海外で活動する機会が多くなるいっぽうで、アジアからの人の流入も増える。

そのことが日本人に、ある種の「アジア発見」をもたらすこととなる。たとえば臨時台湾旧慣調査、満洲旧慣調査、韓国土地農産調査などは、統治の必要に迫られて行われたものであったが、日本の東洋学を発展させた面がある。大谷探検隊は一九〇二年から一九一四年のことであり、統治とは関係ないが、アジアに出かけていくという意味で、この時代の雰囲気を表している。大谷よりは無名であるが曹洞宗第九代管長の日置黙仙は、一九一一年から翌年にかけて、シャム皇帝（ラーマ六世）戴冠式に参列後、東南アジアからインドを巡礼して帰朝した。一九一〇年の白瀬矗の南極探検も、同様である（27）。

『大国民』もアジア地域に注目し、第六号では土爾扈特王（トルパト王）、第七号ではシャム皇族ナコンチャセイ殿下、第七号・第八号ではエジプトの過去と現在、第一一号では中央アジア風俗、第一二号ではペルシャの今昔を取りあげている。

ただしその国際化は、かなり偏りを持っていた。一〇年前の日清戦争での日本の勝利は、清国からの多くの留学生を日本に送り出すきっかけとなった。そしてさらに日露戦争が、アジアの人々に期待を抱かせたことは知られている（ベトナム独立運動のファン・ボイ・チャウなど）(28)。しかし実際にはアジアとの関係は変化していく。日本側の対応が変わっていったのである。日露戦争直後の「満洲における日清条約」は、ロシアが清国から奪った利権を日本が引き継いだものであり、それは清国人の日本への期待を裏切るものであった。

それにもまして問題となったのが、在日清国人留学生取締規則であった。一九〇五年一一月二日付で公布された「清国人を入学せしむる公私立学校に関する規程」は、約八〇〇〇人の学生が休学して反発する事態を引き起こした。『申報』は、次のような記事を掲載している(29)。

> 最近になって、清・韓留学生に対する取締規則が出された。〔中略〕現在日本人は、われわれを韓国人と同じ取締規則のもとに置こうとしているが、これは清国を第二の韓国とし、韓国の学生を扱うやり方でわれわれに対処しようとしているのだ。〔中略〕この特別の処遇を受けるくらいなら、むしろ学問を捨てた方がよい。自由を失うくらいなら身を滅ぼした方がよい。

ここでより問題としなければならないのは、この投書記事が日本人の唱えるアジア主義に対して疑問を呈している点である。白人に対して「東亜の力を結集して抵抗する」という考え方が誤っていたと、次のように述べている。

> 今、日本人には白人と同様近づいてはいけないことがやっと分かり、目からうろこが取れた思いだ。

われわれはあえて日本を恨みはしない。これまで自らを強くしようと考えずに、ひたすら他人を頼っていたことだけを恨む。またあえて同胞に告げるが、日本人の「同文同種」という言葉にだまされてはいけない。隣家に私の兄弟だと自称する者がいて、強盗がわが家に入ってきたときに、強盗を追い払ってやるという口実で、私の部屋に入ってきたとする。その場合、私は強盗以上にその人を憎む。日本は、強盗を追い払ってやるという理由で人の家に押し入ってきている存在というのだ。これは平等のアジア主義というものが思想としては成立するものの、現実には実現しにくいものとなっていたことを示している。

アジア主義的な考え方は、欧米との対抗という意識を前提とし、日本はアジアに属するのだから、もっとアジア諸国のことを考え、アジア連帯によりアジアの利害を代表して行動しなければならないとするものである。しかしそれが往々にして論者の「主観」とは異なる結果をもたらしたことや、連帯をめざしたつもりでもアジア側から見れば侵略であったこともあった。侵略と連帯が、具体的状況において区別できるかどうかは大問題であると述べたのは竹内好であったように記憶している。『申報』への寄稿者も、「アジア主義」が現実的には日本の拡大のために利用されていることを指摘していたのである。

日本を疑うような感覚は、日本政府の外交方針によって大きくなっていく。明治の代表的ジャーナリストの一人である池辺三山は次のように書いている(30)。日仏・日露協商締結に関してのものである。

清国側の我に対する誤解は却つて結ぼれて解けざるを致せり。日仏協約の成りたる後、間もなく仏国は其印度支那の領土より清国南境に聊か活動する所あり、恰も日本より此方面の自由行動を許されたるかの如き観を呈したればなり。又我日本政府も日露協約を作りしと同時に間島問題を提起し、恰も露国と手を取りて互に満洲南北を自由に分割せんとするが如き色を示したればなり。

そして一九一〇年の韓国併合は、さらに日本に対する清国の警戒感を高めることになったのである。

おわりに

日露戦後は、その後の日本国家のあり方を決めていく上で、いろいろな可能性を秘め、しかし同時に大正・昭和期に引き継がれていく日本社会の諸相が見え始めた時期であった。大国民意識を有するようになった日本は、列強の一員として開かれた精神のもとに国際社会の中に乗り出していくことが求められた。しかしそれはなかなか現実においては難しいことであった。新たに獲得した大陸権益へのこだわりは、英米両国との協調を動揺させるおそれがあった。政府の政策として満蒙権益の維持・拡大政策が取られるようになったのは第二次桂内閣からであったが、素朴な国民感情としても、戦争での多大な犠牲は、満蒙へのこだわりを強くするものであった。それは講和が無賠償で終わったことや、戦争の記憶が歴史として定着してきたことも一因であったろう。また排日問題のような、理性では解決困難な問題に直面して、日本国民が欧米優位の国際社会のルールそのものに不信感をいだき始めたことも指摘できる。しかし韓国併合が行われた段階では、まだ欧米列強諸国に対する反発は、偏狭なナショナリズムまでには至っていなかったように思われる。

『大国民』は韓国併合後に月刊として再刊された。その「再刊之辞」(31)には、日露戦後の創刊当時のことについて興味深いことが記されている。

回顧すれば日露戦後、上下戦捷の余熱に酔ふて或は一等国と称し或は大国民なりと誇負し、揚々自得する所ありしと雖も、而かも畢竟一個の誇大妄想狂たりしに過ぎずして、其実真に一等国たり大国民たる資質要素を具有したるには非ず〔中略〕惟ふに今や、列国勢力の競争は日に益々激甚を加へて一日も吾人の偸安を容さず、特に韓国併合の事成りて、東洋に於ける帝国の責任は一層の重きを致すの秋、国民たるものは益々奮励自警する所無かる可からず

日露戦後に日本が大国民となったというのは誇大妄想、いわば空威張りであったのであり、今はますま

す発展の努力をしなければならないというのである。

　日本が植民地帝国となったために、アジア諸地域との関係においても摩擦が生じてくる。その中でも深刻であったのは、中国との軋轢であった。それは日露戦後からしだいに大きくなっていく。そして一九一一年一〇月に清国において辛亥革命が勃発し、列強諸国は対応を迫られることになる。日本は、満洲についてはロシアと、中国本土についてはイギリスと協調しながら勢力拡大を策した。日本は立憲君主政体による事態収拾を図ることで主導権を獲得しようとしたが果たせず、翌年一月に中華民国が成立し、二月には清王朝は倒れる。日本の民間世論は、革命派に同情を寄せ、孫文などを援助した。いっぽうでは満蒙の中国本土からの分離を主張する人も現われるなど、中国政策をめぐって分裂が生じるようになってくる。列国協調（特に日英協調）は機能せず、むしろ日本の行動を抑制する役割を果たしたことは、欧米より自立した独自外交を行うべきだという主張を生み、やがてそれがアジアは日本の勢力圏だという考え方と結びついてアジア・モンロー主義という自己中心的な主張に至るであろう。

　これについても『大国民』には、それまでなかったような論調が現われる。中西正樹「中華民国承認問題」[32]は、率先して中華民国を承認する必要を主張する。その時に、清国と関係の薄い列国を気兼ねして日本の「利害関係を無残々々に供するのは不条理」であり、これまで「日本の対清外交は主動的施設を欠いて、何時も列国の尻馬に乗れるの観がある」と批判している。これは自主外交の主張である。そして「これ〔承認〕と同時に此際満洲を日本の利益圏内に収むるの必要」があり、「満洲の処分は今日の間に動かざる根柢を据えて置く必要」があるとする。具体的には「民国と日本とが共同して満洲を統治する」という提案を行っている。これはある意味では日中提携なのだが、ずいぶん日本に都合のよい主張である。このように『大国民』は、日露戦後の満洲開放論とはずいぶん異なる、まさに対外硬派的な色彩を強めるようになっていくのである。現在残存が確認できる『大国民』の最終号は、一九一六年六月号である。その号の特集は「基督教退治号」であった。これは同誌の論調が独善的・偏狭的なナショナリズムに陥っていたことを象徴的に示すものであろう。

註

(1) 本章で利用した『大国民』(新聞)は、当時筆者が所有していたものを利用した。現在は、国立国会図書館憲政資料室に寄贈され閲覧できるようになっている(「戦前期政党・選挙・東京市等関係資料」3)。
(2) 「発刊の辞」(『大国民』第一号、一九〇六年三月一五日)。
(3) 同前。
(4) 同前。
(5) 宮地正人『日露戦後政治史の研究』(東京大学出版会、一九七三年)。
(6) 村松恒一郎「媾和問題活動始末」(『大国民』第二二号、一九〇六年一一月二〇日)。
(7) 松尾尊兊『大正デモクラシー』(岩波書店、一九七四年)、江口圭一『都市小ブルジョア運動史の研究』(未来社、一九七六年)。
(8) 原田敬一『日本近代都市史研究』(思文閣出版、一九九七年)。
(9) 新聞の一般民衆への影響力は、戦前に比べると比較のならないほど高まっていた。たとえば有山輝雄(『近代日本ジャーナリズムの構造』東京出版、一九九五年)、片山慶隆(『日露戦争と新聞』講談社、二〇〇九年)。日比谷焼打事件については藤野裕子(「都市民衆騒擾期の出発―再考・日比谷焼打事件」『歴史学研究』七九二号、二〇

○四年、後に『都市と暴動の民衆史』有志舎、二〇一五年の第一章となる)。
(10) 拙著『大正政治史の出発』(一九九七年、山川出版社)、同『帝都東京の近代政治史』(日本経済評論社、二〇〇三年)。
(11) 徳富蘇峰『大正の青年と帝国の前途』三〇七頁(民友社、一九一六年)。
(12) 北岡伸一『日本陸軍と大陸政策』(東京大学出版会、一九七八年。新装版は二〇二三年)。
(13) 小林道彦『日本の大陸政策』(南窓社、一九九六年)、同『桂太郎』(ミネルヴァ書房、二〇〇六年)、前者は増補・改題されて『大正政変』(千倉書房、二〇一五年)となった。
(14) 伊藤之雄『伊藤博文』(講談社、二〇〇九年)、同『元老西園寺公望』(文春新書、二〇〇七年)。
(15) 千葉功『旧外交の形成』(勁草書房、二〇〇八年)。
(16) 「戦後の外交」(中)(『大国民』第三号、一九〇六年四月五日)。
(17) 同前。
(18) 「北満洲の開放」(『大国民』第八号、一九〇六年五月二五日)。
(19) 「満蒙韓の経営」(『大国民』第九号、一九〇六年六月五日)。
(20) 「排日事件と国民の覚悟」(『大国民』第二一号、一九〇六年一一月五日)。
(21) 「日露講和條件に関する外相意見書」一九〇四年七月(外務省編『日本外交文書・日露戦争』第五巻六〇～六二頁、日本国際連合協会、一九六〇年)。
(22) 高平大使宛小村務外務大臣「帝国の対米外交方針に関する件」一九〇八年九月二九日(『日本外交文書』第四一巻第一冊七七頁、日本国際連合協会、一九六〇年)。
(23) 無尊壺狂(『支那』第四巻第二号四頁、一九一三年一月一五日)。この論説については、拙著『辛亥革命と日本の政局』一一〇頁(岩波書店、二〇〇九年)参照。

（24）拙稿「佐原市内の戦争関係碑を見る」（上）（下）（『佐原の歴史』第四・五号、二〇〇四・二〇〇五年）。

（25）軍隊と民衆との関係について、一ノ瀬俊也『銃後の社会史』（吉川弘文館、二〇〇五年）、荒川章二『軍隊と地域』（青木書店、二〇〇一年）、藤井忠俊『在郷軍人会』（岩波書店、二〇〇九年）などがある。

（26）三川村村長をつとめていた久野治太郎の残した史料（久野家文書）による。なお久野家文書の目録が袋井市によって発行されている（袋井市立図書館編『袋井市郷土史料目録』第八集、一九九八年）。

（27）拙稿「可睡斎護国塔と日置黙仙」（東アジア近代史学会編『日露戦争と東アジア世界』ゆまに書房、二〇〇八年）、本書第五章に収録。

（28）内海三八郎著・千島英一・拙編『ヴェトナム独立運動家潘佩珠伝―日本・中国を駆け抜けた革命家の生涯―』（芙蓉書房出版、一九九九年）で扱ったことがある。

（29）「続・全在日留学生よりわが国の人々に謹んで告ぐ（投稿を論説記事の代りとする）」一九〇五年一〇月三日、光緒三一年九月五日（内川芳美他監修『外国新聞に見る日本③一九〇三～一九〇五　本編・下』四七五～四七六頁、毎日コミュニケーションズ、一九九二年）。

（30）池辺三山「我外政方針」（『東京朝日新聞』一九〇九年六月九日、『明治文学全集』第九一巻二七五頁、一九七九年、筑摩書房版による）。

（31）「再刊之辞」（『大国民』第二九号、一九一〇年一一月）。

（32）中西正樹「中華民国承認問題」（『大国民』第五七号、一九一三年四月）。

〔追記　本稿は、和田春樹他編『岩波講座　東アジア近現代通史　第2巻「日露戦争と韓国併合」』に寄稿したものである。もともと他の著者により執筆が予定されていたものが、何か差し障りがあって急に依頼があったもので、短い期間に書きあげたものであった。講座ものの性格から、二〇一〇年頃までの研究状況をサーベイした上で、日露戦後の社会状況を織り込みながら、日露戦後から大正初期の政局において政界革新を唱えて転轍機の役割を果たしたグループの対外硬論を再確認してみた。社会状況に関する記述は、歴史学研究会編『日本史史料（4）近代』（岩波書店、一九九七年）の第三章「植民地帝国への変身と政党勢力の成長」を担当した際に収集した史料（掲載に至らなかったものを含む）が役にたった。

この時期に関する研究は、ますます充実してきている。その数点をあげれば清水唯一朗『政党と官僚の近代』（藤原書店、二〇〇七年）、北野剛『明治・大正期の日本の満蒙政策史研究』（芙蓉書房出版、二〇一二年）、伏見岳人『近代日本の予算政治』（東京大学出版会、二〇一三年）、佐々木雄一『帝国日本の外交』（東京大学出版会、二〇一七年）、真辺将之『大隈重信』（中公叢書、二〇一七年）、伊藤陽平『日清・日露戦後経営と議会政治』（吉川弘文館、二〇二一年）、久野洋『近代日本政治と犬養毅』（吉川弘文館、二〇二一年）、藤野裕子の前掲書（註9）などである。

今回、本書に掲載するにあたっては、タイトルを修正し、二〇一〇年当時を指す語句を削除したほか、註を細かく記すとともに、その後書籍化された論文や史料についても補った。本文は、他章との重なりがある宇都宮太郎への言及箇所を削り、語句を整えたほかは、ほぼそのままである。〕

第二章　大正期ナショナリズムの位置を考える

はじめに

明治時代・大正時代・昭和時代（ここでは狭く戦前に限る）と、天皇の名をかぶせて時代を区分することが、近代日本史を理解する上で、どれほど意味のあることであるか、またそれが適切な行為であるか否かを検証することは難しい。しかし実際には、これらの語句は当然のように使われ、それぞれの「時代」は、なにがしかのイメージを仮託されて使用されている。理屈はともあれ、それを用いることが有用だからだろう。

明治時代は、幕末日本の開国を受けて、維新の変革を経て近代化につとめ、日清・日露の二大戦役を戦い植民地国家と変貌していった「発展の時代」として語られることが多いし、昭和時代は、中国やアメリカとの戦いの末に日本の敗北へと向かった時代というイメージが強い。特に明治時代については、『明治時代館』や『明治時代史大辞典』などの書物が編めるくらいの豊富な内容が思い浮かぶ(1)。

しかし本章で扱う大正（「大正時代」・「大正期」）は、年代がわずか一五年しかないためか、強いイメージはないようである。使用されたとしても、固有のまとまった時代というより、その前後の時代に挟まれた谷間の時代として、脇役的存在であるように思われる。しかし日本の歩みを考えた時には、それなりの重みを有する時代であったのではないかというのが、筆者の問題意識であり、それを考えることを本章の課題としたい。

一、一〇〇年前の時代相

大正という年号が始まったのは、改めて述べるまでもなく西暦では一九一二年のことである。私事にわたるが、二〇一二年前半にイギリスに旅行した。エリザベス二世の戴冠六〇周年のダイヤモンド・ジュビリーやロンドン・オリンピックを記念する掲示が街中に飾られていたが、もう一つ目立ったのがタイタニック号であった。たまたま訪れたリバプールの海事博物館では大々的な展示が行われ、調査で訪れたナショナル・アーカイブズのお土産屋でも、同号に関する記念品が売られていた。一九一二年はタイタニック・イヤーでもあった。リバプールでタイタニック号が造られて処女航海に出て氷山に衝突して沈没したのは、一九一二年四月一四日の深夜であった。タイタニック号と同型の船は三隻あり、他船の名前はブリタニック号とオリンピック号だった。オリンピック号は、一九〇八年のロンドン・オリンピック大会に由来するものである。この第五回大会に、まだ日本は参加してはおらず、日本が初めて参加したのが、ちょうど一〇〇年前のストックホルム大会のことであった。このことは日本が世界列強の一員として活躍を始めるようになった時代を象徴しているように思われる。

いっぽうアジアでは、一九一一年一〇月一〇日に辛亥革命が勃発し、翌年には清王朝による中国支配が消滅し、一九一二年一月一日に中華民国が孫文を臨時大総統として建国された。アジアで初めての共和国である。しかし、その後の中国情勢は混迷を深め、日本は大陸に対する影響力を強めていこうとするが、そのあり方をめぐって政策対立が激しくなる（本書第七章）。

さて、大正一〇〇年の意味するものは、もちろん天皇の代替わりがあったということである。明治天皇の病状が、全国各地で報道され始めたのは七月二一日のことであった。二〇日に宮内省から公式発表があり、新聞はそれを翌日から掲載した。たとえば長野県の有力紙であった『信濃毎日新聞』にも、二一日から東京電話という形で、一面のトップと二面のノドに記されている。記事には二〇日行われるはずであった隅田川の川開きが無期延期になったことも記されている。お祭り騒ぎを謹慎するという、平成への代替わりの時にも見られたような動きがあったのである。

そして明治天皇が亡くなる七月三〇日（本当は二九日深夜）までの一〇日間、また亡くなってから葬儀が行われた九月一三日までの約五〇日間は、明治天皇に関する記事が連日のように掲載された。亡くなる前は病状が一刻ごとに報じられたが、没後は「明治大帝の御聖徳」「明治大帝の御偉業」など天皇を称える記事（もちろん貶すことなどはありえないが）が掲載された。明治天皇は、近代日本発展の象徴としてとらえられたのである。

明治天皇の薨去と同時に新天皇が即位、元号も大正と定められた。ところが不思議なことに、新天皇（大正天皇という名は、その没後におくられたものだが、不便なので大正天皇と記す）に関する記事は少ない。即位したばかりで報道する内容が少ないのはある意味当然であるが、大正天皇はすでに三三歳であり、皇太子としてすでに二〇年以上の「実績」があったから、もう少し記事があってもよさそうなものである。『信濃毎日新聞』では、八月三日の紙面に大正天皇の幼少期についての記事が掲載されているが、それはわずか二段半にすぎない。

八月三一日は、ちょうど大正天皇の誕生日にあたっていた。つまり大正時代の最初の天長節の日は、明治天皇没後の一ヵ月後にあたっていた（暑い季節を考慮して翌々年から天長節は一〇月三一日とされた）。天長節ということもあり、大正天皇に関する記事がたくさんあるだろうと予想して紙面をめくったが、そうではなかった。『東京朝日新聞』は、「大正第一の天長節」という二段半の記事で天皇の人となりを紹介している[2]が、『信濃毎日新聞』には一般的な記事はない（後述のように社説では言及している）。明治天皇の服喪期間であるということも影響していたのだろう。

代替わりにあたってジャーナリズムの世界では、明治の過去を振り返ることはあっても、新しい天皇像や、その下で迎える時代について、天皇を絡めて論じることが余りなかったということである。後述するデッキンソンは、明治天皇とは異なり、西洋式の教育を施され、外国語を身につけ、学校に通うなどの経験を有している大正天皇に対して、たとえば『ニューヨークタイムズ』のような外国新聞が、新しい時代の到来を予感して記事にしていたことを指摘している(3)。これは欧米における代替わり報道の通常のあり方であったと思われる。欧米新聞の影響を受けて登場した日本の新聞でも、これから迎える時代について、新天皇にこと寄せて語られても決して不思議ではなかったのだが、もっぱら明治天皇が偉かったこと、明治時代に日本が発展したことが論じられており、これからどうしたら良いのかということについては余り議論されなかったのである。

二、桐生悠々の議論

ただ『信濃毎日新聞』には、少し違う面が見られる。当時同社では、桐生悠々が主筆として社説を書いていた(4)。桐生は一九一〇（明治四三）年に大阪朝日新聞社から転じて入社し、一九一四（大正三）年まで在籍、その後『新愛知』を経て、再び一九二八（昭和三）年から一九三三年まで同社の主筆をつとめた。二回目の主筆時代に軍部を批判したことで「抵抗の新聞人」（井出孫六）と評価されている。ここで扱うのは、彼の最初の信濃毎日新聞社時代である。桐生は、明治天皇が亡くなった前後にも、ユニークな議論をしていたことが、すでに指摘されている。

桐生が、天皇制を否定したり、天皇について貶すようなことを言っていたわけではない。『畜生道の地球』の刊行の辞(5)では、桐生が明治天皇のことを「真の民主主義者」であったと述べていたと記されている。そのことを前提にして、この時期の記事を確認しておく。まず明治天皇の病状発表について、余りにも神経過敏に反応して活動を中止するのはよくないと書いたことが知られている（「聖上御不例――神経過敏なる日本国民」七月二二日)。また「休業と謹慎」という社説(九月一〇日)では、休業することばかりが謹慎の意を表わすことではないとして、いっせいに休業してしまう風潮について、形式的に流れている側面があると批判している。これは隅田川の川開きが中止になったようなことを指していよう。さらに九月一三日大葬時の乃木希典の殉死について、亡国的遺習だと述べたことは有名である(「陋習打破論」九月一九日~二一日)。乃木の行為は、一般的には天皇に忠節を尽くす「道徳的」行為だと受けとめられたのだが、それを真正面から批判したのである。この「陋習打破論」は大きな問題となり、小坂順造社長の紙面での謝罪、桐生自体が批判されることになった。

だが、桐生が大正天皇についても言及していることは、これまで余り触れられて来なかった。天長節の時には、記事としてではないが、「新帝の天長節」(八月三一日)という桐生の社説が掲載されている。そこには乃木殉死を批判した社説の論理的前提と、新天皇と新時代への期待が述べられている。

要旨は、天皇を失ったことを悲哀的のみに語ることはどうかしている、日本国民の戴く天皇は明治天皇をおいて外にないという騒ぎ方は考えものだ、むしろ新帝を補弼して帝国の前途を完成することに尽力する必要がある、今の世間の風潮を見ると、「今上陛下の御世は明治天皇の御世よりも手頼ないと云ふ大それた感情を暗示」しているような感じがするけれども、それは大間違いである、我らはむしろ過去を捨てて将来に向って前進したい、だから新帝を補弼して帝国の運命に今一層の光明をもたらしたい、というものである。

少し補足する。桐生は、昔ばかり見ているのではなく、もっと大正天皇を助けようとか、これからの時代について色々な希望を語ることが必要であると述べ、同時に次のように現状を批判する。現状は元老や政府当局者および国民が、来るべき時代について処する道を講じないで、また講じようともしないで、ひたすら過ぎ去った方ばかり振り返って、前途を望見しないことは遺憾千万である、と。

その一例として文部省が賞賛した、つまり「公認」した「降るは涙の天が下、世は暗とこそなりにけれ」という哀悼の歌が薨去の際に詠まれたことをあげている。この「暗とこそなりにけり」という部分は、新天皇を侮蔑するもので、新天皇の時代（原文は「御世」）を頼りないとする大それた感情を暗示するものである。これから新しい天皇の政治が始まるのに、最初からそれを暗いものだというのはおかしいであろうと、こう批判した上で、さらに「我等は寧ろ過去を捨てゝ将来に向つて前進したい」として将来を語ることの重要性を次のように述べている。

「明治天皇の御世に於ては、我等は其団結力と戦闘力に於て天下に冠たることを示した」、これは日清戦争や日露戦争での勝利により日本が世界に認められたことを指す。しかし「学問と財力に於ては、依然として世界の第三等国たるを保証した、特に外交の能力に於てはテンデお話にならぬ」と言う。これは政府の外交能力への不信感を述べたもので、具体的には日露戦後のポーツマス条約が結ばれた時の政府の外交を批判しているものであろう。だから「近き将来に於て、政治、外交、経済、学問等総ての方面に於て、世界の一等国たる実を揚げねばならぬ」、そのためには「我等は徒らに過去の夢を貪つて居てはならぬ」のであって、今後日本が政治・経済・学問・外交分野でも世界の一等国にならなければならず、それを大正天皇の天長節に期待したいと主張する。桐生は大正天皇にこと寄せて、大正時代における政治・外交の変革への期待を述べたかったのである。

ではどのような変革を、桐生が、来たるべき時代に期待していたのであろうか。それは、この社説に遡ること一五日前の「大正の新政界」という社説（八月一五日）で知ることができる。この社説は、桂太郎が内大臣となった（八月一三日）ことを契機として書かれたものであり、新しい政治とは、日露戦争後長く続いてきた桂太郎と西園寺公望が交互に政権を担当するという体制（桂園体制）の変革であった。内大臣は現実の政治（政治運営）にはかかわらない天皇の側近であって、桂はこの職に就くことによって、現実の政界から引退したと理解された。桐生は、桂の引退を喜ばしいことだとし、これが政治を変えるきっかけとなる、これから新しい政治が起こってくることを期待すると述べている。ただし最後のところで、「大正の政界は面白くなつてきた、俄に色めき渡つて来た」、「言ひ知れぬ楽観の夢を貪らんとすると共に、言ひ知れぬ悲観説を抱かざるを得ぬ」として、不安にも言及している。これは桂が野心を捨てたように見えても、そうではない可能性があるということを付け加えたものであって、後にこの不安は的中することになるのだ。

大正への代替わりに際して、一般的には余り期待感のようなものは論じられてはいなかったが、『信濃毎日新聞』の桐生は例外であった。これらのことについて桐生は、昭和初期に書かれた自伝(6)で、次のように語っている。

忠君なる観念は特殊な天皇に対する忠のみではなくて、天壌と共に窮なき万世一系の天皇、言いかえれば皇室に対する忠を意味していると確信している。だから乃木将軍にして真に忠君ならんと欲したならば、明治大帝に仕えると同様に、大正天皇にも仕えねばならない。〔中略〕だから、私は勢い乃木将軍の殉死を寧ろ無責任として批判せざるを得なかったのであった。

つまり新しい天皇になったら、新しい時代に期待して仕えることが国民の任務であり、普通のことであろうと語っていたわけである。

三、大正のイメージ

大正のスタート時に、大正天皇の姿や新時代についての期待感が余り報道されなかったのはなぜだろうか。それは大正天皇の個人的事情によるものであったのだろうか。天皇が病弱で、後には公務に堪えることができず、一九二一(大正一〇)年からは皇太子(昭和天皇)が摂政となったので、そのように考えるのも不思議ではない。大正天皇が病弱であったことは事実であり、そのため存在感がなかったことも事実であろう。しかしこれは現在の我々が知っていることであり、大正の初めの時点にあって、一般国民は知らなかったはずである。したがって大正天皇への期待が余り表明されていないことの方が不思議なのである。

大正天皇については、研究が進み、いくつかのまとまった大正天皇論が提示されている(7)。そこでは、色々と新しい解釈が試みられている。大正天皇の皇太子時代の事績について、たとえば原武史は、行啓に関する新聞報道などを根拠として、大正天皇は本来陽気で快活な人物であった、また病状悪化により摂政を置くことになったのは、開明的な態度を嫌った周りによって押し込められたのだとしている。皇太子時代の報道が、どれほど真実を伝えているかについては疑問の残るところだが、天皇の苦悩というものを浮き彫りにしている点や、天皇に対するイメージも変化していった可能性のあることを指摘していて興味深い。

古川隆久のものは、最もまとまった伝記で、原とは異なり天皇の病状について重く見ており、出生時からの虚弱体質が最後まで影響を与えたこと、皇太子時代にも、その報道が少なかった理由として、彼が抱えていた個人的問題(わがままや勝手な行動を取る、これは良く言えば「気さくな」と表現される)があったこと、その結果として期待される天皇像を実現することができなかった悲運の天皇としている。

ディキンソンは、大正天皇は明治という新時代に育った天皇であり、西洋風の文化を身につけており、また自身が欧米に興味を抱いており、皇太子時代から近代という新しい時代に即した新しい皇室の姿を象徴していた、二〇世紀の世界にふさわしい天皇だったとしている。本人の行動や意志は別にして(本人もそのような姿を受け入れていたことも強調されているが)、そのような報道がなされ、そのようなイメージが確かにできつつあったことは認めてよかろう。

いずれにしても三者とも、大正時代に、その時代に固有の大正天皇像が形成されつつあったことを述べている。大正が始まった時点では、それは白紙の状態であったが、明治時代や昭和戦前期に固有のイメージがあるように、大正時代についても特徴のあるイメージができつつあったということであろう。そして本稿と関連する点は、そういう大正天皇あるいは大正時代イメージが、われわれには伝えられていない、つまり後になって忘れられた点にある。今われわれが有している大正のイメージは余り強烈ではない。それは一つには大正時代がわずか一五年と短かったことによる。またイメージが定着するほど、その時代相が安定せず、あっというまに変わっていったことによろう。

一九一二年七月の一〇年後、二〇年後の『信濃毎日新聞』を取りあげてみると、たとえば一九二二（大正一一）年七月九日夕刊には、陸軍の軍備縮小問題の記事が一面に出ている（「陸縮の大暗礁」「陸軍軍縮実行期」）。ワシントン会議で海軍軍縮条約が結ばれた直後のことであり、軍縮が陸軍にも波及していたということがわかる。ところがその一〇年後の一九三二（昭和七）年七月一八日夕刊には、愛国信濃号（戦闘機）の献納記事が出ている（「仰げ颯爽！我等の隼」）。県民が寄付を募って飛行機を献納するという内容であり、背景には前年九月一八日に始まった満洲事変や、満洲国が作られたことがある。七月五日夕刊にはリットン調査団の名も出ている。明治が終わって一〇年後には軍縮をしていたのが、二〇年後には戦争が始まっていることがわかる。これはかなり大きな変動である。

いっぽう内政面では、一九二二年七月時点の内閣は海軍軍人の加藤友三郎内閣であるが、その直前までは政友会による政党内閣（一九一八年原敬→一九二一年高橋是清）が日本の政治を担っていた。このあと加藤友三郎・山本権兵衛・清浦奎吾と中間内閣が成立したが、二年後には加藤高明を首班とする政党内閣が復活し、その内閣下で普通選挙法が成立し、政党内閣はしばらく続くことになる。しかしちょうど二〇年後の一九三二年には、五・一五事件が起こって犬養毅首相が暗殺されたことにより、政党内閣は途絶え、それは戦前において復活することはなかった。政党内閣や普通選挙法の通過は、戦前におけるデモクラシーの一つの到達点と見なしてよい。このように内政面においても大変動が起こっている。
一般的な大正イメージを代表する語句は、「大正デモクラシー」であろう。戦前における民主主義とか、非軍国主義的で国際協調的傾向とかの意味で用いられることが多い。まさに大正が始まった一〇年後には、この言葉がぴったりする時期を迎え、そのまた一〇年後には、もはやそのイメージで語ることのできる時代ではなかったのである。

さて「大正デモクラシー」という語句は、政党内閣と普選の実現というような政治的な意味でのとらえ方と、労働争議や小作争議の頻発などの社会的現象面をとらえた意味で用いられる場合とがある。特に後者は、第一次世界大戦後の新しい世界の潮流に対応して出現したものである。一九一四年から一九一八年にかけて戦われた第一次世界大戦は、一九一八年一一月に休戦、一九一九年六月にベルサイユ講和条約調印で終わった。それはドイツ軍国主義の敗北、ロシア革命の勃発、アメリカの台頭などをもたらし、思想的には社会主義や民主主義などの影響が強くなった。このような影響が日本に強く現われたのは、だいたい一九二〇年代前半であり、その意味で、この時期を「大正デモクラシー」という言葉で表わすことには異論はない。

しかしそれが予定されていたものであったか、別な言葉でいうと大正の開始時点で目標とされ達成されたものであったかというと、そうではなかった。「大正デモクラシー」の始点として取りあげられるのは、一九〇五年の日比谷焼打事件と一九一二年から翌年にかけての第一次憲政擁護運動であろう。この二つの事件について、ここでくどくど説明する必要はないが、その性格について以下のことだけを確認しておく。
日比谷焼打事件は計画的なものではなく、自然発生的なものであったが、都市暴動の発生は政府当局者に相当の衝撃を与えた。つまり民衆騒擾という社会的現象が初めて発生したという点で「大正デモクラシー」の始期にあたるとされる。人々は、日清戦争の時と同じように、戦勝の結果として領土や賠償金を獲得できると思い込んでおり（あるいは思い込まされており）、そうでないことが明らかとなった時に、それへの不満と、政府の外交能力に対する不信から生じた政治の改革要求が、焼き打ちにつながった。

もはや日本には戦争を継続するだけの国力が無いということがわかっていたのは政府要人に限られ、国民には実態が伝えられていなかったという点は仕方なかったが、この運動は、非常に対外強硬的なものであり、領土拡張を疑わない帝国主義的な感覚を根底に持っていた。戦勝の成果を獲得できない無能な政治を変える必要があるというのが、その後、講和反対運動をリードした政治家たちが訴えたものであった。彼等の政府批判と政治改革路線は、民衆の意向を実現する政府が必要だという方向である点においては、立憲政治あるいは民本主義の実現を求めていくデモクラシー運動であったということができる。しかし同時にそれは帝国主義的な主張でもあった。「外に帝国主義を行うために内に立憲主義が必要である」という主張をしていた国民主義的対外硬派と名付けられてきたものである(8)。第二節で紹介した桐生悠々も、日露戦時には、そのように考え講和反対を叫んだ者の一人だった。

もう一つの画期とされる第一次憲政擁護運動（大正政変とも呼ばれている）は、より政治的な事件であった。一九一二年一二月に陸軍二個師団増設問題で第二次西園寺内閣が総辞職をしたあと、複雑な経緯を経て桂太郎が三度目の内閣を組閣することになる。すると、それを軍閥・藩閥の横暴とする声が高まり、第一次憲政擁護運動が始まり、内閣は翌年二月に総辞職するに至った。これは立憲政治の擁護を掲げた民衆運動が、内閣の運命に直接的な影響を与えたという政治的な意味で、「大正デモクラシー」を象徴する事件であった。ただし最近の研究では、この時期の桂は従来の道とは別の道を歩み始めようとしていたという位置づけが主流になってきている(9)。しかしそれは、当時の多くの人たちの理解とは異なる。桐生が「大正の新政界」で、桂の内大臣就任を政界改革のきっかけと見て、その実現を期待し、いっぽうで桂が野心を捨てたわけではない可能性にも言及していたことからわかるように、桂の再登場は、一般的には古い政治の復活と受けとめられたのである。

日比谷焼打事件にしても第一次憲政擁護運動にしても、都市の民衆が政治的な主体として、政治的に非常に大きな重みを持つという時代が始まったことを表わしている。そして日比谷焼打事件にかかわった政治家も、第一次憲政擁護運動の中心となった政治家たちも、そして桂の新しい政治に期待して新政党に参加した政治家たちも、国を強くするためには国民全体が一丸となって政治に参加することが重要であるという考え方を持った人たちであった（桂はこの時に政党創設を発表したが、その新政党の姿は挙国一致的なものであったように思われる）(10)。帝国主義に対する批判は、社会主義者の中にはあったが、それは少数であった。このように明治の終わり頃から大正の初めの政治目標は、立憲主義の実現（→国民の政治参加の拡大、やがて民本主義となる）ではあっても、まだ対外強硬的・帝国主義的なものであり、一九二〇年代のような非軍国主義的で国際協調的傾向を指向していなかった。

これは、大正時代を通じて、そのような対外硬的主張が変化したということを意味する。

四．大正初期の対外強硬論

筆者は日露戦後ナショナリズム論の変容を、『大国民』という雑誌を題材にして扱ったことがある（本書第一章）。これは上で述べた「外に帝国主義を行うために内に立憲主義が必要である」という主張をしていたメンバーの対外論の変化を見たものである。そこでは、日露戦争終了時のポーツマス講和条約反対運動の中心となり、引き続いて日露戦後の政界革新運動の中心となった国民倶楽部の対外論を扱った。その論調が意外にも国際協調的なものであり、それは英米諸国への信頼にもとづいていたことによることを、満洲開放論を早くから主張していたことや、サンフランシスコにおける学童隔離問題（排日問題）についても冷静な対応を求めていたことから指摘した。すなわちいったんは対外硬的側面が弱まっていることを指摘したのである。

しかしそのような姿勢は、一九一〇年一一月に再刊された後の『大国民』では弱まり、対外硬的論調が再び強まっている。その主張は、列強に気兼ねなく日本の中国（特に満蒙地域）に対する影響力を高めるような主張と、これとは矛盾するようだが、同時に中国との連帯も主張するように変化している。これはともに欧米から自主・自立的な外交を取ることを強調するものであった。このような論調変化が明治の最末期にあり、その変化の背景には韓国併合や辛亥革命という東アジアの大きな政治変動があった。特に一九一一年における辛亥革命に際して、イギリスとの協調にもとづく日本外交が何ら成果をあげなかったことに対する不満は、満蒙へのこだわりと、アジア・モンロー主義的な考え方を強くしていったのである。

また日露戦後しばらくして、戦争で犠牲者となった出征兵士の慰霊という側面から、日露戦争によって獲得した関東州および南満洲を犠牲の代償とする意識が強くなり、満洲（やがて満蒙となる）へのこだわりが年とともに強くなっていくことも指摘した。それは日比谷焼打事件の際に現われた国民感情が、形を変えて表われたものといっても良い。この感情は、一時的なものではなく、むしろ時がたつにつれて高まっていくという点で、よりやっかいなものであった。ただし石橋湛山の小日本主義が出現するのも同時代である。

日本がロシアから引きついだ南満洲の利権は、遼東半島租借権と南満洲鉄道経営権（安奉線を含む）を中核とするものであった。それに付随する形で満鉄並行線建設に関する事前協議とか、鉄道付属地の設定とか、鉄道沿線の駐兵権とかがあった。さらに清国に要求して一九〇九年九月に結ばれた満洲五案件協約により、大石橋・営口間鉄道建設、撫順・煙台炭鉱経営権、新民屯・法庫門鉄道建設の事前協議権などを日本は獲得した。日本が南満洲を勢力圏として設定したのは、第二次日露協約（一九一〇年七月）と第三次日露協約（一九一二年七月）で、南満洲および東部内蒙古を日本の、北満洲および西部内蒙古をロシアの特殊利益地帯とする秘密協定によって相互に認め合い、それを共同で守ることを約束したことによる。

この内、期限つきであった遼東半島租借権と南満洲鉄道経営権は、一九一五年の対華二一ヵ条要求の結果締結された条約により延長された。さらにこの時、日本は、南満洲における居住・往来・営業と土地商租権および治外法権、東部内蒙古の都市の開放と農工業経営、南満洲における外国人顧問の日本人優先傭聘権などを獲得したことによって権益は拡大された。勢力圏は日本の植民地や領土を意味するものではなく、また獲得した権益については実態化されなかったものがあったが、一部の人は満蒙を「日本のもの」のように考える傾向がしだいに強くなっていった。その心底には、満洲を日露戦争における日本の犠牲の代償とみなす感情があった(11)。特にその感情は陸軍の軍人に大きかった。

たとえば後の陸軍中将で良識派の一人といわれた宮崎繁三郎（ここで宮崎をとりあげる特別な意味はない、ただ最近彼の書いたものを読んだだけである）でさえも、満洲事変が始まる以前において、日露戦争において、ばくだいな犠牲を払った「国帑を費し」「鮮血を流せる」のは、「大陸発展」が日本「民族生存の第一義」であったからだと述べている(12)。

もっと早い時期（清王朝支配が崩壊し、袁世凱により中国の混乱が収まりつつあった時期）には、本書第二部でしばしば登場させた参謀本部第二部長の宇都宮太郎は、満蒙にこだわる思いを庶民の感情に託して次のように記している(13)。

満蒙に於ける特種なる日本の地位は日清日露二大戦役の結果にして、十数万の同胞は之か為めに斃れ、二十余億の国幣は之か為に糜せられたるなり。数十万の寡婦孤児は今尚ほ之か為に泣き、五千万同胞の今尚重斂に苦しみつゝあるもの、亦実に之れか為なるに外ならさるなり。〔中略〕二十余億の国帑と十数万人の生命とを以て、国家の存亡を賭して贏ち得たる帝国の此地位は、陸海数十倍の大圧力を蒙り刀折れ矢尽き一艦一兵の用ゆへきもの無きに至らさる以上、断して自ら撤退するものにはこれあらさるなり。

宇都宮は辛亥革命の混乱の中で中国の分割を策し、革命派を支援するとともに、清王朝がその発祥地である満蒙に存続することを策していた人物である。宇都宮は清朝の滅亡が目前に迫っていた一九一二年一月末に「尚ほ及さるにあらす」という意見書(14)で、中国は、いったんは革命党の天下となるから、今は調停を行う最後の機会だとして、その骨子として「甲、満洲朝廷をして北方に於て其祀を存せしむること」「乙、南方には(中略)北方と妥協し一日も早く平和を回復して新国家を建設すへきを勧告し、政治経済軍事上等好意を以て援助を与へつゝ、深く我勢力と利権とを確植し、以て徐ろに後図を策すること」と述べ(丙は略す)、そのために差しあたって「極めて隠密に」親貴王公などの勤王党を鼓舞激励して共和政体に反対させ、また袁世凱を免黜して満廷派の人物に代えさせるように導くことを進言している。そしてもしこの計画が失敗をした場合には「満廷をして満蒙等の地を保守し帝国保護の下に一国を為さしめ置くこと」が必要だと述べている。満蒙への日本影響力の増大を策していたのである。

この流れの中で行われたのが満蒙への日本影響力の拡大工作であった。これについては、中見立夫がモンゴル側の史料にもとづき、モンゴルにおいて満蒙独立運動といえるような確固たる動きはなかったこと、また日本側でも、その策動があったとはっきりいえるのはわずかな期間であったこと、それなのにこの「運動」が実態以上に大きな動きであったようにされているのは、この運動の中心にあった川島浪速が満洲事変から遡って、あたかも「運動」がずっと存在していたものだとしたことによる、とされている(15)。

筆者はこの見解について、モンゴル側の動向や工作対象とされた王侯たちの思惑については同意する。しかし、日本側に満蒙への影響力拡大を策した動きが存在していたこと自体は否定しがたいと思っている(詳しくは本書第七章参照)。満蒙独立運動という語句は適切ではないかもしれないが、満蒙独立という流れを作出する工作としての意味である。

このような積極的な（というより冒険的な）大陸政策が登場したのは、辛亥革命への対応のなかで日英同盟（それは中国政策における協調も一つの柱としていた）に綻びが生じたことによるものであった。それが明らかになった時、日本の外交政策は、国際協調を重視するのか、それとももっと積極的・自立的な外交により重点を置くのかという二つの政策対立を生じさせたのである。たしかに、この時期には、いっぽうでは石橋湛山の小日本主義（植民地放棄論）もあった。しかし同時に、この時期以後に生まれてくる積極的・自立的な外交とは、それまでの国際協調外交が欧米を外交の主軸と見なしていたこととは異なり、アジア、特に中国とのかかわりを重視するものとなった。それは日中提携論やアジア・モンロー主義のような積極的な対中国政策につながることが多かった。このような新たな傾向が、陸軍だけでなく、民間をも巻き込んで登場してくることが重要である。

五．大正期の転換

しかしすでに指摘したように、大正天皇が即位して一〇年が過ぎた大正末には、軍縮を容認する姿勢が新聞で報じられるように変わっている。すなわち明治末期から大正初めにかけて登場した対外硬的な外交論は、大正期には主流とはならなかったのである。それは国際協調を日本が選択せざるを得ないようになったということである。その原因の一つに、第一次世界大戦の長期化の中で世界が変化したということがあげられる。まず一九一七年にロシアで二月革命と一〇月革命が起こり、世界で初めての社会主義政権が誕生した。また一九一七年のアメリカ参戦により、ドイツの敗北がもたらされる。これをきっかけにアメリカの時代が始まる。そのソ連ではレーニンが共産主義思想にもとづく帝国主義批判を繰り広げ、アメリカは講和にあたってウィルソン大統領により平和外交が提唱されることになる。そしてそれが日本に大きな影響を与えることになった。また戦争長期化の過程で総力戦認識が高まり、これは国家のあり方自体を再検討させる動きにつながった。総力戦の問題は、大正から昭和への動きとして長期間にわたる問題として重要だが、ここでは扱わない。

ここでは浮田和民の議論を見ることにより、より短期的な側面での影響を見ておこう(16)。浮田は、たぶん現在ではあまり知られていないが、大正時代における論壇の中心的人物の一人である。熊本生まれで、明治初期にキリスト教に入信した熊本バンドの一員で、その後同志社英学校を出たあと、エール大学に留学、帰国後は早稲田大学で長い期間にわたって政治学や歴史学を教えた学者である。一九〇九年には総合雑誌『太陽』の主幹となり、教育と言論活動を通じて自由主義的政治思想を説き、大正デモクラシーの潮流の一翼を担った。外交論としては、日本の海外膨張や発展、植民地獲得などは否定しないものの(したがってその限界が指摘されるものの)、国際的孤立をもたらす侵略的帝国主義は否定し、むしろその中で、倫理・道徳的要素を重視し、「国際社会に通用する大国民」(姜克実)を養成しなければならないとする「倫理的帝国主義論」を提示したことが有名である。

浮田は対外強硬論者ではなかったものの、日本が国家のありかたを第一次世界大戦終了前後に再検討せざるを得なかったことをひじょうにはっきりと書いている。『訂正増補新道徳論』(一九一九年五月)という浮田の著作がある(17)。これは、もともと第一次世界大戦が始まる以前の一九一三年八月に出版された『新道徳論』(18)を、大戦状況を受けて一九一九年に増補したものである。そこには前年の休戦前に書かれた「新民主主義と対国家問題」(一九一八年六月)という論文と、休戦直後の一月に書かれた「文明改造の道徳的方面」という論文が増補され、序文の部分が全面的に書き直されて収録されている。

全面的に書き直された序の部分では、大戦以来、世界改造・道徳改造・デモクラシーが切迫緊急の重大問題となり、政治上の普通選挙問題、経済上の労働組合問題、社会上の婦人解放問題、国際上の民族自決・国際連盟問題等が起こってきた。このように社会が一変するとき道徳も一変しなければならず、立憲社会になれば道徳も民本的にならなければならないし、農業本位から商工業本位となればそれに適応する新道徳が必要である。国内における社会改造をして国民的新道徳を実現し、世界的大勢に順応し世界組織の一要素たる国民的性格を養成するために新道徳を準備する必要があるとしている。

これは社会秩序と個人の関係性を論じたものだが、新たに加えられた休戦前後の二つの論文は、ともに国家の歩むべき方向性について述べたものである。

大戦が終わる直前の「新民主主義と対国家問題」（初出は『大観』一九一八年六月）で浮田は、第一次世界大戦は二つの文明間の生存競争であると文明論の観点から説明している。一つはドイツの軍国主義・国家主義であり、もう一つが英米の個人主義・民主主義である。ドイツの国家主義は、国家の全力をあげて人民の幸福を増進しようとするものであり、ドイツの政治は何から何まで国家事業として経営しようとするものである。国家そのものに絶対独立の目的があることを認めて、人間は国家の一員となって初めて道徳的価値を有する人間となるという考え方だとする。英米の個人主義・民主主義は、それとは異なり、政治家の任務は民意輿論の熟すのを待ってそれを実行しようとするものであるとする。国家は人間生活に必要な機関であるけれども、これを唯一の機関とはせず、ドイツが国家を目的とするのに対して英米はこれを方便とし、あくまで人間生活の目的を成就することは各個人の任務であるという。

その中で日本はどのような国家をめざすべきなのかというと、世界の大勢は広義の民主主義に向かっているが、主権在民という意味での民主主義は日本の国体とは両立しない。また日本はドイツの影響をかなり受けており、ドイツの国家観は日本の国体に適合している。しかし国家の力が足りないために、個人および個人的協同力に任せているところがあるために、実際にはドイツにも英米にもならうことができない状態となっている。ではどうしたらよいのか。ドイツの国家主義も英米の民主主義も、出発点は異なるが全体より見れば一つに帰するものであるから、日本は現代政治の大勢である民本主義に進むべきであるという。

　ここで注目したいのは、浮田は個人主義をめざすべきだとしているものの、ドイツの国家主義体制について否定はしていないところである。ところが「文明改造の道徳的方面」（初出は『廓清』一九一九年一月）では、世界大戦の結果としてわかったことは、これまでのような国家思想・国家主義では世界平和は成立させることはできない、これまでの国家思想は国家を絶対無制限の主権を有して神聖至上のものと見なしてきており、その国家は自国のことで外国は眼中に入れて来なかった、国家は人間の活動を保護する機関として意義があり価値があるので、国家は家族と同様欠くことができないものではあるが、方便にして目的ではない、従来のように自国のみ神聖となし他国を無視するようでは国際関係は成り立たないとして、新しい国際関係としての国際連盟に期待している。また自国を愛するように外国を尊敬しなければならないと述べる。これまでの国家観念を改造していくことが重要で、国家主義的国家思想では世界平和は成立させることはできないとしている。つまり休戦前は、国家主義に一定の役割を認めていた浮田は、休戦後には、それを否定し英米文明の国家観を日本は取るべきだというように変化している。

　さらに浮田は、大戦後の新たな世界潮流として出現した社会主義国家の誕生とアメリカの影響力増大について、訳著『ボルシェウィズムとアメリカニズム』(19)で、次のように述べている。ボルシェヴィズムは、ソビエトに限らず各国にその主義を歓迎する要素があるから脅威であり、アメリカニズムは経済的帝国主義であり、その功利主義は個人の価値を減殺する機械文明であるから何らかの新救済法が必要である。しかし、ともに脅威という側面だけでとらえるべきではなく、「両方を冷静に批判し、大胆に分析して採択取捨」すれば決して脅威とするに足らない、「新しき真理は多く其の間から或は暗示或は発見の機会を得るのである」として、両者からも学び調和させることが必要だとしている。それは、たとえば社会主義は、その理想である分配的平等をめざすという点では意義があるだろうし、アメリカの生産主義重視というのも、これもまた意義があるだろう、そのような分配的な平等と生産性重視をどうにかして調和させることが日本にとっても課題であると主張している。

おわりに

浮田が指摘する第一次世界大戦後の日本の課題は、世界潮流を取り入れて新しい国際関係のもとに民本主義の道を進めるというものであったといえよう。しかしまもなくして一九三〇年代に入ると、日本は政党内閣の崩壊と軍国主義へ向けて進んでいった。浮田は、ボルシェヴィズムとアメリカの脅威を調和できると述べていたが、ソビエトは軍事的な側面で日本に脅威を与える存在として意識されるようになるし、アメリカは世界恐慌の影響で一時的に輝きを失う。そのような中で再び息を吹き返してくるのが、大正初めにはあった対外強硬的な側面であった。もともと日露戦後の明治後半から大正初めにかけての政治改革論は、帝国主義の実現のために立憲主義的な改革が必要だとするものであった。昭和期の日本の対外強硬的な態度は、ほんらい明治末期に存在したものが再び現われたにすぎないともいえる。ただしそれは単なる満蒙に対する「犠牲の代償」意識から、第一次大戦後の総力戦認識に裏打ちされた「満蒙生命線」論のように、さらに理論化されたものになった。この理論化が高まっていく過程、およびそれと絡まっている国家革新運動につながるような動きについては、さらに検討を要するだろう。

それはいったん置いておき、いずれにしても大正期に日本が達成したものが昭和期に入って否定されるようになると、大正時代を歴史的に高く意味づける必要もなくなってくる。大正新政の開始にあたって桐生悠々は新しい時代への期待を大正天皇に寄せて語ることの重要性を述べていたわけであったが、それは例外であった。しかし大正時代が始まった時から、さまざまなイベントや事件を経ることで徐々に大正時代のイメージは形作られていった。ただし強固なイメージは十分に定着しないまま、昭和期に入ると大正時代は評価されなくなる。大正天皇についても同様であった。そのように評価されない状況が続いてしまったということが、今日まで大正が忘れられている原因の一つになったと思われる。

註

(1) 宮地正人・佐々木隆・木下直之編『明治時代館』(小学館、二〇〇五年)、宮地正人・佐藤能丸・拙編『明治時代史大辞典』全四巻(吉川弘文館、二〇一三年)。
(2) 古川隆久『大正天皇』(吉川弘文館、二〇〇七年)によれば、その記事には虚偽の話が多いという。
(3) フレデリック・R・ディキンソン『大正天皇』(ミネルヴァ書房、二〇〇九年)。
(4) 桐生については、太田雅夫『桐生悠々』(紀伊国屋新書、一九七〇年)や井出孫六『抵抗の新聞人桐生悠々』(岩波新書、一九八〇年)などを参照。
(5) 桐生悠々『畜生道の地球』(中公文庫、一九八九年、原著は一九五二年刊)。
(6) 太田雅夫編『桐生悠々自伝』(新装版一三五〜一三六頁、現代ジャーナリズム出版社、一九八〇年)。初出は一九三九年『他山の石』の「思い出るまま」に掲載。
(7) 前述の古川、デッキンソンのほかに、原武史『大正天皇』(朝日選書、二〇〇〇年)。
(8) 宮地正人『日露戦後政治史の研究』(東京大学出版会、一九七三年)。
(9) 拙著『大正政治史の出発』(山川出版社、一九九七年)、小林道彦『桂太郎』(ミネルヴァ書房、二〇〇六年)。
(10) 拙著『大正政治史の出発』、千葉功『桂太郎』(中公新書、二〇一二年)。

(11)　加藤陽子『満洲事変から日中戦争へ』(岩波新書、二〇〇七年)は、このあたりのことから書き起こしている。
(12)　「宮崎繁三郎研究録　昭和五年七月一日」(防衛研究所戦史研究センター図書室蔵、満洲-全般221)。
(13)　宇都宮太郎「中日親善に就き某紳士の言」一九一三年二月八日(「宇都宮太郎関係文書」書類295の内。国立国会図書館憲政資料室蔵、以下「宇都宮関係文書」と略す)。引用文中のカタカナはひらがなに直し、適宜句読点を加えた(以下同じ)。
(14)　宇都宮太郎「尚ほ及さるにあらす」一九一二年一月二二日(「宇都宮関係文書」296-1の内)。
(15)　中見立夫「『満蒙独立運動』という虚構と、その実像」(『近代日本研究』第二八巻、二〇一一年)、この論文は『「満蒙問題」の歴史的構図』(東京大学出版会、二〇一三年)に取り込まれた。
(16)　このあたりの記述は拙稿「浮田和民の『新道徳論』から得られるもの—道徳と国家・経済—」(道徳経済一体論研究会編『戦前日本の経済道徳』(麗澤大学)経済社会総合研究センターWorking Paper No54、二〇一三年)で詳しく分析した(同書は麗澤大学図書館の麗澤大学学術レポジトリで公開している)。浮田については、栄沢幸二『大正デモクラシー期の政治思想』(研文出版、一九八一年)、鈴木正節『大正デモクラシーの群像』(雄山閣、一九八三年)、松田義男『浮田和民研究』(私家版、一九九六年)、姜克実『浮田和民の思想史的研究—倫理的帝国主義の形成』(不二出版、二〇〇三年)などが詳しい。
(17)　浮田和民『訂正増補新道徳論』(南北出版社、一九一九年)。
(18)　浮田和民『新道徳論』(南北社、一九一三年)。
(19)　浮田和民訳著『ボルシェウィズムとアメリカニズム』(文明協会、一九三〇年)。

〔追記　本稿は、慶應義塾大学福沢研究センター『近代日本研究』(第二九号、二〇一三年)の「特集・大正期再考」に求められて寄稿したものである。そのため一九一二年に一つの焦点があてられている。もともと二〇一二年七月二

○日に行ったカシヨ株式会社の主催による長野市民教養講座で行った講演を下敷きにしている。長野で開催されたということから『信濃毎日新聞』と桐生悠々を題材として取りあげた。本稿は第一章で取りあげた対外硬論の大正期における展開も扱っている。その頃、浮田和民についても検討を加えていたので、その話も取り込んだ。浮田については註16に記したように、その後論考をまとめた。

なお大正期についての研究も盛んに行われ、本章に関するものでは、拙著『加藤高明』（ミネルヴァ書房、二〇一三年）、同『国際化時代「大正日本」』（吉川弘文館、二〇一七年）、熊本史雄『大戦間期の対中国文化外交』（吉川弘文館、二〇一三年）、麻田雅文『満蒙』（講談社メチエ、二〇一四年）、楊海程『日中政治外交関係史の研究』（芙蓉書房出版、二〇一五年）、久保田裕次『対中借款の政治経済史』（名古屋大学出版会、二〇一六年）、中谷直司『強いアメリカと弱いアメリカの狭間で』（千倉書房、二〇一六年）、渡邉公太『第一次世界大戦期日本の戦時外交』（現代図書、二〇一八年）、塚本英樹『日本外交と対中国借款問題』（法政大学出版会、二〇二〇年）、飯倉章『第一次世界大戦と日本参戦』（吉川弘文館、二〇二三年）などの蓄積がなされている。

今回、本書に掲載するにあたっては、タイトルを修正し、二〇一二年当時を指す語句を修正したほか、第一次満蒙挙事に関する詳細な記述を本書第七章に移動し、註を整理した。〕

第二部　日露戦後の政治と社会

第三章　島田三郎と政界革新運動

はじめに

戦前期における代表的議会人の一人として島田三郎を挙げることに異論を挟む者はあるまい。島田は、第一回の衆議院議員総選挙に当選以後、亡くなるまで一四期三三年間にわたって議員をつとめた。議員歴としては尾崎行雄・大竹貫一や犬養毅には及ばないものの、一九一五（大正四）年五月から一九一七年一月まで衆議院議長に選任されており、その議員としての存在感は大きかったといえよう。

島田は、明治維新後の一八七三（明治六）年に横浜毎日新聞社に入社してから言論人としての活動を始め、後に（一八七五年）に元老院に勤務し、文部省に転じたように、短いながらも官吏としての経歴も持つが、明治一四年の政変に際して辞職し、大隈重信の立憲改進党の創設に参加して以後、政治家として長い経歴を有していた。そして同時期から神奈川県会議員をつとめるとともに、衆議院議員としての選出区は横浜市であったように、神奈川県とも深いかかわりを有していた。

島田は立憲改進党に参加した経緯から、議会開設後も改進党・進歩党に属した。しかし一八九八（明治三一）年に創設された憲政党が、憲政党と憲政本党に分裂した直後に憲政本党から脱党（一二月）して以降、無所属議員として、どこの党にも加わらず（便宜上形成される院内会派は別として）、その活動は議員としてよりも、足尾鉱毒問題や廃娼運動などの社会問題への尽力、「下層社会」や労働問題に関する記事を多く掲げたことでユニークな紙面を提供していた『毎日新聞』の経営などで異彩を放っていた(1)。

島田の政治的活動に関する研究は、没後まもなく吉野作造や木下尚江などによって五巻の全集(2)が出版されたにもかかわらず、戦前においても戦後においても少なかった(3)。それでも旧版の全集に二巻を加えて新たに全集が復刻されたり(4)、いくつか彼を題材とする論文が著わされており、近代日本政治史における島田の存在に注意が払われるようになってきた(5)。

本稿は、島田の全生涯を対象とするものではなく、特に日露戦後から亡くなるまでの時期に焦点をあて、憲政の理想を実現するために島田がとった政治行動の変遷意図を明らかにしようとしたものである。島田は日清戦後に憲政本党を脱党して以後、一〇年以上の長いあいだ政党に加わらなかった。ところが一九一〇年に立憲国民党（以下、国民党と略す）が創設されると、それに加わり、一九二一年に憲政会を脱党するまで一〇年以上、再び政党人となる。本稿では、具体的に、なぜ島田が日露戦後に無所属から政党に入り、政党を通じて何をなそうとしていたのかを、政界革新運動から国民党および立憲同志会（以下、同志会と略す）への参加を中心に確認することによって、それを見ていきたい(6)。

一、日露戦後における政界再編成の焦点

日露戦争直前における政界では、対露強硬論を唱える議会と、なかなか開戦に踏み込む態度を明らかにしなかった第一次桂太郎内閣とが厳しく対立していたが、この対立は開戦と同時に解消し、戦時中は挙国一致の姿となった。

しかし戦争末期になると、講和条件をめぐって政府と議会勢力との間に再び対立が生まれ、国民を巻き込んで講和反対運動が繰り広げられ、それは一九〇五（明治三八）年九月五日の日比谷焼打事件で最高潮に達する。講和反対運動の中心となった議会勢力は、憲政本党および無所属のメンバーであり、講和反対運動に直面した桂内閣は、立憲政友会（以下、政友会と略す）への接近を図り、戦後経営方針の継続を条件に

政友会総裁である西園寺公望に政権を譲ることを約束し、ここに桂園時代（「桂園体制」）が始まった。

「桂園体制」下における基本的な政界の構図は、藩閥・官僚勢力（これには官僚寄りの政党である大同倶楽部も含む）と政友会が妥協・提携し、それに体制の打破を画策する憲政本党と政党勢力自体の改革を唱える無所属議員とが対立するというものであった。「桂園体制」に対立したこの両勢力の中には、日露戦前に対露開戦論を強硬に唱え、また戦争末期には講和条約反対運動を繰り広げるとともに、戦後は「国民」にもとづく政界刷新を唱えた者が多かった。このようなところから、特に彼らを指す場合「国民主義的対外硬派」という概念が使われている(7)。

「国民主義的対外硬派」の出発点とされるのが、一九〇五年一〇月に結成された国民倶楽部である。その設立の趣旨では、同会の目的が、立憲主義と帝国主義を実現するためには、藩閥・官僚および既成政党の打破が必要であり、それを国民的自覚・自信の活動によって実現することにあるのだと述べられている（本書第一章）(8)。ではどのような姿が、「国民主義」あるいは「対外硬」の実現した姿であったのだろうか。また彼らの思い描いた「桂園体制」打破後の憲政の姿はどのようなものであったのだろうか。

彼らは少なくとも「桂園体制」の打破と政党内閣の樹立をめざしていたことは確かである。そして多くの者は、それを政友会に対抗できるもう一つの政党を作るという二大政党論にもとづいて行おうとしていた。しかしその「対外硬」的側面に注目した場合、この時期の「対外硬」的主張が、外政論よりも国民エネルギーの結集にもとづく「国民外交」の実現という政策決定過程における国民参加の側面を強調していたことから、藩閥・官僚政府崩壊後に現われるべき政党内閣の姿は、国民全体の支持を受けることをめざす（国民の一致団結を重視する）という意味での挙国一致的な性格を有していたようにも思われる。このどちらが究極であるのか、そのほかにも選択の余地はないのか、この点を曖昧にしたまま、「国民主義的対外硬派」は現状打破と国民勢力結集を唱えていた。

この憲政の姿についての二つの路線の曖昧さは、憲政本党における改革派と非改革派の争いにも同様に見いだすことができる。憲政本党内には、この頃の非政友勢力合同のあり方をめぐって大合同論と小合同論の対立があった。改革派の唱える大合同論は、藩閥・官僚勢力との提携も辞さないものであり、非改革派の唱える小合同論は、藩閥・官僚勢力との提携を批判するものであった。改革派を代表する大石正巳の場合、この時期には、非政友大合同によって二大政党を成立させれば、やがて藩閥・官僚勢力の同化をもたらすことになると考えていた。これに対して非改革派を代表する犬養毅の場合、むしろ提携するとすれば政友会と提携して藩閥・官僚勢力を打破しようと考えていた。犬養の考えが実現した場合、議会における政党は一つの巨大政党が出現することになる。これはある種の挙国一致政党に通じるものである。そして「対外硬」論者には、このような傾向が少なからず見られるのである。大合同・小合同という分け方は、藩閥・官僚勢力の打破という当面の課題を考える上では便利なのであるが、これとは別に政党論の次元における二大政党制をめざすのか挙国一致をめざすのかという問題を考慮に入れることも重要であろう。

さて本稿が対象とする島田三郎は、その所属院内会派や同時期一緒に活動していたメンバーから、「国民主義的対外硬派」に属するものとして扱われてきた。本当にそのように位置づけてよいのであろうか。それをこの時期における島田の発言から検証してみよう。

二、国民倶楽部から政界革新同志会へ

島田は日露戦争終結直前から、日本の戦勝の要因の一つを「憲法の実施国会開設」に求め（他の二つは教育制度と徴兵制度の整備）、それらをなるべく善い方向に改革することが戦後の課題だとして、国民の政治参加の機会の増加（＝選挙権拡張）を基礎とする政界の革新を説いていた(9)。また「国民の代表議会として重任を托して置くに足る」議会、「公の精神が満ち」た議会(10)を実現することをめざして、日露戦後になる

と政界革新運動を繰り広げた。

ではこの頃に島田が抱いていた議会における政党のあるべき姿は、どのようなものであったのだろうか。国民倶楽部の機関誌『大国民』で、これまでの憲政史の展開を顧みて、今後の課題として、次のように述べている(11)。

立憲政党の効用を全くするには、是非とも政府に実権を有つ所の一派と、其他に在て之を刺戟し、之を矯正する所の一政党が成立せねばならぬ、其成立は望まぬとも、自然の勢ひは斯く成らざるを得ぬ。

これは、この時期の彼が理想とする憲政実現の手段が二大政党論にあったことを示している(12)。ではその二大政党とは、具体的にはどのような姿なのであろうか。当時の政党について、どのように述べているか確認してみよう。

まず政友会について、島田は政友会を与党とする第一次西園寺内閣の成立をまったく評価していない。第一次桂内閣が退陣せざるを得なかったのは、内閣が国民の希望に沿わなかったからであり、したがって次の内閣は新たな政策を持って国民に臨むのが立憲国の内閣更迭なのに、第一次西園寺内閣は前内閣の政策をそのまま踏襲することを約束して成立しており、それは「立憲政体の一大汚点」といえるからであった(13)。もとより、日清戦後より島田が無所属議員として活動していたことを考えれば、単なる政友会と憲政本党という既成政党の姿を良しとしていたものであったはずはなかった。次のように既成政党への失望感を表明している(14)。

政党は其僅小部分を除き、依然として往時の程度に在り、其小策に挿みて政権に近かんとし、再三少時間の政権を握りて以来、主義を固執するを迂と為して、又政党の主義によつて立つを信ぜざるに至り、其精神索然として尽きたり、是れ腐敗に魅入られ、信用を失墜して、萎靡不振の現況を呈する所以の原因なり。

当時、憲政本党は、従来の積極主義批判路線を放棄して、政友会以上の積極政策を唱えるようになっていた(15)から、これは主義を変じ、いたずらに政権に近づくような行動を採った憲政本党を念頭に置いて批判しているのである。これに続けて島田は、小さくとも、また政権に近づくことができぬとも、主義によって進退を明らかにする政党を作る必要を述べている(16)。

時代は国民的基礎に立ちて、政界の塩となり、社会の指針となる政党を要求す、国民は此の如き政党によりて、其胸懐に存する冀望を達せんと欲す、仮令多数を議会に制せずして、其力能く政権を政党に収むるに足らざるも、厳正に批評し、真面目に進退する政党、此間に起ることあらば、国民は空谷の響、暗夜の星として、之を歓迎すべく、随て政界一変の新紀元を開くべし。

一九〇七年三月に創設された政界革新同志会は、国民倶楽部を中心に、猶興会代議士・国民作振会などの、「桂園体制」の打破という目標を同じくする人々が集まって設立したもので、政界の腐敗の掃蕩と選挙を機会とする政界革新を決議として掲げていた。島田は、この運動の中心人物の一人として全国を遊説して回っている。それは同年の府県会議員選挙と、翌年には任期満了となる衆議院議員選挙に、政界革新同志会の候補者を一人でも多く当選させて、議会における影響力を確保することをめざしたものであった。一九〇八年には行われるはずの衆議院議員総選挙では、前回の選挙に比べて有権者数が約二倍になることが見込まれており、彼らは新有権者に政党の改革、政界の革新を託していたのである。たとえば、島田は次のように述べている(17)。

今日の国論は二派の大潮流を為す者の如し、軍備を拡張して国威を誇揚せんとする者と、民力を休養して、国本を培養せんとする者と是なり、而して政府当局の方針は、前者に在りて政府党たる政友会及び前内閣党たる大同派之を主張し、之を弁護し、反政府党たる進歩党及び猶興会は後者に属して、健全なる国民は漸く後者に傾かんとす、〔中略〕新に政治圏内に入り来れる人民は、二大潮流の後者に属する者多きが如し、吾人が深く同情を後者に表して、国政の一変を冀ふ所以の者は、国運の消長、実に此二派の勝敗によりて分る可きを信ずるが為めなり、〔中略〕而して之を試験す可き機会は、来る総撰挙に在り、吾人は既に国民的資格を自覚したる人々が、大に其元気を発して、此大切の時会に尽力し、以て政界に新局面を開かんことを冀望する者なり。

しかし島田らは安易に新有権者の支持を得られるものとは考えてはいなかった。議会の腐敗は単に議員の腐敗のみが原因ではなく、有権者の腐敗の反映だとして、政界革新のためには国民の政治的訓練が必要だと述べている(18)。そのためにも政界革新同志会員は、選挙区レベルでの政界革新を課題とし、それぞれ自分の選挙区を遊説した。そのような活動が特に活発であったのは、神奈川県や群馬県・長崎県であった。

島田の地盤である神奈川県では、日露戦後の時期において、従来の政友会主導体制の打破を唱える議員が県会や衆議院に進出するようになってきており、彼らは「刷新派」と呼ばれていた。横浜市においても島田の支持基盤であった「正義派」(=「刷新派」)が市政への関与の度合いを高めつつあった(19)。それらの議員を応援し、また「刷新派」の旗印となったのが、島田であった。

神奈川県では、全国に先駆けて一九〇七年四月二八日に神奈川政界革新会が発会され、中央の政界革新同志会とまったく同様な決議を発している。同会の発会式では、島田三郎を初めとして、細野次郎・平野友輔・神藤才一・小泉又次郎・加瀬禧逸が演説を行い、四月三〇日には横浜座で(20)、九月三日には橘樹郡溝口で演説会が開催されている(21)。

先の史料にも見られるように、島田がこの時期に重視した政策問題は、軍拡を容認するか否かというところにあった。日露戦後の世界情勢を「十年間は平和の時代」とし、現在必要なものは直接の軍備拡張よりも、国力の増加につながる経済の発展にあるとし、「本を養ふ」ために「政府は財政を鞏固にして、国民に豊かなる資本を与へて国民の活動を促し、一方に於ては教育を励まして智徳を進め、一方には産業の事業を開発せしめて、国民の働を自在にすると云ふことが国を富ます根本で、此経営をするのが政府の職分」である[22]と述べている。それを具体的には行財政整理・減税によって行おうとしていたのである。この点において初期議会以来の民力休養論を引き継いでいた。

第一〇回総選挙の結果は、政友会一八七名、憲政本党七〇名、大同倶楽部二九名、猶興会二九名、その他六四名となり、総体としては政友会の勝利に終わったが、政界革新同志会で戦った人物も猶興会および無所属として多数当選した。島田は総選挙の結果を、実業家や猶興会などの非増税派が多く当選したことに注目し、政友会に大打撃を与えたとしてやや満足している[23]。すなわち政界革新の希望が現実に一歩近づいたと評価しているのである。選挙直後の政界状況を観望した論説において、政友会の存立を、主義によるものではなく利益によるものとして否定することはもちろん、憲政本党が議席数を伸ばせない理由を、主義が一貫しない故とし、国民本位の代議政体における政党は主義主張に殉ずるものでなければならないと述べ、やがて政党は「私利情実に殉するもの」（＝政友会）と「主義主張に殉するもの」の二派に分かれることになろうと予測している[24]。これは憲政本党の改革派がめざしてきた二大政党樹立のためには藩閥・官僚勢力との提携も辞さないという姿勢（大合同論）とは異なるもので、反藩閥・官僚の姿勢を明確にした上で、当面は小政党をめざすとしても、それはやがて二大政党の一つに育っていくことが可能であるという意味での小合同論に立つものであったように思われる。

三、立憲国民党への参加

ところが上述のような姿勢を、島田は第二次桂内閣期になると放棄してしまっている。

島田の論説には、この時期から藩閥・官僚勢力に対する批判よりも政友会に対する批判が前面に表われてきている。たとえば、第二次桂内閣の施政を「未だ識者の希望に協はず、特にその富民に便にして中等以下の社会に不利なる政策と、又税制整理を忽諸に附する如きとは国論の否認する所ではある」として批判しながらも、「比較的に観察して之を政友会の施政と並べ見るに此れ彼れより頗る可なるを見るのである」と述べている。そして政友会の多数を、主義主張がなく、ただ利益配分に与かろうとする人々が集まったものだとして、最も腐敗したものとして否定している(25)。

これは桂内閣と妥協を繰り返す政友会の存在を打破しなければ、憲政の発展を期すことはできないと、桂園間のたび重なる妥協に、従来の路線を維持することの限界を感じたことが原因になっているように思われる。

そして藩閥・官僚勢力の打破よりも政友会打破の方が主眼となれば、その政界革新の方法も変化を受けざるを得ない。政界革新同志会で当選してきた代議士は、第二五議会(一九〇八~一九〇九年)にあたって又新会という院内会派を結成していた。島田もその一員であり、幹事をつとめていた。そして第二五議会・第二六議会の両議会にわたって憲政本党・大同倶楽部・戊申倶楽部(無所属の新議員のうち廃税運動にかかわってきた実業関係者が多く所属した)・又新会の間で、非政友合同の運動が起こった。このときに問題の焦点となったのが、藩閥・官僚勢力とみなされていた大同倶楽部の参加の是非であった。大合同論者は大同倶楽部員の参加も受け入れようとし、小合同論者はこれを藩閥・官僚への降参として絶対に排斥した。この対立は解消されることなく、一九一〇年三月に至って非政友勢力は、国民党と第二次桂内閣を公然と支持する中央倶楽部との二党に二分されることになる。中央倶楽部は大同倶楽部と戊申倶楽部員の合同したものであり、その成立を受けて憲政本党と又新会の一部が合同して国民党が創設されたのである。

この政党再編過程において、島田は大合同論を唱えている。第二五議会における新党運動に際して、「予は政界縦断の必要上二大政党対立の必要を信ずる者なり、故に〔中略〕同志と協力して各派の大合同に尽瘁」(26)しており、第二六議会にあたっても大同倶楽部との交渉役を河野広中とともにつとめていた。しかしその交渉方針に対して、大同倶楽部を排除しようとする「純民派」と呼ばれたメンバーが強硬に反対している[27]ことより、島田がこの時に大合同をめざしていたことがわかる。これはある程度の数を問題にせざるを得ない、二大政党の成立を優先するという認識になったことを表わしているように思われる。

島田は結局、この時に又新会が解散されたことにより、藩閥・官僚勢力に対立する姿勢を標榜していた国民党に参加することになったが、当初は、「非政友各派全部の大合同を為し得る見込立つにあらずんば、〔中略〕又新会は尚ほ拡張の見込充分なれば、〔中略〕又新会の統一と拡張に力を尽さんと欲す」[28]、あるいは「僅かに八十名足らずの小数党を組織するのみにては同じく少数党たるを免れざるに依り従来行動を共にしたる同志と別れて新政党に加入するを好まず」[29]と述べているように、国民党と中央倶楽部が分立するならば、しばらく又新会という院内会派を維持していこうと考えていた。しかし結局国民党に参加したのは、神奈川県「刷新派」の協議会で島田が、「此上は政界横断の前提として比較的多数の政党に入りて国民の公敵たる政友会に対抗し其無政綱無定見を攻撃するの手段を可とす」[30]と語っているように、将来の大合同を期しての行動であった。

この頃の神奈川県「刷新派」は、「中央に於ては又新会員として行動を一にしつゝありし」[31]といわれており、国民党成立後は、島田も「国民党=刷新派、其名称と組織とを異にすと雖も、其性質と目的とは一に帰着せり」[32]と述べているように、「刷新派」と国民党は人的構成において同一のものであった。そして「刷新派」は一九一〇年一二月一日の衆議院補欠選挙に山宮藤吉を擁立して善戦し（落選）[33]、翌年三月には神奈川刷新倶楽部の発会式が行われるなど、着々と基礎を固めていった。その創立宣言の一節では、「県民を代表すべき県会は徒らに政党の利器と化し、党人は公義を忘れて私利を営み、横暴専恣極りなし、就中、教育、勧業、治水、道路等の、国家一日も忽諸に附すべからざる事業は、往々公平を欠き、施設亦た宜しきを得ず」[34]とのように、政友会系への対抗姿勢を明確に述べている。

島田は、中央政界における政友会の一党専制のことを、後に「政治的トラスト」(35)と語っているが、それを打破する必要について、次のように説明している(後の大正政変にあたって記されたものであるが、ここで引用しておく)(36)。

此処に一つの航海会社が有りとして、航海者は必ず此会社に依らねばならぬとすれば、或は乗客を虐待し、或は高価な賃金を貪つたりするであらう。而して此弊は二会社の競争に依つて救はるゝ如く、智徳の進歩は亦競争の結果に俟たねばならぬ。一政党が絶対多数を擁し、絶対の権利を制して、少数者は只評論家としてのみ存在し、国民は多数に依つて虐待せらるゝ如きは、航海業者の独占にも増して害毒を与ふるものである。

議会における有力な反対党の存在自体を、議会政治システムが有効に機能するための条件とみなしているのである。もっとも大合同路線に移行したからといって、藩閥・官僚勢力への批判がまったくなくなってしまったわけでも、民力休養＝軍拡反対＝減税論を放棄したわけでもなかった(37)ことは、彼のためには記しておかねばなるまい。

「情意投合」の約束によって成立した第二次西園寺内閣については、当然のことながら厳しい評価を下している。この頃の論説では、国民の世論が議会に反映していないとし、「憲法は真に民権を擁護する為めの憲法たらしめ、教育は真に国家有用の人材を養成するの教育たらしめ、斯くて此の鬱積せる醜悪の精神界を一新すると云ふことに努むるは、何よりも先づ第一に生じ来る可き大正治世の一大要求」(38)と述べている。どうしても「桂園体制」の打破が必要であると考えていたことを感じとることができよう。

四、憲政擁護運動と立憲同志会への参加

第二次西園寺内閣は世論の反対ではなく陸軍の陰謀によって倒れることになった。島田は総辞職の原因

となった山県有朋の態度を批判し、また桂が突然宮中から舞い戻り第三次内閣を組織したことも批判している。しかし同時に「若し成熟したる政党の組織があつたならば、今次の如き政変を見る筈もない」(39)として、政友会に代わるべき大政党のないことを嘆いている。さらに政友会と憲政擁護運動との関係について、これまで藩閥と提携妥協してきた政友会が憲政擁護を唱えるのは理屈に合わないことを、「政友会が独り罪を桂公に嫁するは嗤ふ可し」(40)と批判し、憲政擁護運動側に立つ意義をはっきりさせることと、幹部みずから陣頭に立つことを、次のように要求している(41)。

彼等は今官僚打破といひ、憲政擁護といふ。其の真意義は如何なるものであるか、元老が政治に干渉するを悪いとなし、元老の運動にて桂内閣を現出せしめたるを不服となすのであるか。然れども、若し元老の干渉や運動を以て憲法の精神に合せぬとの見解を有するならば、吾々は遡つて、政友会内閣の時にも、此の忌むべき一部の事実があつた事を指摘し、政友会内閣が公然と元老の活動を認めたる旧悪を指示せねばならぬ。(中略)従来は是れ情意投合、七ケ年間政権を相互に受授して、兄弟の交を結んで来たのである。国民は此の両者が同一経路の政策を持したと見て来たのであるから、桂内閣従来の政策に反対するといふは政友会として言ひ得べからざる処である。

すなわち第二次西園寺内閣の倒壊について、異常な事態とは認識しながらも、政友会が加わる憲政擁護運動にも賛成していないのである。

既成の大政党である政友会に頼ることができない、また政友会を憲政擁護運動に誘って共同歩調を作り出そうとする国民党で活動することを潔しとしないならば、国民党を脱党して、別の政党により二大政党をめざさなければなるまい。国民党の進める憲政擁護運動に参加できない理由を、島田は次のように説明している(42)。

予が多年の希望は、憲政の運用を全うする為め、二大政党対立の機運を馴致し、之に依りて多年唱導し来れる主義主張の貫徹を期するに在り。而かも国民党中の一派は此希望を認めずして、政国両党の合同を夢想し、益々政友会をして一党擅制の陋態を持続せしめんとす。

政友会と国民党の協同は一党専制につながり、これでは憲政の進歩にならないというのである。

桂が新党を組織する意志があることを島田は知っていたか否かについては、判然としない。しかし、「藩閥と政友会とが一の政治的トラストを形成し依て以て其の私利を両者の間に壟断し国民は全く彼等の餌食となれる」という「桂園体制」に行き詰まりを感じ、それが政友会に対抗する大政党がなかったことに由来するという認識に立つとすれば、桂が政党政治に拠らなければ憲政を運用できないと悟り政友会に対抗できる新政党を組織することは「政界の一進歩」とみなさざるを得なくなる。桂の新党組織を藩閥政治の終わりとみなし、今後は政友会と新党が政策・綱領を国民の前に示して判断を仰ぐことになろうと予想している(43)。

しかし、島田が桂の新党組織に無条件に賛同し入党を決めたわけではない。あくまで新政党の政綱を見てから、政友会のそれと比較して判断すると述べている(44)。島田は一月末には新党参加を表明することになるわけであるが、それは自分たち国民党脱党者の政策を桂が採用することを明らかにしたからだと説明している。

具体的経緯としては、国民党脱党を明らかにした島田らを初めとする五領袖に桂側から会見の申し込みがあり、一月二七日・三〇日の再度にわたって会見したところ、桂は単なる議会切り抜けのための政党組織ではないこと、情意投合の弊害を改めるための新党組織であることを明言し、さらに「元老既に其の勢力を失ひたる今日余は二大政党対立の新生面を開かざる可らず即ち年来の五氏の主張に従はざるを得ざる事となりたるなり」(45)と語ったという。武富時敏も、「桂公は『降参々々』と云て五領袖の席に入つて来た。〔中略〕従来行掛りの問題、例へば政費節減、公債政策の如き皆吾々の主張に同意して其の実行に務むると誓はれた」と回想している[46]。つまり自分らと主義において一致することができたからだというのである。政変を演出した陸軍の田中義一は、この時の桂の態度を、「国民党に頭を下ぐる様」「膝を屈して之れを迎へ」た[47]と表現している。また首相として政党を組織することを否定する意見に対して島田は、「主義に依り主張に依り政見に依り政策に依れば在官の人々が組織するも可なり」と解釈し、ここでも利益問題を香餌として膨張してきた既成政党（＝政友会）を批判している[48]。

では桂が受け入れることになった政策とは何であり、それはこれまで唱えてきた島田らの政策といかなる関係にあったのだろうか。桂と国民党脱党五領袖の会談の結果は「告知書」として公表されている[49]。その主要部分は以下の通りである。

> 行政及財政に剴切なる整理を施し、政費に一大斧鉞を加ふるに非ざれば、国を焦眉の難局より救出するを得ず。国運の発展も此に在り、民命の休養も此に在り。〔中略〕之が断行は今日国家の最大急務には非ずや。外政の如き亦然り、〔中略〕外政なきの軍備は国力の堪ふる所に非ず、〔中略〕国勢の萎靡不振を極めたるは、前の内閣に外交の方針なく、且つ其機関の休止に職由せり。〔中略〕若し夫れ其他の政策に対する吾等政見の一端を挙数すれば、殖民政策を確立し、民族の発展に資せんと欲するは、其一なり。社会政策を実行し、貧富の懸隔を防止せんと欲するは、其二なり。漸次官業を民業に移し、同時に旧来の干渉を改め、産業の発達に資せんと欲するは、其三なり。官制の一部を改正し、政務官の更迭を円滑にし、且つ一層国務の統一に資せんと欲するは、其四なり。教育の方針を大政に順応し、国民の立憲的思想を涵養せんと欲するは、其五なり。

ここには、民力休養の断行と積極的な外交運営、植民政策と社会政策の確立、産業の振興、官制の改革、立憲思想の涵養などが合意した政策として挙げられている。

新党の綱領・政策が正式に決定されたのは二月二四日であった。そこでは、ほぼこれに沿ったもの——

五千万円ないし六千万円の政費節減、税制整理、対中問題の解決、植民地統理機構の完備、社会改良および共済の手段を講じること、政府事業抑制と民間事業振興および特殊銀行の機能充実、行政刷新および司法制度革新、地方における財政整理などが含まれている。まさに桂は五領袖の政策を全面的に受け入れることになったのである。島田らの行動は、世間からは厳しい批判を浴びるものであったが、彼らからすれば、民力休養や社会政策の実現などの年来の主張は受け容れられており、筋を通した行動であった。

しかし国政における政党のあり方についての合意は曖昧であった。桂が初めて政党組織の意志のあることを世間に発表した「覚書」（一月二〇日）(50)では、憲政の完備のためにはみずから政党を組織することが必要なことを述べたにとどまり、二月七日に発表された「立憲同志会宣言書」(51)でも、「帝国の有力なる要素を網羅し国民の光明なる輿論を代表」する政党をめざすこと、皇室中心主義、開国進取の方針、憲法確守、「天皇の大権を尊重し国務大臣の責任を厳明にして臣民の権義を保全する」こと、国民の立憲的知能の啓発（以下略す）などが宣言されているのみであり、ここには五領袖に語ったという二大政党論に立つような政党をめざすのか否か、また政党内閣を原則とするか否かは明白にされてはいない。

桂の腹心であった後藤新平は、もともと桂が政党を組織しようとしたのは、政権授受の機関としてではなく、国民の健全なる政治思想を涵養し指導誘掖する機関を作ることを目的として考えていたとし(52)、五領袖との会見によって桂の本旨は「少しく変化し、多少のゆがみを来した」、「(桂) 公の本旨は政党革新であつて二大政党の樹立とか、政友会打破とか云ふような小さなものではなかつたのである」(53)と述べている。島田を初めとする新党参加者の間で、この点についての完全な了解はなかったことがわかる。それが桂死亡後、党内対立の原因となり、政党内閣論をとらない後藤の脱党や、挙国一致をめざす傾向の強い者の離反を生じさせることになるのである。

五、第二次大隈内閣期および憲政会からの離脱

島田は、第一次山本権兵衛内閣を藩閥でもなく純政党内閣でもない混沌内閣としながらも、藩閥の基礎が崩れたものという側面では、一歩を進めたものと評価している(54)。しかしむろんそれは政策的に評価したものではなかった。カリフォルニア州における外国人土地所有禁止問題や中国第二革命への対応をめぐって、また税制整理案の規模などをめぐって、同志会は内閣批判を繰り広げる。島田はアメリカ政府への厳しい対応を求め、また営業税の全廃を唱えた。山本内閣の倒壊の原因となったシーメンス事件の追及にあたっても内閣弾劾決議案の賛成演説を行うなど、その中心であった。ただし同志会内には、結党直後から桂の死をうけて党首（総理）となった加藤高明の山本内閣への批判が曖昧なこと――特にその外交政策を支持するような態度に不満を抱く者が多く、やがて幹部である加藤・大浦兼武・若槻礼次郎・浜口雄幸などの官僚出身者と旧国民党出身代議士との間に溝が生じ、非幹部派が生まれてくる。島田は新党の代議士会会長として、どちらかといえば非幹部派に同情を寄せていた(55)。

第二次大隈重信内閣の成立は、島田にとって「桂園体制」以来ずっと政権の座にあった政友会に代わって、ようやく第二党である政党が政権を得ることができた、つまり二大政党による政権交代が実現したという意味で、自分の希望に沿うものであった。また内閣のもとで行われた第一二回総選挙（一九一五年）において政友会が大敗北したことは、民意が初めて選挙に正確に反映したものとしてみずから納得のいくものであった(56)。また選挙のあり方も、主義政策によって有権者が誰に投票するかを判断する選挙となりつつあると感じていた(57)。内閣成立当初、島田は内閣に財政整理（減廃税を含む）と選挙権の拡張および教育制度の改革などを期待していた(58)。

しかし実際には、この内閣のもとで第一次世界大戦に日本は参戦し、陸海両軍の軍拡予算が通過し、減税は中止された。これらはそれまで島田が唱えてきた政策に背反するものであるにもかかわらず、与党の

一員として島田の発言には否定的なものは見られない。参戦については、日英同盟の規定によるもので「信義の上より出でたる結果」(59)とし、「已むを得ざること」と述べる(60)。財政整理計画の見直しについても、不幸な事態であるとはしながらも、軍事費を増税によってではなく剰余金によって賄うことができたとして、幸いなこととしている(61)。ただし戦勝の結果、日本がもし力を恃みて驕慢となり我儘なる振舞をなせば、ドイツと同じ運命になるのは必然として、侵略的態度に出ることをたしなめている(62)ところには、それまでの軍事的膨張を批判する姿勢が表われているといえよう。

島田は大隈内閣の退陣を、「首相一身上の故障に基くもの」であり「何等政治上の原因失政等に基づくものにあらず」とみなし、「常道より云へば、単に内閣の首班たる大隈首相其人のみを更へて、他の閣僚は其儘在任して可なる筈」と述べ、大隈の辞表提出に際して後任に加藤高明を奏薦したにもかかわらず、寺内正毅内閣が出現したことは奇怪な現象として批判している(63)。

寺内内閣の成立と時を同じくして、大隈与党であった同志会・中正会・公友倶楽部は合同して憲政会となり議会の過半数を占めた。ところが一九一七年の議会解散・総選挙の結果、憲政会は大敗し第二党に落ちてしまう。前回の総選挙に国民の覚醒を感じた島田は、今回の選挙結果に直面して、この選挙結果は輿論を正確に表わしたものではないと感じ、次のように選挙権拡張の必要性に言及している(64)。

今日の社会に於て候補者の政見を識別し、賛否を決し得べきものは多く有権者にあらず、寧ろ政治の圏外に忘れられたる大多数の国民にあり。〔中略〕余は現行選挙法の下に於ては、選挙界の廓清と政界の改善とは、到底絶望の外なしと信じて疑はざるものなり。

もちろん寺内内閣は、非政党内閣として評価できないものであった。挙国一致を実現し、実質的には政党支持を調達する機関として設置した臨時外交調査委員会について、それが内閣内に設けられるのではなく天皇直属であるという点をとらえて、責任内閣制を損なうものとして不要としている(65)。

それに比べると原敬内閣は、政党内閣という形をとっていたため、寺内内閣の継続よりはましという評価が与えられている。しかしそれでも、原が首相に選ばれた経緯が「政友会其者が元老にも逆はず、寺内内閣にも友党の関係を維持し来れるを以て、其必然の結果」であり、「新旧思想の過渡時代の現象」として評価が低い。政党政治の本筋は、前内閣と異なる政策を主張していたものに政権が移って、「茲に始めて民心を一新し、政界を刷新する」ことができるという憲政の常道論(66)からすれば、「桂園体制」の復活に見えたのであろう。

そしてこの時期には、デモクラシーの実現が国家の発展に関係があるとして、その観点から普通選挙と自由平等の実現を原内閣に求めている(67)。これは日露戦後に島田らが唱えていた、国民の政治参加の機会の増大こそが国家興隆の道であるという認識をいっそう進めたものといえよう(68)。

ところで島田は一九二一年三月に憲政会を脱党することになる。その原因は、普通選挙の実現をめぐる憲政会幹部の消極的姿勢と、即行を主張する島田の意見が合わなかったことにあった。島田は、普通選挙の実現を政界革新の鍵として、次のように述べる(69)。

現代の議会は年齢は五十以上の戸主、財産は土地の所有者金権家等で、現状を維持するのが便利だと考へて居るものを選挙の基礎として居るから一切改革の精神が振はない。

現実的利害にとらわれている政党の現状を批判しているのである。島田の名前も論争の過程で取り沙汰された内田信也のいわゆる「珍品問題」に関する論説において、「政府当局と反対党との争論を見るに、一方に非難すべきことがあつて非難すれば、他方は其の非難に対し適当の答を為さずして、又他の非行を挙げて答へる。之れは答にはなつて居らぬ。〔中略〕之れは私党の争ひの本体である」と述べ、議員が自己や自党の利益を中心とし「国家、国民の観念を第一とすべき公職に対する責任」を忘れてしまったことは遺憾だとし、「今日我が政界に於て最も必要なることは、法律規則の運為にあらずして、人々が真面目になることである。之れが政界廓清の出発点である」(70)と述べている。

では島田の脱党と神奈川県会あるいは横浜市会状況とは何か関連があったのだろうか。大正政変後、神奈川刷新倶楽部は同志会の支部にこそならなかったものの、幹部は同志会に入党し、資金補助も受けるようになり(71)、さらに憲政会成立後の一九一六年一〇月には同会の支部となることを決定する(翌年一一月実現)など、中央政党の支部化していった。そしてその勢力は一九一五年前後に郡部・市部を通じてピークに達していた。しかし島田の影響力は薄れ活動はしだいに目立たなくなっているように感じられる。彼の行動を追った代議士はなく、また彼の脱党が及ぼした影響も窺うことはできない(72)。もちろんまったく縁が途切れてしまったわけではなく、年に数回講演会が開かれているし、憲政系代議士との繋がりは維持していたことや、普選を唱える代議士を応援していることが明らかにされている(73)が、それを過大視してはならないように思われる。

島田はその後、一九二二年一一月に革新倶楽部に参加することになったが、その時には党議拘束制に反対しており、革新倶楽部への参加は政党への参加とは認識していなかった。再び以前の無所属的位置に立つことになったのである。ところで革新倶楽部は一九二五年に解党し政友会と合同することになるが、もし島田がそれまで生きていたとすれば(島田は一九二三年一一月に死亡)、彼はどのような行動をとったであろうか。犬養毅とは異なり、政友会に参加することはなかっただろう。しかし同時に、最晩年の論説に二大政党論を単純に賛美するものが見つからない――憲政会の成立は外見的には二大政党の成立を意味していたから――ことも考えれば、昭和期の二大政党とは、また別の手段によって国民本位の議会のあり方を模索し続けたに違いない。

おわりに

ここまで日露戦後の島田の政治行動を、その時々の政界状況における政党のあり方についての島田の考え方との関連において確認をとってきた。そこに見ることができる一貫して共通するものは、議会政治確立のために、国民の幅広い政治参加を求め、それを、ある時には政界革新同志会を通じて、またある時には選挙権拡張（大正中期からは普通選挙）を通じて実現しようとした姿勢であろう。また第二次大隈内閣期を例外として、島田は軍拡を否定し、減税と社会政策の実現を主張するという、国際平和状況認識にもとづく民力休養論を唱えていた。さらに島田は、最晩年を除けば憲政の理想を実現するための当面の手段として二大政党制の実現を重視していた。

これに対して、対外硬論者は同じく選挙権の拡大による国民の政治参加を求めていたが、政党のあり方としては挙国一致政党への指向が強く、また対外硬的言動も強かった。この点から島田を「国民主義的対外硬派」と呼ぶのは適切ではなく、たとえば「政界革新グループ」というような呼び方が適切であろう。この「政界革新グループ」は、メンバー的には「国民主義的対外硬派」と重なるが、日露戦争直後における政界革新という共通する姿勢に注目して使用した語句である。

ただしその島田の政界革新の方法に関しては、時期により次のような変化を見いだすことができる。日露戦争直後は小合同路線に立ち、対藩閥・官僚の立場に立つ二大政党の一つとなる政党を育てあげることを主張していた。それを政界革新同志会の運動を通じて行おうとした。これは全国各地での地方政治基盤の変動と少なからず関係を有していた。この路線で一九〇八年の総選挙は戦われ、ある程度は実現できた。

ところが「桂園体制」は崩れることはなく、第二次桂内閣から第二次西園寺内閣にかけて再び政友会との提携路線が繰り返されることになった。島田は従来の小合同論の継続では政界革新が不可能と感じるようになり、藩閥・官僚勢力の打破よりも、官僚・藩閥と妥協する政友会の方が問題であるとして、政友会に対抗できるもう一つの大政党を非政友大合同によって作りあげることが政界革新につながることであるという路線に転換した。

非政友新党創立運動は、いったんは国民党・中央倶楽部との両立という姿となったが、国民党は相変わらず内部対立を抱えており、それが破裂し島田の希望に近い二大政党の成立を促す機会となったのが大正政変と同志会の創設であった。島田は、同志会を政友会に対抗できる政党と見なした。またそれが可能であったのは、基本的に桂が緊縮財政路線を標榜していたからであり、第三次桂内閣にあたっては両軍の軍拡を否定し、第二次西園寺内閣よりも大きな財政整理を掲げていたからであり、島田はこの政策を見極めた上で同志会に参加した。

しかし同志会（→憲政会）において、島田の理想とする憲政が順調に発展したかというと、そうではなかった。島田は、寺内内閣・原内閣期より再び政党に失望し、やがて普通選挙問題をめぐる憲政会幹部の消極的姿勢に反発して同会をも脱党することになる。

結局のところ、島田は一九一〇年から一九二一年までの約一〇年間再び政党に在籍した。この期間は、島田にとって理想とする憲政実現への希望が、政党を通じていくらか持てた時期に重なっていたといえよう。そしてまたこの時期は、たとえば神奈川県を初めとして、各地で政友派に対して非政友勢力が台頭・結集してくる時期にあたり、これは全国的には地方政治状況の二大政党化が進み始めていた時期と重なっていた。ということは、島田にとって、二大政党制の実現ということを憲政の理想実現のための手段として語ることができ、またその主張が地方政治状況に適合した時代が、日露戦後であったということでもある。しかし寺内・原内閣期になると、島田は普通選挙の実現こそが政界革新の鍵であると主張し、それに消極的な姿勢を見せた幹部の態度に失望して憲政会を脱党する。再び既成政党すべてに愛想をつかしてしまったのであった。これは、大正末から実現することになった二大政党による政党政治が、現実には腐敗と中傷合戦を繰り返し、その存立自体を危うくする方向に作用した以後の政治を暗示しているようにも思われる。

註

(1) 島田に関する唯一の伝記である高橋昌郎『島田三郎―日本政界における人道主義者の生涯―』(基督教史学会、一九五四年)も、基本的には、この側面に注目したものであり、保谷六郎『日本社会政策の源流』(聖学院大学出版部、一九九五年)が、第二章で島田の社会政策論を分析している。

(2) 吉野作造編『島田三郎全集』全五巻(警醒社書店、一九二四~一九二五年)。

(3) 伝記としては高橋のもの、およびその改訂版(『島田三郎伝』まほろば書房、一九八八年)と『三代言論人集』第四巻(時事通信社、一九六三年)が島田を扱っている程度である。

(4) 島田三郎全集編集委員会編『島田三郎全集』全七巻(龍渓書舎、一九八九年)。

(5) 内田修道「島田三郎の思想と行動―第一議会を中心として―」(『神奈川県史研究』第二三・三〇号、一九七四・一九七五年)、倉敷伸子「日露戦争後の新興政治集団の軌跡」(『史苑』第四八巻一号、一九八八年)、同「議会政治家としての島田三郎」(『郷土よこはま』第一一二号、一九八九年)、西川武臣「平野友輔関係書簡―島田三郎からの手紙を中心に―」(『藤沢市史研究』第一五号、一九八二年)。このうち倉敷の研究は、島田および彼の属するグループと「国民」が実際にどの様な形で結びつこうとしたかについて、横浜市あるいは神奈川県を題材として解明している。島田は日露戦後に、それまでの都市非特権ブルジョアジーを支持層とするものから、より広く「国民層」を代表するような「新興政治集団」を代表する政治家として活動するようになり、立憲同志会への参加はそのような「新興政治集団」の政治勢力としての政界への編入を意味するものとしている。

(6) 本稿の背景にある日露戦後の政界変動については、全面的に拙著『大正政治史の出発—立憲同志会の成立とその周辺—』(山川出版社、一九九七年)に依拠している。

(7) 宮地正人『日露戦後政治史の研究』(東京大学出版会、一九七三年)。

(8) 「国民倶楽部設立の趣旨」(蔵原惟昶『政界活機』八四〜八六頁、一九〇六年六月)。

(9) 島田三郎「戦後改革意見」(上)(下)(『中央公論』一九〇五年五月・七月)。

(10) 笠井作三『島田三郎君演説政界革新論』三六・二頁(博文館、一九〇七年)。

(11) 島田三郎「日本旧時の政党談」(『大国民』第三号、一九〇六年四月五日)。

(12) これまでの研究も、政界革新運動から同志会への参加に関しては、二大政党論にもとづく行動であったと理解している。

(13) 「島田氏の演説議会の大勢」(『横浜貿易新報』一九〇六年五月五日)。

(14) 島田三郎「政党の大勢」(『太陽』第一三巻第一号、一九〇七年一月)。

(15) 坂野潤治『大正政変』三五頁(ミネルヴァ書房、一九八二年)。

(16) 註14に同じ。

(17) 島田三郎「財政の救治、国民の義憤」(『太陽』第一四巻第四号、一九〇八年三月)。

(18) 同「政界革新の時機」『太陽』(第一三巻第八号、一九〇七年六月)。

(19) 藤村浩平「刷新派と神奈川県政—明治後期における非政友勢力の再編過程—」(『茅ヶ崎市史研究』第五号、一九八一年)、上山和雄『陣笠代議士の研究』第二章(日本経済評論社、一九八九年)、倉敷前掲論文など。

(20)「刷新派有志大会と社交倶楽部発会式」・「本県政界革新会成る」・「横浜座演説会」(『横浜貿易新報』一九〇九年四月二九日・三〇日・五月二日)。
(21)「溝口の革新演説会」(同前、一九〇九年九月五日)。
(22)島田三郎「国民活動の一新紀元」(『太陽』第一四巻第八号、一九〇八年六月)。
(23)同「総選挙に現はれたる二特象」(『日本及日本人』第四八五号、一九〇八年六月)。
(24)同「政党の将来に就て」(『太陽』第一四巻第一〇号、一九〇八年七月)。
(25)同「政友会の現在と未来」(『中央公論』一九〇九年一〇月)。
(26)「政界縦断は夢=島田氏の悲観説=」(『横浜貿易新報』一九〇九年八月一一日)。
(27)「第26帝国議会又新会代議士会会議録」(拙稿「又新会の成立と崩壊」付録『紀尾井史学』第六号、一九八六年)。
(28)註26に同じ。
(29)「島田氏の言明」(『横浜貿易新報』一九一〇年三月四日)。
(30)「刷新派の協議会」(『横浜貿易新報』一九一〇年三月一三日)。
(31)「刷新派大会」(『横浜貿易新報』一九一〇年三月一〇日)。
(32)島田三郎「補欠選挙概評(下)」(『横浜貿易新報』一九一〇年一二月七日)。
(33)上山、前掲書参照。
(34)「刷新倶楽部発会式」(『横浜貿易新報』一九一一年二月二八日)。
(35)「島田氏時局談」(『横浜貿易新報』一九一三年一月二二日)。
(36)島田三郎「境遇より生れたる内閣」(『中央公論』一九一三年五月)。
(37)同「時代改革論」(『大国民』第三八号、一九一一年八月)、「島田氏演説」(『横浜貿易新報』一九一一年八月三一日)。

(38) 島田三郎「憲政革新の中心力」(『大国民』第五二号、一九一二年一一月)。
(39) 同「政変と元老と政友会と」(『新日本』第三巻第二号、一九一三年二月、執筆は一月一〇日)。
(40) 「市民の態度一決―島田代議士招待会席上全市精鋭惨として起つ」(『横浜貿易新報』一九一三年二月二日)。
(41) 註39に同じ。
(42) 島田三郎「脱党の事情を明かにす」(『横浜貿易新報』一九一三年二月一日)。
(43) 「島田氏時局談」(『横浜貿易新報』一九一三年一月二二日)。
(44) 同前。
(45) 註40に同じ。
(46) 渋谷作助『武富時敏』一五二~一五三頁(「武富時敏」刊行会、一九三四年)。
(47) 一九一三年二月二日付寺内正毅宛田中義一書簡(「寺内正毅関係文書」三一五―13、国立国会図書館憲政資料室蔵、尚友倶楽部史料調査室・伊藤隆編『寺内正毅宛田中義一書翰』三〇~三四頁、芙蓉書房出版、二〇一八年)。
(48) 「島田三郎氏の演説(二月一一日)」(『政況報告』立憲同志会事務所、一九一三年三月、拙編『立憲同志会資料集3』六九頁、柏書房、一九九一年)。
(49) 大石正巳・河野広中・武富時敏・箕浦勝人・島田三郎「告知書」(一九一三年一月三一日、拙編『立憲同志会資料集4』九~一一頁)。
(50) 徳富蘇峰『公爵桂太郎伝』坤巻、六八二~六八三頁(原書房、一九七六年復刻)。
(51) 「立憲同志会宣言書」(拙編『立憲同志会資料集4』一二~一三頁)。
(52) 後藤新平「立憲同志会員諸君ニ質ス・立憲同志会退会始末大要」(『立憲同志会資料集4』二一七頁)。
(53) 同「逆境に屈せぬ秋山定輔」(『中央公論』一九一五年五月号)。
(54) 島田三郎「境遇より生れたる内閣」(『中央公論』一九一三年五月)。

(55) 第一次山本内閣期における同志会の内情については、拙稿「外交問題から見た立憲同志会の党内抗争」(『日本歴史』五六四号、一九九五年、拙著『辛亥革命と日本の政局』第七章に取り込まれた、岩波書店、二〇〇九年)。
(56) 島田三郎「今回の選挙に就て」(『第三帝国』一九一五年四月五日)。
(57) 同「長野県補欠選挙の結果を見て」(『同志』第一巻第二号、一九一六年五月)。
(58) 同「時代の要求と大隈内閣の使命」(『中央公論』一九一四年七月号)。
(59) 同「時局概観」(『中央公論』一九一四年一一月号)。
(60) 「島田氏時局談」(『横浜貿易新報』一九一四年八月一六日)。
(61) 「天佑利用せよ―島田三郎氏談―」(『横浜貿易新報』一九一四年九月一四日)。
(62) 註59に同じ。
(63) 島田三郎「不可解なる政変」(『憲政』(旧)第一巻第七号、一九一六年一〇月)。
(64) 同「選挙権大拡張の急務」(『第三帝国』一九一七年六月一〇日)。
(65) 同「新外交機関設置と私見」(『日本及日本人』第七〇七号、一九一七年六月一五日)。
(66) 同「内閣の更迭を評す」(『憲政』第一巻第三号、一九一八年一〇月)。
(67) 同「自由主義の勝利と戦乱の教訓」(『憲政』第二巻第一号、一九一九年一月)。
(68) なお第一次世界大戦後、島田は再び軍備縮小論を唱えるようになる。それについて、島田が国家的価値より人間の本源的価値を重視するような思想的転換を遂げ、日露戦後の平和的膨張論を放棄したものであるとする見方もあるが、これについては必ずしも頷けるものではない。なぜならこの時期においても、島田の軍備縮小論は、当面していた日本の国際環境から唱えられており、国家の富強(領土の拡大ではない)自体については否定していないからである。日露戦後も、国際情勢を冷静に判断する平和論者であった。たとえば島田三郎「華府会議における海軍制限問題」(『太陽』第二八巻第三号、一九二二年三月)参照。

(69) 島田三郎「政界打破の鍵」(『日本及日本人』第七七〇号、一九一九年一一月一五日)。

(70) 同「私財を掠め公金を横領し政商と親しむ」(『太陽』第二七巻第五号、一九二一年五月)。

(71) 上山、前掲書、二一七頁。

(72) 『横浜貿易新報』も「島田氏遂に脱党」(三月二二日)・「島田氏告別」(同二五日)という比較的小さな記事を掲載するだけで、その波紋等については触れていない。革新倶楽部参加についても同様。もともと島田はシンボル的な存在であり、親分として統制力を有していなかったことも一因と考えられる。

(73) 山宮藤吉とのつながりは一九二二年から翌年に至っても確認できる(上山、前掲書、二五六頁)。

〔追記 本稿は、最初の著書『大正政治史の出発』で扱った政界革新グループの中心人物である島田三郎を取りあげて、その政治動向を日露戦後から晩年まで描いたものであり、同書の補論という意図を有していた。島田を取りあげたのは、その頃から横浜開港資料館の横浜近代史研究会に参加するようになり、政治面で報告を行う機会を得たことがきっかけであった。今回、本書に掲載するにあたっては、タイトルを変更し、註に現在の状況を付記し、用語・形式を整えたほかは、内容に修正は加えていない。その後、島田を正面から扱った研究は出ていないが、非政友勢力の動向については、第一章の最後に記したような研究が出されている。〕

第四章　宗秩寮の創設と貴族院

はじめに

明治憲法は、貴族院に衆議院と同等の権能を与えていた。そして実際に、明治の末からシーメンス事件を経て第二次憲政擁護運動で清浦奎吾内閣が退陣するまでの大正政治史において、貴族院は重要な役割を演じ、政局に大きな影響を及ぼした。

この時期の貴族院に関する研究は、ここ数年来活発となり(1)、また貴族院議員の選出母体である華族の研究についても、霞会館（旧華族会館）が主体となってかなり進められた(2)。

本章は、これらの先行研究をふまえた上で、第二次桂太郎内閣のもとでなされた官僚派の貴族院掌握工作の要（かなめ）の位置に、「華族監督問題」があったことを明らかにしようとしたものである。具体的には、一九一〇（明治四三）年八月二九日に宗秩寮が設置され、三一日に「華族に賜ふ勅語」が下された経緯を扱いたい。

第一節では、すでに諸研究によって明らかにされている日露戦後における貴族院の政治状況をまとめておき、第二節で宗秩寮の設置過程を、第三節ではその意味について考察する。

一、日露戦後の華族をめぐる政治状況

日露戦後の貴族院をめぐる政治状況は、まず政友会の工作によって、従来の茶話会・無所属派と研究会

（伯子爵互選議員団体）の提携による支配が動揺し、それに対抗して官僚派も巻き返しを図るという二段階の変化をとげる。

政友会の貴族院工作は、まず研究会幹部の一人の堀田正養に接近することを通じて、官僚派と研究会の提携を絶ち切ろうとすることによって行われた。しかし、第二次桂内閣が成立すると、堀田は研究会内で孤立するようになり、一九〇九（明治四二）年四月一七日には研究会、およびその選出母体である尚友会を除名されてしまい失敗する。

次になされた政友会の貴族院工作は、新たに官僚派に対抗して創設された団体に援助を与えることによってなされた。

たとえば伯爵界では、一九〇八（明治四一）年一月に、大木遠吉が中心となって伯爵同志会（以下、同志会と略す）が結成され、研究会と補欠議員選挙をめぐって争いを繰り広げるようになる(3)。さらに同年一〇月には五伯爵が研究会を脱会して、一二月一八日には土曜会所属の伯爵議員と合同して、「憲法の完美、閥族政治反対」を標榜する院内会派の扶桑会を創設する。一九〇九年にかけて同志会の勢いは研究会を圧倒し、研究会は対立候補も立てなくなる。このような中で、政友会は同志会を援助する。

同様に子爵界でも、研究会に対抗して、一九〇九（明治四二）年二月一日に、秋元興朝が中心となって子爵（華族）談話会（以下、談話会と略す）が創設された。政友会の原敬は、孤立した堀田を談話会と結びつけようとし、さらに秋元・堀田らに助言を与え、政治組織として強固なものに育てあげようと試みた。同年七月の補欠選挙で研究会と談話会は激しく争い、談話会候補は九八票しか得票できずに落選したが、これは予想以上の成績であり、談話会は前途を有望視される結果だった(4)。なお談話会所属の子爵議員は、貴族院内では土曜会に属した。

男爵界では、第三回互選選挙（一九〇四年）で二七会（院内会派は木曜会）が圧勝して以来、研究会とは貴族院内で対立しており、第一次西園寺内閣は木曜会幹部の千家尊福を司法大臣に起用するなどの提携工作を行っていた。

以上のような政友会の貴族院工作によって、貴族院では一九〇九（明治四二）年までに、伯爵界では同志会（扶桑会）が研究会を圧倒し、子爵界では子爵談話会が研究会に迫る勢力を獲得し、男爵界では木曜会が圧倒的な勢力を維持する状態となったのである。しかし、このような政友会の貴族院工作は、ただちに官僚派の反撃を生じさせることとなった。

まず第二次桂内閣は、研究会の支持を確実にするために、幹部の岡部長職を司法大臣に、正親町実正を賞典局総裁に任命した。さらに、一九〇九年三月には、研究会所属議員の要請を入れて、七人減が見込まれる子爵議員数(5)はそのままとし、男爵議員数を七名だけ増やすという、子爵に有利なよう配慮された貴族院議員定数の改正を行った(6)。

なおこの改正案に関連して、曾我祐準（土曜会所属）より連記投票制廃止建議案が提出されている。その提出理由の中で、曾我は連記投票制度が一会派の議席独占につながり、同時に各爵の争いを熾烈にし弊害を生み出していると述べている(7)。委任投票が認められていたため、組織を固めることにより当選者を独占することができたのである。

さらに各爵における対立は、一九一〇（明治四三）年に官僚派による巻き返し工作が始められることによって、ますます激しくなる。

まず男爵界では、勅選議員（所属会派は茶話会・無所属派）を中心にして組織された（一九〇八年四月創設）男爵協同会が二七会の切り崩しに取りかかる。千家尊福の負債問題をきっかけにして、一九一〇（明治四三）年二月一三日に杉渓言長らが二七会を離れ清交倶楽部を組織すると、翌日には協同会と脱会者との間で協議会が持たれている。勅選男爵議員は、次の選挙のときに脱会者に投票するという約束をして誘っていたようだ(8)。この分裂によって、二七会の勢力は一七〇名から一一六名に減じ、協同会八〇名・清交倶楽部四〇名と、ほぼ互角の状態となった。この結果について平田東助内相は、「男爵方面に於ける選挙問題は是にて見込み相立可申」(9)と山県有朋に書き送っている。

子爵談話会は京都に強い基盤を築いていたが、その京都在住の会員六名が、一九一〇年三月三一日に談話会を脱退する。また土曜会の長老議員である曾我や谷・松平乗承ら五人も、秋元の政党主義に反対して談話会を脱会する(10)。この分裂によって、発展を期待された談話会は、会員数が減少を始めるのである。

伯爵同志会では、一九一〇年の初め頃から、大木遠吉らの政友会接近を懸念する声が東久世通禧や土方久元から起こり始め、六月一三日に、松浦厚を加えた三伯が同志会を脱会する。その後、脱会者は芳川顕正らと結んで非同志派を組織し、七月から八月にかけて両派の勢力は均衡状態となる。

このように一九一〇年の前半における貴族院の状況は、各爵内部で官僚勢力と反官僚勢力とが激しく対立し、自派の勢力拡大をめぐって競争が続けられていたのである。

二、宗秩寮の設置経過

ところで、第二六帝国議会(一九〇九～一〇年)では、皇室費増額一五〇万円が認められていた。予算案の通過を受けて、議会閉会翌日の一九一〇(明治四三)年三月二四日、皇室経済会議が開かれた(11)。

この会議では、皇室費増加に関して大木遠吉が山県に送った三月八日付の書簡(12)が話題になったようである。この書簡の中で大木は、皇室費の増加は貴衆両院で満場一致で認められるだろうが、「常に人民を御愛撫遊ばされ人民と倶に休戚を同うし玉ふ皇室」に対し、「今日人民塗炭に苦むの時をも顧みず、官吏及び議員の増俸と共に皇室費の増加を立案せしが如きは、予算編成上慎重の注意を欠きたるもの」であり、「勤倹の詔勅発布後未だ数年を経ざるに、皇室費の増加を立案せしが如きは、無謀も亦甚し」く、「之か計上を立案せし現政府は勿論之か計上に同意せし宮内官の如きも宜しく其責に任せさるへからす」と思うから、本会議に際して「将来皇室費の増加は政府に於て慎重の注意を加へられん事を切望」するという反対意見を議会で発表すると予告していた。

山県は、この意見書を会議の翌日に渡辺千秋宮内大臣に回覧して、「華族として如此意見を社界に発表致し、社会破壊党を遂に煽動するに至らしめむとするの謀略に立到り候、実に痛歎に不堪」(13)と述べて、大木の意見は社会破壊党を煽動するものであると非難している。山県は、華族が皇室の問題について批判的な言動をなすことは論外なことであり、華族にあるべからざる行為だと感じたようである。そしてまた「将来を推究するに帝室御財政之整理頗る御困難之事と存候、皇族其他に関し根底より治療法按を実行すべき手順方法を講ずる事今日之急務歟と察申候」と述べて、皇室財政整理と「皇族其他」に関する「治療法按」を立てることが急務と伝えている(14)。

この山県の書簡に対して二六日、渡辺は山県に宛てて返書している(15)。その中で渡辺も大木の意見書について、「一読一驚、身華冑に列し如此之行為を敢て元功に対し種々相発し候儀、実に歎息此事に奉存候」と述べ、また「宮内省は職任の命する貫(ママ)督上、聖上に奉対千万驚愕至に奉存候。若今後漫然華族之監督を等閑に付置候はゝ、遂に楓客の下一種危険の禍根を醸生すべき種族を養成するが如き嫌無之を難保、実に不堪寒心奉存候」と、華族監督が必要であることを述べ、さらに皇室費増加の処分は定まったが、今後は「皇族事件、華族事件、財政革正事件に付ては夫々新局面を開くの必要」があるから、別に具体的な計画を立案して聖断を仰ぐつもりであるということを明治天皇に上奏したことを報じている。さらに、これらの問題を処理するためには「沛然難議を排し、一鉄案を墜下」しなければならないと、決心のほどを述べている。

この書簡は、渡辺が宮内大臣に就任するにあたっての施政方針とでもいうべきものを、山県に伝えたものと言ってよかろう。なぜなら、宮内大臣の岩倉具定は病気療養中であり、この月末の三一日に死亡し、四月一日に渡辺が宮内大臣に就任することになるからである。華族監督をどのようにするかという課題が、渡辺が直面していた政治上の課題であったのである。

そして華族監督の件とは、おそらくこの時期の貴族院をめぐって華族間で繰り広げられていた激しい政争を静めていくということをも意味していたと思われる(16)。

「桂文書」の中に「華族の行為戒飭の意見書」(17)と題する文書がある。筆者・起草年とも記されていないが、一九〇九年から一〇年にかけて、たぶん平田東助によって記されたものと考えられる。その一節では、次のように華族の風紀問題と貴族院の政治問題が絡み合わされて述べられている。

一、元老及総理大臣より現時華族の情態、風紀の頽廃せる実況を内奏せられ、苟も華族の体面を汚す者は之を仮借せず厳に処分を為し華族令の主旨を励行せられたきこと

一、貴族院の国家に対する地位関係等を内奏せられ、併て之に対する他の迫害及び破壊的行動を防制するの必要なることを内奏せられたきこと

一、右の趣旨に依り宮内省中之に反する挙動を為す者は厳に戒飭し、尚背く者は相当の処分を為されたきこと

一、元老及総理大臣に於て時々園遊会等を催され、尚友会員協同会員其他正義派を集め指導奨励せられ、彼等をして其の帰属する所を知り安定して益々団結を固からしめ、併て外間をして正義派には有力の後援あるを悟り、一は以て華族社会の帰向すべき所を定め、一は以て敵鋒を挫くの策と為すこと

このように「華族の行為戒飭の意見書」には、華族の内争への官僚派の対応策として、華族の体面を汚す者は仮借なく処分すること、貴族院に対する政党勢力の侵入を防ぐこと、官僚派には有力な後援があることを知らしめることなどが記されているのである。

このうち、華族の風紀の乱れに華族間の政治的な争いが含まれることは、曾我が連記投票制廃止の建議案を提出した際に、華族の政争が「華族の体面上、品行上実に長歎息すべきものであります」(18)と述べていることからも窺われる。

また、すでに述べたように、この時期、大木は伯爵同志会の中心人物として盛んに活動していた。そして大木が、皇室費増加について批判的意見を抱いているということは、大木は議会で発言しなかったにもかかわらず、いつのまにか華族社会で問題とされるようになり、ひいては同志会の政治活動へも批判を引き起こす原因となるものであった。六月一三日に、伯爵同志会から土方・東久世・松浦が脱会した際の理由書の中にも、「少数の自称幹部が事を専らにし、其連中の定めたることが同会の事業となり、遂に最初の主義精神を没却するの有様となれり、其結果は或は欽定憲法に違戻する行為を敢てし、又は皇室の尊厳に対して云々し、或は社会の上流に立ちて下流に於てさへ有る間敷き事をして恥ぢざる者あるに至る」と、皇室費の増額について大木が意見を述べたことについての批判が書かれている(19)。

さらに伯爵同志会の分裂を平田が山県に報告した文章の中で、「伯爵問題は非境中之最も非境」だったものが「近時土方、東久世両伯も愈々彼等之非行を憤り」と述べていること、また同じ書簡の中で「今回之子爵補欠選挙〔鍋島直柔の死去によるもの……櫻井注〕は華族之品位を匡正するに好き機会」であることなど、同志会や談話会の行動が華族の品行に関する問題としてとらえられていることなどから理解できよう(20)。

そして華族監督の強化は、宗秩寮設置と華族の行為戒飭の勅語下付という形で実現されていくことになる。

これまで爵位寮が宗秩寮に改められたことについては、『明治天皇紀』に「宮内省官制の一部を改正し、爵位寮を廃して宗秩寮を置く、蓋し朝鮮を併合せるの結果、其の貴族の事亦其の寮をして管掌せしむるを以て、之れを拡張するなり」と記されている(21)ように、韓国併合にともなう朝鮮王族および貴族処遇との関係で理解されてきた。

しかし華族監督問題が、すでに三月の時点から問題となっており、宗秩寮の設置が渡辺宮相を中心として進められ、山県枢密院議長と桂首相との間で、「華族監督上按件」と呼ばれていたこと(22)は、この改正の目的が華族の監督強化にあったことを表わしている。また改正の発表の方法についても、韓国併合の事務進行が集中豪雨による洪水のため予定より遅れるおそれがあったときに、渡辺が「是は韓国之事に不拘発表可仕積之都合に御座候」と韓国併合の成り行きにかかわらず発表するつもりであることを桂に報告している(23)こと、および明治天皇の許しを得たことを伝えた文章のなかで、「今回之事件〔韓国併合の発表……櫻井注〕に連絡して爵位局の官制改正と同時発表」することにしたいと、あらためて述べていること(24)から、もともと宗秩寮の設置が韓国併合とは別個の独立した問題であったことがわかる。

また宗秩寮設置の二日後に出された勅語(この勅語は「華族戒飭に付」下されたものとか、「宗秩寮設置にあたって」下されたものとか呼ばれている)(25)は、「華族ハ士民ノ上ニ位ス宜ク履操端粛力メテ世ノ儀表タルヘシ、今ヤ新ニ宗秩寮ヲ置キ皇潢ノ貴キト共ニ崇班ノ重キヲ管セシム、汝等砥礪恪勤倍々報效ノ誠ヲ致シ常ニ厥躬ヲ顧ミテ言行ヲ慎ミ敢テ或ハ失墜スルコトナキヲ期セヨ」というものであり、実質的に華族の行動を戒める内容であったことは、宗秩寮設置の意図が、華族監督機構の整備にあったことを語っている。

より具体的な設置経過は以下の通りである。八月七日に山県は、渡辺から示された草案に同意を与えた(26)。八月一〇日、渡辺は、桂首相と協議した上で慎重留意し順序を立て必成を期して実行したいと山県に伝えた(27)。山県は八月一七日に桂に宛てて「尤適当之法按」であり、休暇が済み次第すみやかに発表するよう渡辺に命令するよう書き送った(28)。そして八月二五日、渡辺は明治天皇に宗秩寮設置について上奏を仰いだ。その結果、初め予定されていた正親院という名前について再考を命ぜられ、渡辺はあらためて宗秩寮という名称にして上奏したところ聞き届けられることになった。

八月二九日宮内省の官制改正が発表され、その中に宗秩寮の設置が盛りこまれた。同日、宗秩寮総裁に侯爵久我通久が、主事に男爵小原駩吉が任じられ、三一日に一二名の宗秩寮審議官が勅選された。さらに三一日、華族総代として各爵一名ずつの者が宮中に召喚され、渡辺宮相より「華族に賜ふ勅語」を伝えられた。以上が宗秩寮設置の経過である。

三、宗秩寮設置の意味

華族は「皇室の藩屏」という政治的役割を担わされていた。その華族が、皇室の尊厳を傷つけたり、華族の品位を汚したり体面を傷つけたりするような行為を行った場合には処罰されることが、華族令には規定されていた。

本節では、まずこの華族監督に関する規定の変遷について記しておく(29)。

華族に関する事務取り扱いと監督権は、明治維新後しばらくの間は正院が握っていたが、一八七六（明治九）年に宮内省庶務課に華族掛が設置されると、これ以後華族は宮内省の管轄となった。また華族懲戒例と処分心得が定められ、これらは督部長の具申で宮内卿が行うようになった。一八八二（明治一五）年には、これらの事務を行うために華族局が設置され、初めて華族を対象とする専門の部局が設けられた。

この華族局は、華族に関するすべての事務および監督を取り扱い、その処務規程によれば、宮内省より命令を伝達すること、戸籍の管理や位記を初めとする事務、諸届を取り扱うこと、品行について監督すること、学習院や第一五銀行に関することなどの事務を行った。これらの事務は爵位局、爵位寮、宗秩寮に引き継がれることになる。

一八八四（明治一七）年の華族令では、華族の戸籍と身分の管理は宮内卿が行うことと定められ（第八条）、一八八六年の宮内省官制では宮内大臣が華族を管理するとされていた。一八八八（明治二一）年に華族局は爵位局に改められ、勅奏任官が兼任する審理官が設けられた。さらに一八八九年の宮内省官制改正によって宮内大臣に監督権（第一条）、および監督職責と懲戒権（第二〇条、華族懲戒例にもとづく）が与えられることになった。しかし憲法発布後の一八九〇（明治二三）年八月に、特例を設けることは憲法の一視同仁の精神に反するとして華族懲戒例が廃止され、宮内大臣による懲戒規定および審理官制度は消滅した。

ところが、一八九四（明治二七）年五月の華族令追加に際して、再び懲戒規定が加えられ、そのために華族より勅選された七名以上の委員会が設けられることになった（第一八条）(30)。この規定では刑事罰を受けた者のほか、華族の子弟に相当の教育を施さなかった場合（第一五条四項）、「華族ノ品位ヲ保ツ能ハサル者」（同五項）は華族の礼遇を停止することができ、あるいは栄典を辞することを得（第一七条）、その処分は、この委員会で評議することが定められていた。

ところで、一八九九（明治三二）年に臨時帝室制度調査局（総裁伊藤博文）が設置されてから一九〇七（明治四〇）年にかけて、皇室関係諸法令の整備がなされている。華族令についても、一九〇四（明治三七）年一月一二日に調査委託がなされ、三月一九日には改正案および付属案ができあがり上奏された(31)。この改正案の特色は、「有爵者及其ノ家族ノ身分ニ関シ監督上必要ナル事項ハ宮内大臣之ヲ管掌ス」（第一三条）として宮相の監督権が規定されており、また有爵者の互選に因る懲戒委員会の制度が設けられている点（第二七条、第二八条）であった（華族令改正案修正理由書）。この改正案が、そのまま一九〇七（明治四〇）年五月七日に改正華族令として公布されることになる。なお同年、爵位局は爵位寮と改称されている。

一九〇七年改正華族令の第二七条は、「第二十条第一項、第二十三条、第二十四条ノ処分ハ勅裁ヲ経テ宮内大臣之ヲ行フ、礼遇ノ停止ヲ解除スルトキ亦同シ、前項ノ処分及解除ニ付テハ有爵者ノ互選ニ依リ組織シタル懲戒委員会ノ決議ヲ得タル後勅裁ヲ経ヘシ、礼遇ノ禁止ヲ解除スルハ特旨ニ由ル」と規定していた。

第二〇条第一項の処分とは、有爵者の婚姻や養子縁組、隠居、離婚、家督相続人の指定や取り消しを初めとする、有爵者の家に関する諸事件に変化があった場合、あらかじめ宮内大臣の認許を得なければならなかったのを、それを怠った場合に、情状により華族礼遇を停止し、または襲爵を許さないことができる規定であった。第二三条の処分とは、有爵者あるいは有爵者の婦人、有爵者の曾祖父・祖父・父、推定家督相続人およびその長男で、「華族ノ品位ヲ保ツコト能ハサル者」「宮内大臣ノ命令又ハ家範ニ違反シ情状重キ者」は華族の礼遇を停止することができた規定であり、第二四条の処分とは、「華族ノ体面ヲ汚辱スル失行アリタル者ハ情状ニ依リ爵ヲ返上セシメ、華族ノ族称ヲ除キ又ハ其ノ礼遇ヲ停止若ハ禁止ス」という規定であった。このように華族の行動については、かなり細かく厳しい監督条項が規定されていたのである。ただし、この規定を実行するためには、懲戒委員会の決議が必要だった。

この華族懲戒委員会は、同爵者中から互選連記投票によって選ばれた二人ずつの委員、つまり計一〇人によって構成され、その選挙は委任投票が認められていた。委任の任期は二年で、選挙期日は通常七月一日であった。委員会は、宮内大臣の命令または委員過半数の請求によって会長（会長は委員の互選）が招集することと定められていた(32)。

さて、本稿の主題である一九一〇（明治四三）年八月二九日の宮内省官制改正によって定められたことは、韓国併合にともなう朝鮮貴族の取り扱いに関すること（第二条、第九条）と、爵位寮を拡大して宗秩寮を設置すること（第二二条）の二つの点であり、後者は宗秩寮、特に宗秩寮審議会に関する詳細な規定であった。

宗秩寮は、改正された宮内省官制（第二二条）では、侍従職、式部職の次に置かれ、諸寮の中では最初に位置づけられていた。またその詳細な規定は、改正以前の第三六条（楽部に関する規定）に、次のように新たに九条分加えられている(33)。改正以前には内蔵寮、図書寮の次に爵位寮が位置づけられており、そこでは単に「爵位寮ニ於テハ爵位華族及有位者ニ関スル事務ヲ掌ル」（一九〇七年改正宮内省官制第三九条）と、きわめて簡単に規定されていたのに比べると、皇族や王族、朝鮮貴族などと並立させて華族や有位者を位置づけていること、さらに寮の構成までも宮内省官制で規定されているなど、爵位寮に比べて宗秩寮は、その対象が拡大され、それにつれて寮の重要性が大きくなっていることがわかる。

第三十六条ノ二　宗秩寮ニ於テハ左ノ事務ヲ掌ル

一、皇族ニ関スル事項

二、王族及公族ニ関スル事項

三、爵位ニ関スル事項

四、華族ニ関スル事項

五、朝鮮貴族ニ関スル事項

六、有位者ニ関スル事項

第三十六条ノ三　宗秩寮ニ左ノ職員ヲ置ク

宗秩寮総裁

宗秩寮主事

第三十六条ノ四　宗秩寮総裁ハ親任又ハ勅任トス、宗秩寮ヲ統轄シ兼テ皇族、王族及公族ニ附属スル職員ヲ監督ス

第三十六条ノ五　宗秩寮主事ハ二人奏任トス、内一人ヲ勅任ト為スコトヲ得、寮務ヲ分掌ス

第三十六条ノ六　宗秩寮ニ審議会ヲ置ク

審議会ハ皇族、王族及公族ニ関スル重要ノ事項ニ付諮詢ニ応シ意見ヲ上奏ス

審議会ハ華族ノ懲戒及礼遇停止ノ解除ヲ審議シ兼テ華族及朝鮮貴族ニ関スル重要ノ事項ニ付キ宮内大臣ノ諮詢ニ応ス

第三十六条ノ七　審議会ハ宗秩寮総裁及宗秩寮審議官ヲ以テ之ヲ組織ス

第三十六条ノ八　宗秩寮審議官ハ左ニ掲クル者ニ就キ宮内大臣ノ奏請ニ依リ之ヲ勅命ス

一、枢密顧問官　三人

二、宮内勅任官　四人

三、有爵者　　五人（公侯伯子男各一人）

宗秩寮審議官ハ官吏ヨリ命セラレタル者ハ其ノ本官ノ待遇ヲ享ケ有爵者ヨリ命セラレタル者ハ勅任官ノ待遇ヲ享ク

第三十六条ノ九　審議会ノ議長ハ宗秩寮総裁及宗秩寮審議官ノ内上席者ヲ以テ之ニ充ツ

議長事故アルトキハ次席者之ヲ代理ス

第三十六条ノ十　審議会ハ審議官過半数ノ出席アルニ非サレハ之ヲ開クコトヲ得ス

以上が宗秩寮に関する宮内省官制の規定である。

そして、同じ日に華族令も改正され、華族懲戒委員会の機能は宗秩寮審議会が引き継ぐこととなり、宮内省令によって華族懲戒委員会規則と華族懲戒委員互選規定は廃止され、これに代わって九月一二日に宗秩寮審議会規則が定められた。

その後、華族令の懲戒規定を適用するほどのこともない軽い失行について、これを戒飭するために、一九一一（明治四四）年一二月二七日に華族戒飭令が公布され、華族の体面に関する失行や不謹慎の言行があった場合、家産を傾けたり家政を紊した時、あるいはそのおそれがある場合などには、宮内大臣が譴責と訓誡を与えることができることが規定され、このうち譴責については宗秩寮審議会の審議を経て宮内大臣が行うことと規定された(34)。

これらの諸改正のうち注目すべきことは、宗秩寮審議会の設置にともなって、互選による華族懲戒委員会が廃止されたことである。宗秩寮審議会は、勅任の審議官一二名によって構成され、宮内大臣の諮詢に応じて議長（宗秩寮総裁および宗秩寮審議官のうち上席者が就任する）が招集することとなっており[35]、華族懲戒委員会に比べると、宮内大臣の権限が強化されており、それに反して委員会の権限は小さく、宮内大臣の諮問機関化していることがわかる。実際にも、重要な事項について諮詢に応じて意見を上奏する（宮内省官制第三六条ノ六）こともなく、もっぱら華族の処分の解除を審議しただけであったそうである[36]。

互選選挙による懲戒委員会を廃止し、勅選による委員会としたことは、互選選挙の手続きが繁多で実務に適さなかったからであると説明されている[37]が、果たしてそうであろうか。華族懲戒委員の選挙は、貴族院議員の互選選挙と同様に連記投票および委任投票が認められており、そのまま放置すれば貴族院議員互選選挙と同様に、委員の席をめぐって華族間に激しい党派争いを引き起こすおそれがあった。それを勅選にすることによって、好ましくない人物が審議官に選ばれるのを防ごうとして改正されたのではなかろうか。

一九〇七（明治四〇）年七月一日に投票が行われた華族懲戒委員互選選挙の結果は、次の通りであり[38]、会長は互選によって徳川が就任した[39]。括弧内は所属会派を示す。

公爵　二条基弘（土曜会）　徳川家達（無所属）
侯爵　蜂須賀茂韶（無所属）　黒田長成（研究会）
伯爵　東久世通禧　土方久元
子爵　谷干城（土曜会）　岡部長職（研究会）
男爵　真木長義（木曜会）　末松謙澄

一九〇九（明治四二）年七月一日に行われた委員の改選の結果は次の通りとなった[40]。なお、華族懲戒委員は各爵二名のはずであるが、伯爵は一名、子爵・男爵は三名ずつ多く選ばれている。その理由は不明である。

公爵　二条基弘（土曜会）　徳川家達（無所属）
侯爵　蜂須賀茂紹（無所属・尚友会）　黒田長成（研究会）
伯爵　東久世通禧（同志会）　土方久元（同志会）　徳川達孝（扶桑会）
子爵　高辻修長　谷干城（土曜会・談話会）　岡部長職（研究会）　加納久宜（研究会）
男爵　小沢武雄（土曜会・協同会）　細川潤次郎　久保田譲（土曜会・協同会）　前島密（木曜会・二七会）

この二回の選挙の間に、第一節で記したように各爵で官僚派と非官僚系の対立が激しくなっていた。そして一九〇九年七月の時点では、諸種の資料からみて、二条基弘、東久世通禧、土方久元、徳川達孝、谷干城、小沢武雄、前島密は、官僚派である研究会や茶話会・無所属派には属さない人物であり、この選挙結果は、一九〇九年夏の段階における貴族院の各爵における各会派の勢力を反映している。つまり伯爵においては同志会員が独占し、子爵・男爵においては対立している団体からそれぞれ代表者が選出されているのである。

このときの選挙運動の実態に関しては史料がほとんどないために判然としないが、男爵界においては、あらかじめ委員の選定について協同会と二七会とのあいだで協定が結ばれており、競争にはならなかったようである(41)。しかし協定がなされたことは、まだこの時期には協同会は二七会と戦うだけの十分な用意がなかったことを表わしているのではなかろうか。

さて宗秩寮の設置にともなって勅選とされた宗秩寮審議官の人選については、特に注意が払われている。渡辺宮相は山県に宛てて「審理官等の人撰頗重要に付取調精査之上別に可奉仰至教奉存候」と書き送り(42)、八月二九日に山県と審議官の条件について相談し、さらに渡辺が候補者を銓衡して山県に示した(43)上、三一日に、次の人物が審議官に任命された。

枢密顧問官　男爵　細川潤次郎
枢密顧問官　子爵　清浦奎吾（もと研究会）
枢密顧問官　男爵　南部甕男
帝室会計審査局長官　斎藤桃太郎
宮中顧問官　男爵　穂積八束（無所属派）
宮中顧問官　奥田義人
宮内次官　河村金五郎
公爵　島津忠済（無所属）
侯爵　黒田長成（研究会）
伯爵　正親町実正（研究会）
子爵　松平乗承（土曜会）
男爵　沖守固（無所属派）

これらの人物には非官僚系に属する人物はおらず、多くは貴族院で研究会や無所属派に属した人物であった。松平は土曜会所属の有力者で、以前は非官僚系の中心であった人物であるが、一九一〇年五月一一日に子爵談話会を脱会している(44)。

また三一日に宮中で勅語の伝達を受けた人物は、公爵徳川慶喜（無所属）・侯爵浅野長勲（無所属）・伯爵松平直之（一九一一年の互選選挙で当選、無所属）・子爵吉田清風（同上、研究会）・男爵吉川重吉（研究会）であり、この中にも同志会・談話会・二七会に属する者はなかった。

宗秩寮設置と勅語の下付、審議官の任命が済んだあと、渡辺は桂に対して、「是より事端革新之期相顕れ可申と幸慶此事に奉存候」と書き送っている(45)。これは、一連の処置が華族界に与える影響を、渡辺が十分認識していた証拠である。したがってまた宗秩寮の設置は、同志会員や談話会員・二七会員に非難や反対を起こすおそれがあった。事実、渡辺は「必ずや一時囂々喧躁之攻勢も可有之」と覚悟しており(46)、またそのような懸念があったため、山県に帰京を求めていた(47)。

しかし渡辺の予想に反して、これらの処置後、華族界は「沙満打水之観を呈し、一般静粛」な状態であった(48)。勅語の奉戴式を催したところ、ふだんに比べて多人数が出席して敬虔の態度を表明し、心ある者は、かえって監督施設を希望しており、また「放論者は沈黙悔悟之挙」に出るであろうと、渡辺は山県に伝えている(49)。しかし、さらに続けて「毫も油断難仕」とも述べていることは、宗秩寮の設置が及ぼす微妙な政治的影響を渡辺が明確に認識していた証拠といえよう。

以上のように宗秩寮設置と勅語下付は、貴族院において官僚派と反官僚派が、その勢力争いをめぐって全面的に対立している中で行われた。八月三一日の勅語は、特に伯爵界に大きな影響を与え、同志会はいっそう不利な立場に立たされるようになったと思われる。

勅語の下付を受けた華族（文脈より伯爵と推測される）の一人は、「近時貴族間の節制漸く紊れ四民儀表たる面目時に或ひは如何と思はるゝなきにあらず（中略）子男両派も之を機として大いに粛正せらるべし」(50)と述べている。この勅語は、山県や渡辺のねらいどおり、華族の品位を汚す華族間の政治的争いに対して下されたものだと理解されているのである。その各爵における争いは一九一〇年の末まで激しく続けられたが、やがて官僚派が優位に立つようになっていくのである。

男爵界では、一九一〇年八月の補欠選挙では二七会候補者は七七票しか獲得できず、以後の補選に二七会は候補を立てられなくなった。一九一一年三月には、清交倶楽部は協同会に吸収され、二七会の勢力は、互選選挙直前には七〇余名となった。もちろん選挙は、協同会の全面的な勝利となった。子爵談話会は、一九一〇年中に行われた三回の補欠選挙での得票数がしだいに減少し、尚友会に対抗することが困難となり、互選選挙に敗北し、一九一二年七月一〇日に解散することになる。伯爵界は、一九一〇年中は均衡状態が続いたが、翌年一月には、さらに伯爵同志会からの脱会者があり、ついに互選選挙に勝利する見込みはなくなるのである(51)。

おわりに

日露戦後の貴族院は、政友会による研究会の切り崩し工作や、研究会に不満を持つ伯子男爵の支援がなされることによって、これまでの官僚派主導体制が崩され、一時流動的な情勢となった。しかし、一連の工作は貴族院官僚派の結束をもたらし、官僚派はさまざまな巻き返し策を講じる。その最後のしあげが、一九一〇年八月の宗秩寮設置という華族監督機関の整備と「華族戒飭の勅語」下付であり、下された勅語に「常ニ厥躬ヲ顧ミテ言行ヲ慎ミ敢テ或ハ失墜スルコトナキヲ期セヨ」と述べられていたことは、貴族院議員に無言の圧力となり、華族の政争を下火にさせる十分な政治的な効果があったのである。その意味で、まさに宗秩寮の設置と勅語下付は、華族間の争いに対して官僚派が出した切り札であった(52)。

さらに、その後の展望を述べれば、第四回互選々挙(一九一一年)での協同会・尚友会・非同志派の圧倒的勝利は、貴族院における研究会・茶話会・無所属派の提携による指導体制を確固たるものとした。そして、やがて貴族院は独自の政治行動を強め自立化を始める。それは山県や桂によって操縦されるというより、みずから主体的に、明確に政治勢力としての自覚をもって、山県や桂、そして寺内を担いでいくことになる。桂は、彼らによって首領として担がれる存在であったが主導権はなく、幹部の平田・田らを中心にして動いている。したがって桂が内大臣に就任すると、首領と仰ぐ人物は桂から寺内に移され(53)、桂新党にも参加しなかったのである(54)。

他方、従来官僚派によって担がれていた桂は、病弱な大正天皇の即位という事態に直面して、大正天皇制の基礎を確めるためには、皇室翼賛のため国民的大政党を作らねばならないという新政策へ転換していくことになると思われる。

註

（1）尚友倶楽部編『貴族院の会派研究会史・明治大正編』（尚友倶楽部、一九八〇年、復刻版は芙蓉書房出版、二〇一九年、以下『研究会史』と略す）、水野勝邦編『貴族院子爵議員選挙の内争』（尚友倶楽部、一九八六年、以下『内争』と略す）、高橋秀直「山県閥貴族院支配の展開と崩壊」（『日本史研究』第二六九号、一九八五年）、同「山県閥貴族院支配の構造」（『史学雑誌』第九四編第二号、一九八五年）、西尾林太郎「桂園内閣期の貴族院」（『早稲田政治公法研究』第一二号、一九八三年）、同「明治期における貴族院有爵互選議員選挙」『日本歴史』（第四四五号、一九八五年）。その後の関係文献は章末に記す。

（2）酒巻芳男『華族制度の研究―在りし日の華族制度―』（霞会館、一九八七年）、霞会館編『華族制度資料集』（霞会館、一九八五年）、同『貴族院と華族』（霞会館、一九八八年）。

（3）『時事新報』では、一九〇八年一月三一日が伯爵同志会の初出。

（4）『内争』三八頁。

（5）『政友』第一〇五号一二頁。

（6）一九〇九年三月八日付山県有朋宛桂太郎書簡（「山県文書」第一九冊、国立国会図書館憲政資料室蔵、尚友倶楽部・山県有朋関係文書編纂委員会編『山県有朋関係文書』第一巻三五四頁、山川出版社、二〇〇四年、以下『山県文書』と略す）。

(7) 佐藤立夫『貴族院体制整備の研究』六四～六五頁（人文閣、一九四三年）。

(8) 『時事新報』一九一〇年二月一五日掲載の中島久万吉談話。清交倶楽部の資金は大浦兼武から出ていたようである（一九一一年二月二三日付桂太郎宛大浦兼武書簡「桂文書」四四―2、千葉功編『桂太郎関係文書』一一〇頁、東京大学出版会、二〇一〇年、以下『桂文書』と略す）。

(9) 一九一〇年二月二〇日付山県有朋宛平田東助書簡（「山県文書」第一九冊、『山県文書』第三巻一一九～一二〇頁、山川出版社、二〇〇七年）。書簡等の引用にあたっては、適宜句読点を付し、カタカナをひらがなに改めた。

(10) 『読売新聞』一九一〇年五月一二日。

(11) 一九一〇年推定三月二二日付渡辺千秋宛山県有朋書簡（「渡辺文書」33、憲政資料室蔵、尚友倶楽部・長井純市編『渡辺千秋関係文書』二六三頁、山川出版社、一九九四年、以下『渡辺文書』と略す）。

(12) 一九一〇年三月二五日付渡辺千秋宛山県有朋書簡（「渡辺文書」31）に同封の三月八日付山県有朋宛大木遠吉書簡（『渡辺文書』二六三～二六六頁）。

(13) 同前。皇室財政に関しては、一九一〇年一二月一六日に皇室財産令が発布されることになる。

(14) 同前。

(15) 一九一〇年三月二六日付山県有朋宛渡辺千秋書簡（「山県文書」第二〇冊、『山県文書』第三巻三六二頁）。

(16) 華族の道徳的な面での品行問題を指す可能性もあるが、華族のゴシップは特にこの時期に限らないことを考えれば、渡辺が述べている華族監督問題には、華族間の政治的な争いも含まれているのではなかろうか。

(17) 「華族の行為戒飭の意見書」（「桂文書」八二―9）。「桂文書」の目録には「政党の貴族院壟断対策意見」と記されている。

(18) 佐藤前掲書、六四～六五頁。

(19)『政友』第一一九号四〇頁。
(20)一九一〇年二月二〇日付山県有朋宛平田東助書簡(「山県文書」第一九冊、『山県文書』第三巻一一九～一二〇頁)。
(21)宮内省臨時帝室編修局編『明治天皇紀一二』四六八～四六九頁(吉川弘文館、一九七五年)、酒巻前掲書、二五九頁も同様。
(22)一九一〇年八月一七日付桂太郎宛山県有朋書簡(「桂文書」七〇―128、『桂文書』四三五～四三六頁)。
(23)一九一〇年八月一九日付桂太郎宛渡辺千秋書簡(「桂文書」六九―20、『桂文書』四七六～四七七頁)。
(24)一九一〇年八月二五日付桂太郎宛渡辺千秋書簡(「桂文書」六九―23、『桂文書』四七九頁)。
(25)『明治天皇紀一二』四六九頁。
(26)一九一〇年推定八月七日付渡辺千秋宛山県有朋書簡(「渡辺文書」54、『渡辺文書』二七七頁)。なお同書では大正元年と推定しているが、大正元年のこの時期は明治天皇死去にともなう処置が行われている時期であり、「予而御談示有之候案件」「法按」「人撰」というような語句からは、その可能性は低いと思われる。もっとも一九一〇年を明示する語句はなく、筆者の判断による。
(27)一九一〇年八月一〇日付山県有朋宛渡辺千秋書簡(「山県文書」第二〇冊、『山県文書』第三巻三六三頁)。
(28)註22に同じ。
(29)以下の記述は、酒巻前掲書、三三九～三四二・三八七～四一二頁、『華族制度資料集』解説三九五～三九八・四〇五～四〇九・四一八～四二五頁による。
(30)原案では、単に「七名以上の委員」とあったのを、貴族院が「華族中より勅選せられたる委員七名以上」と修正している(酒巻前掲書、二一七頁)。
(31)高久嶺之介「大正期皇室法令をめぐる紛争(上)」(『社会科学』第三二号一六五～一七八頁、一九八三年)。
(32)「華族懲戒委員互選規定」・「華族懲戒委員互選規定施行手続」・「華族懲戒委員会規則」による(『華族制度資料

集』二五七～二六一頁）。

(33) 『華族制度資料集』二二九～二三〇頁。

(34) 「華族戒飭令」（『華族制度資料集』二六一頁）。この家産の項については、次のような渡辺千秋書簡がある。「華族内旧来之恩眷に馴れ自身之失敗に関する債務を帝室に仰ぎ候儀を恬として不怪之習慣有之候儀は兼而達内聴候通之事に有之、王家有限の財源を以無限之救済に宛候様之儀は到底難被行事に付、之れをも一定之処理法規定仕置候儀は最難捨置要務と奉存候」（一九一一年二月二日付山県有朋宛渡辺千秋書簡「山県文書」第二一冊、『山県文書』第三巻三六九頁）。

(35) 「宗秩寮審議会規則」による（『華族制度資料集』二三一頁）。

(36) 酒巻前掲書、四〇七～四〇八頁。

(37) 同前、二五九・四〇七頁。

(38) 『官報』一九〇七年七月四日。括弧内の所属会派は酒田正敏編『貴族院会派一覧』（日本近代史料研究会、一九七四年）による。

(39) 『官報』一九〇七年七月一三日。

(40) 同前、一九〇九年七月二日。括弧内の所属会派は酒田前掲書、所属団体は『万朝報』七月二日の記事を参考にした。なお会長は、引き続いて徳川家達が選ばれた。

(41) 「田健治郎日記」一九〇九年六月一一日（国立国会図書館憲政資料室蔵、尚友倶楽部・広瀬順晧編『田健治郎日記』第一巻二五八頁、芙蓉書房出版、二〇〇八年）。

(42) 一九一〇年八月二五日付山県有朋宛渡辺千秋書簡（「山県文書」第二〇冊、『山県文書』第三巻三六四頁）。

(43) 一九一〇年推定八月三〇日付渡辺千秋宛山県有朋書簡（「渡辺文書」59、『渡辺文書』二六六～二六七頁）。

(44) 『読売新聞』一九一〇年五月一二日。

(45) 一九一〇年八月三一日付桂太郎宛渡辺千秋書簡（「桂文書」六九―24、『桂文書』四八〇頁）。

(46) 一九一〇年九月八日付山県有朋宛渡辺千秋書簡第一信（「山県文書」第二〇冊、『山県文書』第三巻三六五～三六六頁）。

(47) 一九一〇年推定八月二七日付山県有朋宛渡辺千秋書簡（「山県文書」第二〇冊、『山県文書』第三巻三六五頁）、および同年推定同日付渡辺千秋宛山県有朋書簡（「渡辺文書」58、『渡辺文書』二九一頁、なお同書では年代不明としているが、この書簡で言及されている「時局に関する諸問題」とは韓国併合にともなう朝鮮貴族の扱いと宗秩寮の問題を指すように思われる）。

(48) 註46に同じ。

(49) 同前。

(50) 『読売新聞』一九一〇年九月一日。

(51) 原奎一郎編『原敬日記』一九一一年六月一四日（福村出版社、一九六五年）。

(52) 管見の限りでは、実際に華族の政治的行動が「華族ノ品位ヲ保ツコト能ハサル」「華族ノ体面ヲ汚辱スル失行」にあたるとして宗秩寮審議会で審議された事例は見つけることはできなかった。なお宗秩寮審議会の議事は秘密と規定されていた。

(53) 「田日記」一九一二年八月一九日・三一日（尚友倶楽部・拙編『田健治郎日記』第二巻一九七頁、芙蓉書房出版、二〇〇九年）。

(54) 一九一三年一月二〇日付山県有朋宛平田東助書簡（「山県文書」第二四冊、『山県文書』第三巻一二七頁）、「田日記」一九一三年一月一八日・二一日・二五日（『田日記』第二巻二五一～二五六頁）など。

〔追記　今回、本書に掲載するにあたっては、多くの史料が復刻出版されたことにより、註を補った。本稿執筆後、貴族院の研究はめざましく進んだ。たとえば著書に限れば、本稿の扱った時期について内藤一成『貴族院と立憲政治』(思文閣出版、二〇〇五年)、同『貴族院』(同成社、二〇〇八年)、小林和幸『明治立憲政治と貴族院』(吉川弘文館、二〇〇二年)、原口大輔『貴族院議長・徳川家達と明治立憲制』(吉田書院、二〇一八年)。その後の大正末期までについては、西尾林太郎『大正デモクラシーの時代と貴族院』(成文堂、二〇〇五年)、同『大正デモクラシーと貴族院改革』(成文堂、二〇一六年)、昭和会館編『貴族院の会派公正会史』(昭和会館、二〇一八年)が代表的。昭和期の研究も深められている。なお内藤は『貴族院と立憲政治』(一六七頁において、註10あたりの伯爵同志会からの三人の脱会について、三人の事情は異なっていたこと、つまり筆者の解釈の一部誤りを指摘している。異存はない。史料面では一般財団法人尚友倶楽部の存在が大きな役割を果たしている。〕

第五章　日置黙仙の慰霊活動

はじめに

静岡県袋井市に、ひとつの戦死者を弔う慰霊碑がある（写真1）。可睡斎（秋葉総本殿）の護国塔である。それは小高い丘の上に聳え立ち、かなり遠く離れたところからもはっきりと形が見える。高さ一七・五メートル、基壇の一辺は約一二メートルである。設計者は、建築史家にして妖怪研究家、近代洋風建築と東洋建築の融合を図った伊東忠太であり、ガンダーラ式と名付けられたその特異な建物は、明治の鉄筋コンクリート建築物として静岡県の文化財に指定され、何度か補修され現在も偉容を誇っている（写真2は完成予想図）(1)。

写真 1

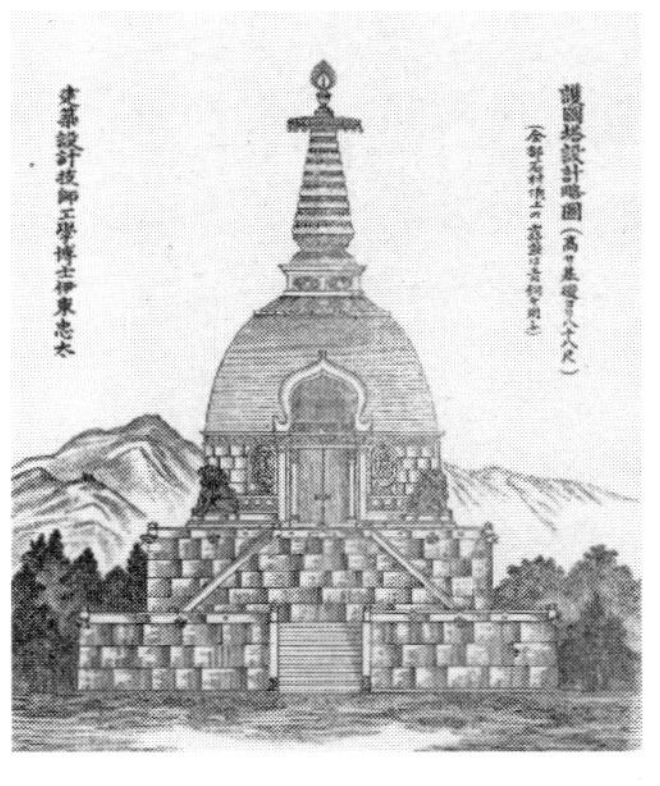

写真 2

明治の後半期から日本全国各地の市町村で多くの忠魂碑が、在郷軍人会や地域の有志者などによって建てられた。それを加速させたのは、日露戦争で多くの戦死者が出たことによる。しかしここで取りあげる護国塔は、それらの忠魂碑とは、ちょっと異なる経緯をたどって建てられた。それは三つの点で異なっている。第一は、塔が地域と直接の関係を有していないということ。第二は、全国的運動によって建てられたものであること。第三は、曹洞宗の僧侶である日置黙仙が深く関与していたことである。

昭和期に入ると忠霊塔建設運動が、仏教界と一定の関係を持ちながら全国で展開されたことが知られている(2)。護国塔の建設は、それより一五年以上も早く、一僧侶とはいえ仏教界が近代の戦死者追悼運動をリードした事例を示すものである。この全国大の記念碑について、記録を残しておくことは意味があろう。そこで以下、塔の紹介と建設の経緯をまとめておく。筆者が、この塔の存在を知り、現地を訪れることになったきっかけは、「田健治郎日記」による。その中に、この塔のことが記されていたのである。

一、護国塔の現況

可睡斎は、曹洞宗において永平寺・総持寺につぐ位の本山である。そのトップには全国から僧が選ばれて交代で就くことになっているため、護国塔建設の経過はほとんど伝承されていないし、史料の把握もなされていないという(3)。筆者が訪問した時(二〇〇三年三月)には、護国塔内部(基壇上部室内)には次のようなものが置かれていた。

観音像・聖徳太子像および釈迦像一体
遺骨箱三個(中には骨壺)、出征記念の日の丸数枚
剣・ヘルメット、彫刻の額、戦没者名簿、写真、卒塔婆

このうち聖徳太子像が本尊であり、その他のたとえば釈迦像は、寺内正毅によって寄贈されたものである。また中心の石龕には、日露戦役および「朝鮮暴動事変殉難兵士」の名前を記した過去帳が収められているという(4)。

基壇下部の空間には、現在は日露戦争戦没者の遺灰を埋めたことを記した碑があるだけである（写真3）が、以前は位牌や遺骨が収められていた（写真4）(5)。現在それは撤去されて、可睡斎本堂の横に建てられた位牌堂（一九七八年落慶）に移されている。護国塔は、県指定文化財として一九九八（平成一〇）年に本格的に改修されたが、それ以前の基壇下部室は水漏れがひどく、年中湿った状態で壁一面にカビが覆っていた(6)。『袋井市史』には、八万の霊の位牌が祀られているとあるが、日露戦争に関する位牌というのは不自然であり、この八万という数は、日露戦争での戦病死者の数を表わしているようである。

知客職にあったM氏（地元の人である）より話をお伺いしたところ、可睡斎は、昭和三〇年頃までは森町までに行く電車の沿線にあり交通は便利だったが、現在は袋井駅から少し距離があるため護国塔を訪れる人は少なく、年一回近辺の人々（遺族会が中心）を招待し慰霊祭を執行しているが、あまり遠くの人はこないという。また式典は、以前は塔の前で行っていたが、位牌を移したあとは位牌堂で慰霊祭を行っており、急坂を登らなければならない塔まで行く人は少数だという話であった。護国塔には、日露戦争関係だけでなく、太平洋戦争後の遺骨収集に可睡斎がかかわった際に集められたものも祀られているが、その時のことを知っている人もいなくなってしまったとのお話であった。

写真 3

可睡斎護国塔　下成部内部

写真 4

二、日置默仙の発願と満韓巡錫

日置默仙は曹洞宗第九代管長となった高僧で、弘化四（一八四七）年鳥取県に生まれ、一九二〇（大正九）年に七四歳で没した(7)。一八九二（明治二五）年より可睡斎住職をつとめ、一九一六（大正五）年には永平寺六六代の貫首となった。可睡斎の再興事業に成功した頃から活動を世界に広げ、一九〇〇（明治三三）年に、シャム国王ラーマ五世から日本仏教界に寄贈されることになった釈迦の遺骨を受け取る使節の副使（正使は大谷光演）となった。そしてその安置所として名古屋に日本で唯一の超宗派寺院の日泰寺が建立されることとなった（一九〇四年建立）が、その建設にも中心的役割を果たした（みずから一九〇七年には住職を兼務した）。ここに伊東忠太の設計になるガンダーラ様式の奉安塔があるのも偶然ではない(8)。

一九一一（明治四四）年から翌年にかけて、シャム皇帝ラーマ六世戴冠式に参列後、東南アジアからインドを巡礼し(9)、一九一五（大正四）年には日本仏教各宗派管長を代表して世界仏教徒大会に出席、帰途ハワイに巡教した。一九一六年にタゴールが来日した時には歓迎会長をつとめている。

以上のような行動には、もちろんそこに日置という人物の個性を感じることもできるが、伊東忠太の東洋美術調査旅行や大谷光瑞のシルクロード探検などとの類似性を感じる。世界に目を向けつつあった日本仏教界の当時の潮流を担った人物であろう。

なお鎌倉にある大船観音は、可睡斎の曹洞宗管長高階瓏仙を設立代表者として一九六〇（昭和三五）年に完成した世界平和を願う観音像であるが、その地続きには默仙寺があり、これは彼が一九一一（明治四四）年に建てたものである。

さて『護国塔誌』に記されている「護国塔建設の由来」には、「明治三十七・八年役戦病死者八万余人の霊位を安置し仏教の儀式を以って長なえに其の英霊を慰めんとは当時の可睡斎主日置默仙老師の発願にして」とあり、この塔の建設の発案が、日置の発願によることが記されている。

以前から護国塔建立の意志のあった日置が運動を開始したのは、日露戦後が終わって半年もたたない一九〇六（明治三九）年一月からのことであった。田健治郎が起筆した護国塔碑文（一九一三・大正二年一一月筆）（写真5）(10)の一節には、凱旋した軍人が国民から歓迎を受け、厚く褒賞栄典に浴するのに対して、戦没者がその恩光や盛事にかかわることをできないのを悼み、大願を発し、同志を糾合して広く浄財を募り、かつ親しく満洲を巡錫して戦場をあまねく訪い、弔祭を行うとともに、墳壁の遺灰をもち帰って塔下に埋め、殉国の忠魂を弔うことになったと記されているので、発願は凱旋式の行われた一〇月以後のことであろう。

日置は述べる。自分は戦争中にみずから戦場に赴いて軍人を慰問したかったができなかった、さらに「我が軍人が帝国の為めに一身を犠牲に供せしを見て、其の崇高精神に感激し、其の惨憺壮烈の事蹟を憶ひ、之を悼むの情禁ぜんとして能はず、この忠魂を慰むると共に、其の遺族の切なる心中をも慰めたいと思ひ、久我侯爵、大島大将（義昌）、三浦子爵、赤松中将、渡辺子爵、佐藤軍医総監、田健治郎、大谷嘉兵衛、近藤利兵衛、神谷伝兵衛氏等の同志と護国塔建設のことを相謀り、東郷大将、故児玉大将等の賛成を得て内務省に出願せしに、直ちに許可せられた」、「この護国塔は同胞の誠忠を万代に表彰すると共に兼ては忠義を奨励し、人心を奮興せしむる黙手で建設するのである」と(11)。

写真 5

「田健治郎日記」によると、運動のスタートは次のようになる(12)。

一九〇六年一月三〇日に田は、日置黙仙の請により河瀬秀治・関宗喜・神谷伝兵衛ほかと可睡斎護国塔建設のことを相談し、相談役となることを受諾し、三月一一日に浅草

写真 6

万隆寺に渡辺子爵・久我侯爵・鳥尾子爵その他約三〇人が参集して護国塔創立会が開催された。その席で日置が発赴の旨を講演し、伊東忠太がガンダーラ塔建設の得失を述べ、建設に衆議がまとまった。その後、田は紀念塔創立委員・常務委員となり、五月一七日には護国塔建設事務所が開設され、運動が開始されたのである。

運動を進めていく上で目玉とされたのが、満洲で亡くなった軍人の遺灰を日置が巡錫して集めてくることであった。忠死者の法諡を護国塔中の蓮華峰頂に祀り込み日夕礼拝供養するだけでは、「マダ物足らない心地がする、〈中略〉即ち老衲自ら新戦場を巡錫して旅順の深底に没し、満洲の荒野に曝せる勇士の墳墓に回向し其地の土沙を持ち帰り之を護国塔下に埋めたいのである」(13)として、六一歳の日置は、兵士が体験した寒さを味あわねば追悼に値しないと考えたのだろうか、わざわざ一九〇七年一月~三月という厳寒の季節を選んで巡錫に出かけたのであった。これは現在の義捐キャンペーン行動にあたるものといえよう。

日置は次のようなスケジュールで巡錫し、基本的には各地の激戦場を巡礼して、忠魂碑の前で法要を営み、遺灰を収集して帰国した。

一月八日新橋発、九日可睡斎、一八日宇品出発、二一日大連着、二三日旅順、二五日金州南山、二九日得利寺・大石橋、三〇日千山、三一日牛家屯(営口)、二月一日湯子崗、二日遼陽、五日奉天、九日鉄嶺、一二日昌図、一三日烟台、一五日撫順、一六日新民屯、一八日奉天、二〇日本渓湖、二一日草河口、二二日鳳凰城、二三日安東県、二三日九連城・旧義州、二七日定州、二八日平壌、三月二日京城、六日釜山、一三日釜山発、一四日下関着

たとえば『満韓巡錫録』に掲載されている当時の金州南山の鎮魂碑は、写真6のとおりである。また帰国後は、次のような日程で追弔法会が行われた。

三月一五日広島で追弔法会、一九日護国塔建設会大阪支部主催の追弔法会、二二日名古屋にて追弔法会、二四日可睡斎にて安置式・追弔法会、二七日東京にて歓迎会（府下寺院・信徒一同）、三〇日大日本仏教会本部にて慰労会

三、建設と運動の経過

護国塔建設に向けての具体的な動きが始まったのは、日置が満洲巡回に出発する直前のことであった。それまでに会合がしばしばもたれ、全国各地における募金勧誘の方法について話し合いが行われ、具体的な動きは判然としないが、各県を事務員や日置が巡回して喜捨を求めるという形が取り決められたようである。

同時に、マスコミの活用も行われている。たとえば東京では、一九〇六年一一月一二日に、神谷伝兵衛、近藤利兵衛、日置黙仙が主となり、府下の新聞記者および通信員を招いて、護国塔建設の趣旨を演述し、広く賛同を求め晩餐を提供している。

募金趣意書の全文は、次に掲げる通りである(14)。

明治三十七八年の日露戦争は世界あつて以来の大戦争で、今まで東洋の小国と思はれてゐる日本帝国は急に世界第一等国たる名誉を得たのであるが、此名誉は決して無償で得られたのではない、上大元帥の御稜威は勿論、陸海軍々人諸君が身命を国家に捧げて尽瘁か(ママ)れた結果である此の多数の軍人諸君に対しては我々国民が感謝に堪へぬ所であるが、其屍を満韓の野に晒し、身を蒼海の波に沈め、又は瘴癘の為に命を隕したる将校士卒各位に至りては、実に何とも謝意の云ひやうも

なく、慰むべき辞もない、仍て我等は一同其各霊位追薦の為に我日本帝国に千余年間因縁深き仏教の儀式によりて其幽魂を慰めんと欲し、海内有数の霊域として人に知られたる東海道の中央遠州可睡斎の境内を選んで、其所に印度の最も古い型を基礎とした健陀羅（ガンダーラ）式の塔を建て、其塔の中に戦死傷病死者諸君の霊位を安置し、以て聊か我々国民が日露戦役の犠牲となつた忠勇義烈なる諸君の英魂を弔ふ微意を表したいと思ひます、其の建設費は全国に渡りて、可成多数の有志諸君から寄附金を仰ぎたき希望でありますから、我が帝国の名誉を中外に掲げた軍人諸君の英霊に対し奮つて御寄附あらんことを切望致します。

寄付金は、一口一〇銭以上で、一円以上の寄付者には感謝状、一〇〇円以上のものには名前を成壇に彫刻するとして募集された。趣意書に名を連ねている人物のトップは日置であり、以下、護国塔建設会総裁として侯爵久我通久、委員長は貴族院議員男爵田健治郎、会計主任は神谷伝兵衛、横浜委員長貴族院議員大谷嘉兵衛、大阪委員長田中市兵衛、大阪会計藤江章夫、委員として河瀬秀治、関宗喜、近藤利兵衛、林謙吉郎、田艇吉、村山龍平、本山彦一、小林林之助、紫安新九郎の名が続く。発起者総代は、陸軍大将大島義昌、陸軍中将三浦梧楼、海軍中将赤松則良、陸軍軍医総監佐藤進、子爵渡辺国武であり、次に護国塔建設賛成員の名前が記されている。そこには、直心浄国禅師西有穆山、可睡斎主日置默仙、公爵伊藤博文をトップに肩書き付きで九四名の政財界著名人・陸海軍人が名を連ねているが、特に知事として京都・大阪・静岡・愛知・三重の県知事の名があげられている。

総裁の久我は大日本仏教会会員総代であり、仏教界と深いつながりのあった人物である。横浜市と大阪府の委員長という肩書きで大谷嘉兵衛と田中市兵衛が挙げられていること、それと並んで一般の肩書きなしの賛成者として数百人の東京・横浜・大阪・神戸・京都・静岡・名古屋・三重などの人物があげられているところからは、県知事を通じての寄付勧誘の流れがあったことが想像される。確認できるものとしては、一九一〇年九月二一日に大阪で四区役所職員約三〇人を集めて、「事業の精神及び経過、工事実況を演じ、なお将来の尽力を嘱す」るような勧誘が行われた例がある（「田健治郎日記」）。

以下、田健治郎の記録をもとに経過を略述する。田健治郎は日露戦後から貴族院議員の官僚系議員において中心的役割を果たした人物で、後に逓信大臣や台湾総督を歴任した政治家である。日置黙仙が田の郷里の丹波円通寺の住職をかつてつとめていた関係から、護国塔建設会の委員長となったのだという(15)。

護国塔の建設は、一九〇七年九月二八日に行われた起工式によって始まったが、実際に塔の基壇部の建設が開始されたのは一九〇九年八月である(16)。設計図が確定したのが一九〇八年一二月一五日のことであり、田が建設地を検じ「頗る景勝地なり」と感想を記したのは翌年一月八日、五月二八日の委員会での工事着手の決定を受けてのことであった。

中心となる塔部の設計が予算とともに認められたのは一九〇九年一二月一七日のことであり、この時に塔部に鉄筋コンクリート工法が用いられることが決定されたようである。田は、一九一〇年九月二二日に工事現場を訪問し、出現し始めた塔の姿に「堅実千歳に伝ふ可し」と感想を記している。工事が竣工したのは、一九一一年二月のことであった。

募金活動は、あまり順調でなかったようで、中心部工事に入る直前の一九〇九年九月二二日には、欠損金一万一五〇〇円の義捐的補填を神谷が行うことによって、工事の継続が決定されているし、一九一〇年三月には、内務省に募金期間の延長願いを提出している。またこの間に事務職員による使い込み事件が起こったりもしたのである。

塔の除幕式は、一九一一年四月二日に、後藤新平逓信大臣や大浦兼武農商務大臣も出席して行われた。集まった群衆は数万だったという。それに先立ち、二月二八日には宮内省に願い出て許された下賜金一〇〇円を拝受している。田は除幕式前日の日記に「堅実壮麗、本邦稀有の偉観也」と記している。

その後の残務処理は、九月一一日に決算審査を行い、一六日の委員会で最終決算・本会解散・可睡斎引き渡し後の保存その他の条件が議決され、その月の三〇日に護国塔に関する資産物件書類簿冊一切を日置に交付して事務全部結了、この日をもって閉鎖解散となった。結局、築工資金は一七万円と当初計画の一〇万円をはるかに上回ることになったが、すべて喜捨でまかなうことができた。

おわりに――その後の護国塔――

その後、田の日記に護国塔の話が登場するのは一九一三（大正二）年末のことである。一九一四年が、護国塔建設以来五周年、一九〇四年の日露開戦よりは一〇周年に相当するため、四月に護国塔の供養式が行われたことによる。このときに「護国塔碑」が新たに建てられ、田はその碑文を起草することとなった。供養式は、全国八万余の遺族に案内状を発し、仏教・神道各派管長に参拝を請い、戦役記念展覧会を仮設し、一九一四年四月一日から三〇日にかけて行われた。中心は四月一二日の明治天皇三年祭、一九日の乃木大将合祀式および追悼会であった。

なおその後も日置と護国塔は、戦死者追悼と深く関係した(17)。一九一四年日独が開戦し、一一月七日青島が陥落すると、その月末に日置は青島に渡る。そこでも戦死者の追悼を行い、再び遺灰を集めてもち帰り護国塔に合祀したのである。日露戦争、第一次世界大戦の戦死者を弔った日置は、ついで日清戦争のことが頭をよぎったのであろう、主戦場となった満韓地方は一九〇七年に訪れたので、今度は台湾に出かけることになる。青島から帰国後わずか二週間後の出発であった。日置は阿里山にも登り、台湾土匪討伐隊戦死者の遺灰を集めて戻り、やはり護国塔に合祀したのである。

『護国塔誌』によれば、その後、満洲事変戦歿英霊納骨祭、支那事変戦歿英霊納骨祭が行われ、戦後の一九五四（昭和二九）年には、永井金栄斎主老師南方八島慰霊巡拝帰国慰霊祭を開催、爾来年一回戦歿者慰霊法要が実施され、今日に至っているという。筆者が塔内を見たときに、陸軍大将白川義則の位牌があったのは、戦後の法要に関係するものであろう。

現在、戦死者追悼をめぐる議論が喧しい。信仰と慰霊の関係が問題となっている。仏教は、もともと日本社会でそれを長く担ってきた。ところがこと戦死者の追悼となると、なぜか靖国が前面に押し出されてしまう。しかし戦前も戦後も、仏教は、日常的にそれに関与していることは忘れてはならないし、日置のような運動も例外ではなく、早くから全国大の慰霊活動に従事した例として注目すべきであろうし、またそれが第一次世界大戦、満洲事変、そして戦後の外地での遺骨収集にまでつながっていたことも忘れてはならない。

註

(1) 同じく伊東によって建てられたもので似たものに、名古屋市の日泰寺の仏舎利奉安塔があるが、これは一九一八（大正七）年のものである。

(2) さまざまな研究があるが、代表的なものとして今井昭彦「昭和戦前期における忠霊塔建設について」『近代日本と戦死者祭祀』（東洋書林、二〇〇五年、初出は『群馬文化』第二六三号、二〇〇〇年）、粟津賢太「戦没者慰霊と集合的記憶」（『日本史研究』第五〇一号、二〇〇四年）。

(3) 二〇〇三年三月一七日の水野雅彦氏（袋井市生涯学習課文化財担当、当時）・真川義孝師（可睡斎知客）の談話による。

(4)『護国塔誌』（秋葉総本殿可睡斎護国塔奉賛会、年代不詳）七頁。水野氏の話によれば、昭和四〇年代の補修の際に作られたものとのことである。
(5) 袋井市史編纂委員会『袋井市史　史料編四近代現代』四一八頁（袋井市、一九八三年）。
(6)『静岡県指定有形文化財可睡斎護国塔保存修理工事施工報告書』掲載写真による。
(7) 以下の記述は、高階瓏仙『日置黙仙禅師伝』（大法輪閣、一九五二年）による。
(8) 奉安塔は公開されておらず、筆者も未見である。写真は在日タイ国大使館のホームページや『日置黙仙禅師伝』に掲載されている。
(9) このときの記録が『南国順礼記』（平和書院、一九一六年）。
(10) 田健治郎伝記編纂会『田健治郎伝記』二一六～二一七頁（同会、一九三二年）。
(11)「新戦場巡錫の縁由」（田中霊鑑『日置黙仙老師満韓巡錫録』二～三頁、春野鉄治発行、一九〇七年、以下『満韓巡錫録』と略す）。
(12) 以下の記述は「田健治郎日記」による（国立国会図書館憲政資料室蔵、尚友倶楽部・広瀬順晧編『田健治郎日記』第一巻（芙蓉書房出版、二〇〇八年）。この日記は一九〇六（明治三九）年から始まっているため、それ以前の動きは不明である。
(13) 註11に同じ。
(14)「戦役紀念護国塔建設趣意書」一九〇六年二月（『満韓巡錫録』一～二頁）。
(15)『田健治郎伝記』二一五～二一六頁。
(16)『護国塔誌』一頁。
(17)『日置黙仙禅師伝』二五九～二七二頁。

〔追記　本稿は、日露戦争百年を契機にしたプロジェクトによるものであるが、文章自体はそれよりもずいぶん前に書いたものである。檜山幸夫を代表とする科研費プロジェクトで袋井市を対象に戦争記念碑を調査した成果の半分であった。残りの半分は未発表のままである。今回、本書に掲載するにあたっては、タイトルを改めた。たまたま同時期に「田健治郎日記」の翻刻プロジェクトにもかかわっており、可睡齋護国塔の記述が豊富にあったことにより、少し深く調査してみた。〕

第六章　加藤高明と中国

はじめに

『人物からたどる近代日中関係史』というタイトルの書物で、加藤高明を取りあげることは、加藤という人物に多少でも触れたことのある人にとっては、場違いのような感覚を抱かせるに違いない(1)。なぜなら加藤高明は、イギリスで学び、駐英公使・大使をつとめたという経歴から、親英派の代表的人物とされているからである。加藤は四度にわたって外相をつとめ、明治・大正期の外務省における欧米派本流路線の流れを作った人物と理解されている。加藤に対する評として、「まるで英国人」のようだという批判がなされるほどであった(2)。

ただし加藤が、アジアあるいは中国と無関係であったわけではない。第一次世界大戦中の一九一五(大正四)年に対華二一ヵ条要求を中国につきつけたのは、加藤の四度目の外相在任中のことであり、それは近代に長く続いた日中間の摩擦を象徴する事柄となった。そのことからすると、加藤は、その責任者として日本の対中外交の展開に決定的な悪影響を与えた人物であるということになる。

いっぽうで、その九年後の一九二四年に、加藤は首相の座についた。その内閣で展開された外交は、幣原外交と称される。その幣原喜重郎外相による対中外交は、原敬内閣以来の外交政策の延長線上にあったものであり、原内閣時代の外交は、第一次世界大戦中の加藤外交や、加藤が外相辞任後の排袁政策にもとづく対中強硬外交、さらにはその後代わった寺内正毅内閣時の援段政策とはまったく対照的なものとして理解されている。対英米協調のもとで、中国内政の動向を静観し、したがってまた干渉につながるような行動を控えるものであった。加藤外相時代の対中外交と、加藤内閣下での幣原外交は、異質なものととらえられているのである。

しかし加藤首相のもとで幣原外交が展開されたことは事実であり、これはふつうに考えると不思議なことである。現に、加藤が首相と決まった時、欧米および中国の観測筋は、第一次世界大戦中の加藤外交を想起して、それが再現されるのではないかとして身構えた(3)。しかしそうはならなかった。このことに関する整合性は、あまり問われることはなかったように思われる。

本章では、このようにこれまであまり触れられることのなかった、加藤とアジアとの関係、特に中国との関係についての発言を、日清・日露戦間期から一九二〇年代というかなり長い期間にわたって取りあげることによって、加藤外交における対中外交の占める位置と、その政策傾向を抽出してみたい。その作業によって、一般的にアジアに対して典型的な旧外交（帝国主義的外交）を行っただけだとされる加藤に対する評価を検証することができると考える。さらに加藤が党首として大正期に率いることとなった立憲同志会・憲政会には、対外硬派の系統にある議員が多かったことにより、党首として加藤が思い抱く外交政策と、党員の期待する外交政策との間にさまざまな矛盾や摩擦・乖離が生じ、それが政局の展開に絡むことになった。本章では、その問題にも留意して大正政治史を論じていくことになろう。

一、加藤の中国体験

加藤は、外交官として中国勤務をしたことがなく、身をもってアジア体験をする機会が少なかったことは確かである。だが近代日本の大きな対外問題は、明治期の条約改正問題のような欧米と直接向き合う問題が解決されて以後は（移民問題や通商問題などは別として）、朝鮮半島や中国大陸をめぐる諸問題と、それに関して生じる欧米諸国との交渉が主となったわけであるから、アジア問題に無縁でいられるわけはなかった。それを列強間の国際関係がドミネントな力を発揮する国際社会の中で、どのようにして「解決」していくかが、外相や首相としての力量を試される場となった。

したがって加藤も、中国を知る必要性は十分に感じており、責任ある立場を離れた際に、中国旅行を二回行っている。一回目は、駐英公使をやめて帰朝後の一八九九（明治三二）年秋のことで、最初の外相となる半年前のことであった。

この旅行は、明治初期に清国に留学したという珍しい経験を持つ水野遵（前衆議院書記官長・台湾民政局長）となされたもので、朝鮮視察後の一〇月一〇日から一二月五日に神戸に帰着するまで約二ヵ月、営口・芝罘・天津・北京などの華北と、上海および周辺の蘇州・杭州などをめぐった。現地では、栄禄（軍機大臣）や慶親王、李鴻章（直隷総督）、張之洞（湖広総督）や劉坤一（両広総督）などの有力者に面会した。

この時に加藤が二回も営口を訪れているのは、ロシアの南満洲経営の進捗状況に関心があったからであろう(4)。注目されるのは、朝鮮について鉱山・鉄道事業に協力して、その独立を援助し文明に誘かねばならないと述べていることと、中国についても列強は中国の領土的分割よりも自国の商権を拡充し利益を得ようとする政策であるから、日本もそれにならうべきであり、日本租界を発展させ製造業を興すことを勧めていることである(5)。

旅行した時期は、義和団の運動が激化し始めた頃であり、その後外相として北清事変の処理にあたることになったが、そこでも通商上に障害となる制度を除くことが清国の発達隆盛をもたらすとしていた(6)。大蔵官僚の経験（一八九〇〜一八九四年）もある加藤は、朝鮮や中国は、日本人の通商・産業活動の場として重要であると見なしていたのだった。

二回目の中国旅行は、一九一三（大正二）年四月末から六月上旬にかけてのもので、上海・漢口・長沙・

大冶・北京・天津・青島・済南・曲阜・南京を訪れている。辛亥革命を経た後の時期（第二革命直前）であり、一四年前とは政治状況は劇的に変化していた。上海では二回も孫文・黄興に面談、北京では袁世凱（大総統）・湯化龍（衆議院議長）・張継（参議院議長）・王正廷（参議院副議長）・章宗祥（大理院長）らと面会している。

帰国後の視察談では、前回に比べ租界（漢口・天津・青島など）における日本人の貿易活動が発展していることを喜ぶとともに、無理をしてまで日本は鉄道敷設費用を中国に貸しつける必要はなく、むしろ資本が少なくてすむ貿易業や鉱山採掘などに投資するのが適切だろうと述べている(7)。二回の訪中ともに感想は基本的には同じで、中国大陸における日本人の通商貿易を発展させることに注目した報告は、加藤の重視するものが、中国における通商の拡大にあったことを示す。イギリスがそうであったように、加藤は貿易立国論の観点から中国を通商によって利益を生む場と見ていたのだった。

旅行直前の三月末に起こった宋教仁暗殺事件後の南北対立状況については、双方から事情を聞いた上で、日本は「不偏不党で南北の孰れにも私恩を売るべきでない」、それは中国内部の政争であり国際間の問題ではないから、「それに干渉すべき所以を見ぬ」と、内政問題に対する不偏不党と不干渉を主張している(8)。孫文に対しては、六月一日の面会の際に、先に事を起こす者は、列国少なくとも日英の同情を失うだろうとして「自重と軽挙なき様」勧告した(9)。当時の日中提携論者の多くが革命派に共感を有していたのに対して、中国情勢の安定を第一に考え、対立を助長することになる南方派支援に否定的な態度を示したものであった。これにはイギリスが袁世凱政権を支持していたことも影響していた。

二、加藤のイギリス観・中国観

①加藤にとっての対英協調の意味

加藤はイギリスとの協調関係を重視していたが、これは従属的な意味、言いなりになるということを意味しない。加藤のイギリス外交についての発言を広く見ると、それはイギリスに追随する受動的なものではなかったように思われる。イギリスの動向が世界を動かす現実をふまえて、イギリスに働きかけて日本側に引きつけておくことによって、日本に有利な国際環境を作り出していこうとする積極的なものであった。つまりイギリス対策を日本外交の軸に据えるという意味での対英協調外交であった。

たとえばそれは、外務省に入省して大隈重信外相秘書官として条約改正交渉にあたった際に原初的に見ることができる。大隈条約改正案が他列強に受け入れられつつあった時、イギリスが乗り気ではなかったことについて、イギリス政府は「例のコンセルバチーフ説にて悪く凝り固まり」活発な政略を取ることができないように見えると述べている(10)。これは単に既得権益を手放さないイギリスを非難したものではなく、潮流の変化をつかむことができず保守的であると文句を言っているのである。

最初の駐英公使時代(日清戦後)に加藤が行おうとしたことは、極東において朝鮮をめぐるロシアと日本との綱引きが始まる中で、ロシアと対抗するために、イギリスをどうにかして朝鮮問題にかかわらせようとして働きかけることであった。イギリスは東アジアの問題について「主動者」にならないからこそ、日本が主導してイギリス政府を動かす必要があったと考えていたのであり、それが加藤の対英協調外交政策の基本であった。加藤が早くから日英同盟論を唱えていたのも同様の観点からで、加藤は対ロシア強硬論と日英同盟論を展開した意見書を一八九八(明治三一)年一月に本省に提出し、三月一六日にチェンバレン植民地相と会談し良い反応を得ている(11)。

第一次外相期においても、一九〇一年春における北清事変後の露清密約交渉や、ロシア軍の満洲からの撤退を定めた一九〇二年四月八日の「満洲還附協約」の際に、イギリスやアメリカに対して、何の抗議もしなければロシアの永久的な満洲占領を黙認することになるとして関与を働きかけた[12]。その結果について加藤は、イギリスはロシアへ直接警告するところまでは踏み込まなかったが、清国に警告を与えるなど、日本により動かされることになった、日本の歩いた分ほどイギリスは歩かなかったが、方向を同じくしてくれたと感謝している[13]。これが加藤の理想とするイギリスとの協調であった。

ただし日露戦争後、日本が国際社会の中で一人前のプレーヤーとして振る舞えるようになると、イギリス社会では日本の行動に対する警戒感が高まってくる。したがって駐英大使期には、イギリスの東アジア政策を日本寄りにいかに引き留めておくかが課題となった。たとえば加藤は第三次日英同盟の改定に尽力したが、これは日露戦争でのロシアの敗北によって、その役割が低下し忘れられたような存在になっている同盟を、再認識させることに主眼があった。世界政治上において、ロシアに代わってアメリカとドイツ、特にドイツの勢いが強くなっている中で、イギリスのドイツに対する恐怖感を利用して、ドイツ包囲網として形成された英仏露三国協商の効果を補完させるものとして日英同盟を位置づけ、その存在意義をアピールしようとしたのであった[14]。

いっぽう日露戦後の日本でも、ロシアの脅威が消滅したことによって、今後日本が進むべき道について官民での方向性の一致が失われるとともに、「一等国」意識が高まることによって、より積極的な外交を求める動きが生じてきた。対外硬派といわれるものがそうである。加藤は、ある所で、日露戦争での勝利によって日本に好ましからざる現象が生じたと述べている[15]。それは、日本はもう一等国になったのだから、いつまでも西欧文明を追うのは愚かであるとする風潮であった。これについて、加藤は、それを慢心として戒め、謙虚となるべきことを説き、まだまだ欧米から学ぶ必要があると諭している。

これは、日本が列強を無視するような外交行動をとることを否定するものであった。

②アジアとの関係

では加藤は、どのようにアジアとかかわろうとしていたのだろうか。それを知るには、東邦協会とのかかわりを見るのがわかりやすい。東邦協会は、一八九一（明治二四）年に設立された外交問題を扱う民間団体で、会頭を副島種臣が、副会頭を近衛篤麿、幹事長を稲垣満次郎がそれぞれつとめていた。その性格については、欧米との対抗を強調し、アジア諸国との連帯を唱えていた団体と理解されている。たとえば設立の趣旨には、次のように書かれていた(16)。

彼〔西洋〕の諸邦は頻に殖民地を捜り頻に貿易地を索め、西南諸州既に尽き漸く我か東洋に及ふ、而して日本支那は実に其衝に当れり（中略）此の時に当り東洋の先進を以て自任する日本帝国は、近隣諸邦の近状を詳かにして実力を外部に張り、以て泰西諸邦と均衡を東洋に保つの計を講ぜざる可らず、未開の地は以て導く可く、不幸の国は以て扶く可し、徒らに自ら貧弱なるを怖れて袖手傍観するは是れ所謂る坐して亡を俟つの類にあらずや

欧米諸国に対抗しアジアを保全するために、アジア諸国を助け導くことが必要だというような文言が含まれている。

このような団体と加藤が関係を有していたこと自体あまり知られていないが、名簿を確認すると、加藤は一八九四（明治二七）年以前から会員であったことがわかる。外交政策を研究する団体なので、単に名を連ねていたと理解したくもなるが、そうではなくて、一九〇二年から一九〇八年まで副会頭を引き受け、評議員会や茶話会に毎月のように熱心に出席している。特に一九〇五年一月の副島会頭没後は、黒田長成会頭と会務の中心を担った。日露戦争前後、加藤は『東京日日新聞』社長となり、同紙は日露講和問題で厳しく政府を批判し、講和騒擾に向けた世論を煽ったことから、加藤は対外硬派に鞍替えしたと理解した

くなるが、これは対露強硬という点で一致したからだと思われる。

加藤が副会頭を引き受けた時の演説には、加藤のアジア観がよく現われている。その講演で加藤は、会則が改正されて、規約から「黄色人種同盟とか東邦聯合」のような語句が削除され、「本会は東邦の平和を保障し人文の発達を企図するを以て目的とす」と変更されたことを取りあげ、会の目的が日英同盟締結後の「日本の国是」と一致するようになったと述べている。そしてそれに続けて、次のようなことを述べている(17)。

> 我が国には古来から「弱きを扶けて強きを挫く」という観念があるが、弱い者が正しい場合には良いが、強い者を必ずしも挫かなければならないということは無いと自分は信じている。一部の人の頭には「我が邦は弱い、自分を弱者の地位に置いて他の弱い者に対して同情を表し、さうして強い者に当る」という観念があった、「東洋に国するものは皆弱い、日本も弱い〔の欠カ〕であるから弱い者を扶け若くは是と同様の地位に居つて、強い即ち欧羅巴、亜米利加に当る」という観念があった。しかし自分は日本を弱者の地位に置く必要はないと思う、東邦協会の書類にはよく東邦と書いてあり、それで外国人などの中にはいくらか疑いを懐く者がある。ことに日本が勢力を示して以来、外国の論者の中には「日本は支那や朝鮮を率いて将来白人に当る」という考えをもっていると邪推する者もある。ところが自分の見るところでは、「東洋人種と聯合する――同盟して白人に当る」必要は無いのみならず、それは無謀のことであり、黄色人種同盟とか東邦聯合とかいうのは、我が国が外国と交際する上で非常な弊害と思う、そのような考えは排除していかねばならない、と。

どうも加藤は、強者として文明国としての日本、「東洋の他の国に対して先進国として」の日本の働きを自覚した上で、東邦協会を単にアジアのためだけでなく、世界の利益のために働くものにしなければならないと感じており、そのように導こうとして積極的に活動に参加したのだと思われる。

以上が大正期に入る前までの、加藤のイギリスやアジアとの向き合い方であった。

三、辛亥革命と「満洲問題」

①辛亥革命への対応

辛亥革命が勃発したのは一九一一年秋、翌年一月には東洋初の共和国である中華民国が成立した。その間、清国軍と革命派との間で激しい戦闘が繰り広げられ、この混乱は三月に袁世凱が中華民国の臨時大総統職を引き継ぐまで継続した。そしてこの時、その対応に関して日英両国の足並みが揃わなかったことはよく知られている。日本政府は、清朝を擁護し立憲君主制の実現による事態収拾を図ったが、革命派勢力の強い華中に利害関係が多かったイギリスは共和制を容認し、日本の共同干渉提案を拒否し、独自に休戦の斡旋を行った。日英の協力が実現できなかったことは、日英同盟の評価を低下させ、新たな外交政策を追求する動きを生んでいくことになった。

イギリスを日本に引き留める努力をしていた加藤高明にとって、日英間のすれ違いはショックであった。ちょうど日本に一時帰朝していた加藤は、帰任の際に、明治天皇の日英親密関係を確保増進させることが自分の思いであるという勅語と、日英同盟が日本「外交の骨子」であり、同盟の基礎を強固にすることが「東洋平和の維持と帝国利権の擁護とに資する」という閣議にもとづく訓令を持ち帰ることによって、日英関係の修復を図った(18)。これにイギリス側も応え、ジョージ五世は同盟が永続することを切望すると述べ、グレイ外相も同盟が有意義であることを議会で説明した(19)。このように加藤は、イギリスの日本への支持を失わせない方向に積極的に動いた。だが現実には、日英双方ともに警戒感が高まりつつあった。

加藤は中国の混乱について、日英同盟は中国の領土保全・機会均等を保障するものであり、同盟があったから不満足ながら革命は収拾でき、イギリスは日本の満洲における特殊権益を認めており、もし同盟がなかったなら日本は独露仏米に加えて英国を向こうに回して活動できたか疑わしいと、「日英同盟の真目的及び価値」という長い記事の中で述べている(20)。ここに触れられているように、この時期の日中間に横たわる最大の問題は、一九二三年に期限が迫っている南満洲権益の延長問題であった。そしてこれは対華二一ヵ条要求条項の核心の一つであった。これについて加藤は、英国大使時代からイギリス政府の了解を得るべく働きかけを行っていた。日英同盟の意義を再確認させていこうとしたのも、それに結びつくものであった。

この記事を、グリーン駐日大使は本国のグレイ外相に、一年前のグレイと加藤との会談を思い起こさせるものだと書いて、送付している(21)。一年前の会談というのは、加藤が第三次桂太郎内閣の外相に就任し帰朝することになった時に行われたものを指す。これについては、加藤の正伝的位置づけにある伊藤正徳の『加藤高明』も大きく取りあげている(22)。その際に、グレイ外相に、日英同盟をどこまでも外交政策の骨子とする考えを伝え、また交渉により満洲利権継続を中国政府に承認させることについて同意を得たという(23)。

このように、加藤は辛亥革命後の対中国外交にあたっても、イギリスに働きかけ日本側に引き留めておくことを重視していた。そのためにもイギリスの中国に対する利害関心の中心である中国マーケットを日本が独占するような方向性を、日本が前面に打ち出すことは避けなければならないことだった。

②立憲同志会と加藤

一九一三（大正二）年二月、第三次桂内閣は、憲政擁護運動の昂揚によりあっけなく倒壊した。この時、桂は新党（立憲同志会）創設を宣言し、加藤も内閣崩壊後の四月になって入党した。入閣・入党にあたっては、日中懸案の解決を政策とする約束がなされたという(24)。そして政党への加入は、加藤にとって転機となった。それは桂が一〇月に亡くなったことにより、加藤が党首を引き受けることになったからである。これまで一官僚として外交運営にあたってきた加藤にとって、党員を率いた外交指導は困難がともなうものになった。

それは、立憲同志会の参加メンバーと、対外政策観にかなりの違いがあったことによる。加藤が対英協調を最優先したのに対して、衆議院に議席を有する党員に、対外硬派の流れをひく人物が多かったためである。彼らは、日露戦後政治史において、日本の富強化のためには、国民総力を結集することが必要だと主張するとともに、これまでの列国協調政策よりは、より自立した対外政策を求める傾向が強かった。

この違いは、対中国政策の側面においては、イギリスとの了解のもとに中国政策を進める加藤に対して、中国政策への関与を日本の役割あるいは使命とし、積極的に中国内政に関与し、中国有力者と結んで日本の影響力を高めていこうとする路線の違いになって現われた。結ぶべき勢力についても、現状維持を指向するイギリスや日本政府が、清王朝に代わって北方に影響力が強かった袁世凱、ないしはそれをつぐ北洋政府を支援しようとしたのに対して、立憲同志会の党人派は、袁を排斥し、革命勢力の強い南方派との提携をめざした。満洲問題の解決の方法についても、加藤は、イギリスとの協調を重視したのに対して、彼らは中国内政に関与し革命派を支援することにより満蒙における日本権益の承認を獲得することを期待した。

そのような違いは、一九一三年春から夏にかけての第二革命前後を例に挙げると、よくわかる。一九一三年三月、中国国民党の有力者である宋教仁が暗殺された事件は、袁世凱と革命派との対立を深めた。立憲同志会内では、革命派援助論が強まったのに対して、加藤は静観して中国内政に干渉すべきではないという態度をとった。これは第一節で言及した加藤の二度目の中国旅行での視察をふまえてのものだったが、それは第一次山本権兵衛内閣の姿勢と同じだったため、党内の失望を誘った(25)。

七月に入り李烈鈞が挙兵し第二革命が始まった。しかし失敗に終わり、孫文や黄興は日本に亡命してきた。九月に袁軍が南京に攻め込んだ時、商店が襲われ日本人が殺害される南京事件が起こった。この事件に日本世論は沸騰し、袁への厳しい対処を政府に求め、同時に満蒙懸案解決の機会として利用しようとする動きを生んだ。その中心だったのが対支同志聯合会であった。立憲同志会議員も多く参加しており、九月一〇日の代議士会は、厳重な要求、決然とした交渉による問題解決を決議した。しかし加藤は、一六日の幹部会で、当局者の硬軟を批判することを不可とし、党争の具に供することをしないと述べた(26)。これは党員たちにとって不評で、その後長く続く、党内における幹部派と非幹部派との対立を激しくする一因となった。

亡命者処遇についても、加藤は、いずれの勢力からも反感を招かないよう公平に取り扱うこと、法律を曲げるような措置を取らないことが重要で、亡命者を保護することはかまわないが、歓迎会を開催したり意見を広めたりするようなことはしない方が良いと述べている(27)。これは党内の革命派援助論に多少配慮したものだろう。

以上のように、本来の加藤外交は、連帯という名目で内政干渉をも辞さない外交とは異なり、中国情勢について静観しようとする態度を基本とするものであり、その後、原敬内閣や加藤が首相をつとめた内閣期の外交につながる側面があった。

四、第二次大隈内閣期の外相として

加藤は四度外相になっている。最初の外相時代（第四次伊藤博文内閣）の半年間は、北清事変後の処理にあたるなど若干の成果をあげているが、二回目と三回目は短期間であり、ほとんど手腕を発揮することはなかった。しかし四度目の外相期（第二次大隈内閣の最初の約一年四ヵ月）は長く、第一次世界大戦の勃発という大事件もあって、加藤の手腕が問われるものとなった。

加藤は、世界大戦への参戦にあたってもイギリスに積極的に働きかけた。イギリスが宣戦布告した八月四日の前日、加藤はグリーン大使に全面的な軍事援助の用意があることを伝えている。七日にイギリスより、日本軍の行動を限定する意味合いを含みながらも、中国沿岸における商船保護のための協力要請がなされると、加藤は戦域限定のない参戦提案を行い、ドイツ租借地の膠州湾を中国に返還する方針を表明して、青島戦への同意を促した。イギリスは、一一日に日本参戦に同意を与え、イギリス軍参加を伝えた。こうして一五日、日本はドイツに最後通牒を送り、その期限の二三日に宣戦布告した。

だがこのような積極的な開戦外交は、山県有朋・井上馨ら元老から強い批判を浴びた。これは同時期に、フランスやロシアから日英同盟加盟の申し入れがなされたのだが、それを加藤が「日英同盟の効力を薄弱ならしむ」[28]として反対したことや、ヨーロッパ列強の対中外交政策が不在となった機会を利用して袁政権と密接な関係を築きあげることによって中国への影響力を増大させるという提案が無視されたからであった。

いっぽう党内の受けも悪かった。それは満蒙問題に対する取り組みが消極的であるという理由であった。前述の対支同志聯合会は、同年一二月四日に「自主的外交」「挙国一致」「対支問題の根本的解決」を掲げる新たな団体、国民外交同盟会を結成した。これにも同志会党員が加わっていた。「自主的外交」というスローガンは、加藤の行う外交を、対英追随の軟弱外交と見なしたものであった。加藤はその代表者と会見している。その時に加藤は、列強諸国が利権保護のために出兵して土地を占領する心配はないので、強硬な手段を執らず、日本は国力に相当する範囲で国家の地歩を安全にすることを基礎とし、貿易伸張こそ主眼としなければならないという貿易立国論を述べた[29]。これを聞き、国民外交同盟会は大隈内閣打倒の立場に立ち、同志会からの脱党者が生じることになった。

加藤は、この時には、単独で中国と独自の関係を築くような日中提携論も、あるいは袁政権に武力を用いて強くあたるようなやり方も否定していたのである。日本の実力はまだ「外国の意思を顧慮せず、自ら其欲する処を行」うことができるほど強くはなく、もし「余りに我儘を行ひ」「若し自ら戒むる処なくんば」ドイツのように世界を敵とするに至るかもしれないと後に述べている(30)。

では対華二一ヵ条要求交渉で、最後通牒まで発して承諾させることになったのは、どうしてだろうか。それを合理的に説明することは難しい。ただしこれまで見たように、加藤は満洲権益の延長を、機会をとらえて実現しなければならないと考え、すでにイギリスに向けて工作をしていた。それを、前年占領したドイツの膠州湾租借地の処分をめぐる中国政府との交渉を機会ととらえて行おうとしたことは理解できる。だが問題は、この時の交渉が、要求第一号の山東半島旧ドイツ権益処分に関する件、第二号の南満洲・東部内蒙古における日本権益の延長と拡大に関する件にとどまらなかったことであろう。

第三号第二条や第四条では、漢冶萍公司付近における鉱山は公司の承諾なく他に採掘を許さないとか、直接・間接に公司に影響を及ぼすおそれのある措置を取る場合は日本の同意が必要だとする条項があり、また第四号の中国沿岸の港湾・島嶼の不割譲に関する件は、機会均等や門戸開放主義に反するおそれがあった。これには第一号に関連して、いったん山東権益を日本が手にすることを中国政府に了承させ、その上で膠州湾租借地還付の際に専管居留地設定を条件とするようなことを考えていたことも含まれる。このような手法は帝国主義的であり、中国（南北いずれの勢力）から反発を受けるのも当然であった。そしてこれは、それまで対中貿易拡大の方法について、日本だけが優越権を得ていくような方向を基本的には取っていなかった加藤の姿勢に反するものであった。加藤はこの問題について「一時多少支那の感情を傷ふの如き事あるも」忍ばなければならないと正当化している(31)。

二一ヵ条交渉のまずさが際立っていたことは知られている。第五号は、諸要求を羅列したものであったが、最初それを公表せず、中国側のリークによって明らかにされた時に、言い訳がましく希望条項であり要求とは違うというような説明を行ったことは、列強に知られてはまずいことを隠蔽したと受けとめられた。交渉手段として譲歩を見越して設けられた条項であり、加藤の本心ではなかったというような理解もなされている。中国の日本に対する反発とアメリカの対日不信を招く結果となった拙劣なものと、当時から見なされた。

ただし方法のまずさは批判されたが、山県が「第五項は親善なれば要求せずとも出来得べき箇条のみなり」(32)と述べているように、また国民外交同盟会が加藤以上に強硬であったことなどを考えれば、反対のための反対と言ってもよい側面もある。

最大の問題であった第五号に含まれている政治・財政・軍事顧問の雇傭や、警察の日中合同化、兵器共通化などの中国内政にかかわる要求は、これまでの加藤であったら考えられないものであるし、その必要性について交渉前に語られることはなかった。世界大戦という日本にとって絶好の機会をとらえて、日本は中国を指導しなければならないという意見に対して、加藤は、立派な独立国に対して日本が指導するという意思はないと述べていることから、内政干渉的な条項を加藤が重視していたとは思えない(33)。最終段階で第五号が削除され、第三号第二条や第四条も結ばれた条約からは外された。つまり満蒙特殊権益と福建省以外に関する機会均等・門戸開放原則に抵触する条項が放棄されていることは、加藤の希望の最小限が、それを除いた部分であったことを示していよう。

それでもこの時に、それまでの加藤の姿勢からは考えにくい逸脱があったことは、この時の外交が列強のアジア政策の空白のスキをついた帝国主義外交であったことを示している。第一次世界大戦という特殊事情が要求を肥大化させた事情もあったろうが、加藤も欧米勢力の強く出られない国際環境だと判断して、交渉内容をより拡大したのだろう。イギリスの同意を得られるとふんでいたことは確かである。アメリカについては、参戦にあたり摩擦を回避する外交が比較的うまく進んでいたことが甘い判断につながったのかもしれない。以上からは、加藤はイギリスとの了解、アメリカに異論を唱えさせないと思われるギリギリの範囲で、対中権益の拡大を策していたと見るのが適当であろう。

さて加藤は、一九一五年八月の大隈内閣改造を機に閣外に去る。内閣では党人派の影響力が高まり、外交政策的には、袁の帝制計画に干渉し、その年末に第三革命が勃発すると、あからさまな革命派援助＝排袁政策を取ることになった。党人派の代表である尾崎行雄は袁を嫌っており、たとえ欧米の意見に反対しても、ぜひ排袁の目的を貫徹したいと大隈に伝えている(34)。このような中国内政への干渉は、加藤の外相時代にはなかったことである。

また欧米列強との関係では、第四次日露協商が結ばれ、英仏露三国間の単独不講和宣言（ロンドン宣言）への加入がなされた。加藤は、これについては賛否を表明していない。閣外に去ったからといって与党の党首であったことから、表だって反対することは難しかっただろう。中国問題に関しても、日本に不利益を及ぼさない限り南方にも北方にも肩入れするものではないという不干渉の立場をとった。

以上のように第二次大隈内閣時代の加藤の外交は、対英協調と中国内政不干渉路線を基本としていた。それは党内外からイギリス追随だと批判されていたことからもわかる。これは一九二〇年代の幣原喜重郎による米英協調外交と中国内政不干渉外交が軟弱外交だと批判されていたことを思い起こさせるものである。そして加藤が、中国における日本の発展を経済関係中心に考えていたことは、幣原外交の経済重視の姿勢と重なる。ただし対華二一ヵ条要求は、典型的な帝国主義時代の外交であり、第一次世界大戦後の状況に対応した幣原外交とは異なるものであるが、大戦という状況に対応した外交であったともいえよう。

五、野党首領から首相へ

①野党党首として

第二次大隈内閣は一九一六（大正五）年一〇月に倒れ、寺内正毅内閣に代わる。それから八年間にわたって加藤の率いる憲政会（同志会の後身）は野党に転落した。その間、第一次世界大戦の休戦（一九一八年一一月）の直前に成立した原敬内閣による、米英との協調、対中不干渉政策への外交政策の転換がなされた。これは大隈内閣後半および寺内内閣の政策を否定したものであった。

もともと加藤は、交渉の内実を知らない立場の人物がする外交政策批判を好まず、原内閣の外交姿勢については同じ方向であったから、加藤による原外交批判は、その不徹底を責めるという形をとった。しかしそれは憲政会内の対外硬派から相当のつきあげをくらうものとなった。ただし対華二一ヵ条要求の責任者として、その権益を失うこと（特に山東半島問題）については強く反対し続けた。列国との協調は、いたずらに列国に追従するのではなく、当然の利益は主張し、正義公道にもとづく要求は貫徹する必要がある、それでこそ初めて列国の理解・信頼・畏敬をかち得るのであり、この点で現内閣の外交には満足できないと述べている(35)。それが英米との対抗を加藤が主張しているように世間には見えた。世間から好評であったことは、シベリアからの早期撤兵を主張したことくらいであった。

野党として憲政会は対外強硬的な発言をせねばならず、加藤もその党首として党内に配慮をしなければならなかった。党員は革命派勢力の支援や英米からの自立的外交を主張したため、憲政会の外交政策は対中内政干渉的に見え、英米に対しては非協調的に見えた。

②首相となる

だが突然、加藤に政権が降ってくる。一九二四（大正一三）年五月の衆議院議員総選挙で憲政会が第一党になり、翌月加藤が首相に選ばれることになった。

加藤は内閣成立後、幣原喜重郎に外交政策に変更のないことを表明させ外国を安心させている。幣原が表明した外交方針は、お互いの権利・利益を尊重してそれを侵さないこと、侵略主義・領土拡張政策は取らないこと、さらに外交政策の継続性を重んじることを強調するものだった。特に懸念された対中外交政策については、中国の「内政上の事柄に就ては、我々の関与すべき限りではない、又我々は支那の合理的なる立場を無視するが如き何等の行動を執らんとする者ではない、之と同時に支那に於ても、我合理的なる立場を無視するが如き何等の行動を執らざることを信ずる」というものであった(36)。

これは第二次大隈内閣時の「加藤外交」と、大きな点で一つ異なっていた、それは「侵略主義・領土拡張政策は取らないこと」というところであった。対華二一ヵ条要求は、強圧的な態度で権益の維持・継承を要求する帝国主義的なものであった。幣原の方針を加藤が受け入れたのは、次のように理解することで可能となる。加藤が首相となった時には、すでに第一次世界大戦中に獲得した中国における日本権益は、ほとんど譲歩し失われてしまっていた。加藤は原内閣期に、条約で決められた既得権益が失われていくことを批判していたが、いっぽうで外交の継続性を重んじる加藤は、それを覆すことはしなかった。その復活や新たな権益獲得をめざさなければ、加藤の外交と幣原の外交の差はなくなる。内閣成立直後の幣原による侵略主義の否定と中国の対日態度に期待した上での内政不干渉政策表明は、かつての加藤が行った外交の侵略性を否定したものであったが、対中内政不干渉政策の側面については引き継ぐものだった。ただしそれが実現できるかどうかは中国情勢しだいであり、内閣成立当初はその姿勢は確立したものではなかった。

加藤内閣期、中国は内戦や混乱が激しさを増している時期であった。一九二四年九月の第二次奉直戦争、翌年上海での在華紡ストに始まる五・三〇事件、同年末の郭松齢事件などである。当初は幣原外相と加藤との間で居留民保護のための出兵の是非をめぐって対立があったようだが、幣原の意見を入れて不干渉の態度を厳守したところ、幸いに混乱は満蒙まで拡大せずに済み、中国にも信義を貫徹し親善を深めることができた(37)。つまり結果が日本にとって利益になったことがわかった段階で、加藤も絶対的な不干渉原則を受け入れたのである。この時「加藤外交」は「幣原外交」に発展したといえよう。

加藤は一九二六年一月、議会開会中に死去した。その死について『益世報』は、対華二一ヵ条要求当時の外相であったことは不満であるが、時勢の変化に順応して「今日の外交は権謀術数をこととす可きでなく、平和正義の大道を以って進む可き時代であると宣言した」ことを高く評価した(38)。

おわりに

加藤が大学卒業後に初めて就職したのは三菱汽船であった。そしてイギリスに派遣され、そこでイギリスが海洋国家として貿易を中心にして繁栄していることを学んで帰ってきた。そのため加藤は、中国を貿易立国論にもとづく通商・貿易拡大の場としてとらえ、居留地における商業や工業の拡大を図ることを第一と考えていた。

ただしその際に、日本だけが特別な利益を獲得するというやり方については、列国の疑いを招くとして否定的であった。これは加藤が、日清戦後から日露戦後の時期を通じて、イギリスを日本に引きつけておき、あるいは日本側に引き留めるようにしていくことが、前者の時期においてはロシアに対抗する上で、後者の時期においては中国における日本の立場を確保する上で日本の利益になるという観点を重視していたことによる。それは国家と国家がパワーゲームを行っていた二〇世紀初めまでの外交方法にもとづいていた。

したがって中国に対する加藤の政策は、欧米の動向を主に見て外交を行うという点では、日本外交の主流に位置づけられるものであった。しかしそれは欧米に従属するものではなく、イギリスと連合あるいはイギリスの理解を積極的に取り付けようとするものであった。そのような点から、英米の反発を招くような日中連帯論ないしは内政干渉的行動については否定的であった。

だが、あるいはそうしたところから必然的に、欧米勢力が強く出られない国際環境だと判断すれば、第一次世界大戦中における対華二一ヵ条要求のような強い要求もすることになったのだろう。

これは日露戦後、特に辛亥革命後、日中提携論に比重を移し、人種的対立を強調していく論調が出現するような動きと対比させることによって、より明瞭に理解できよう。加藤が党首を担うことになった立憲同志会・憲政会内には、そのような対外強硬論を唱えるものが少なからずあったのである。

そして加藤が首相となった時、加藤がとった方針は、欧米からの自主的な外交によって、中国における特権的な権益獲得をめざす外交政策ではなく、列国から突出することなく現状の権益は確保し、それと同時に内政に干渉することなく、商工業の拡大によって日本の影響力を高めていこうとする貿易立国主義による発展策だったといえよう。

註

(1) 本稿は拙著『加藤高明―主義主張を枉げるな―』(ミネルヴァ書房、二〇一三年)を下敷きにしている。加藤に関する先行研究などは、同書を参考にされたい。また拙稿「加藤高明と英米中三国関係」(長谷川雄一編『大正期日本のアメリカ認識』慶應大学出版会、二〇〇一年)も関係する。

(2) 第一次世界大戦参戦時の山県有朋の発言(「原敬日記」一九一四年八月一二日、原奎一郎編『原敬日記』第四巻二七頁、福村出版社、一九六五年)。

(3) 「加藤内閣出現説に『廿一箇条』を想起して早くも怖気をふるふ支那紙」(『東京朝日新聞』一九二四年五月一五日)。'Government Change in Japan', *The Manchester Guardian*, 20 May 1924 など。

(4) 一八九九年一〇月一九日付伊集院彦吉宛加藤高明書簡(尚友倶楽部他編『伊集院彦吉関係文書第一巻〈辛亥革命期〉』二八四頁、芙蓉書房出版、一九九六年)。

(5) 「日本経済会」(『中外商業新報』一八九九年一二月二〇日)、「加藤公使の清国談」(『東京朝日新聞』一八九九年一二月九日)、「加藤高明氏の清国企業談」(『東洋経済新報』一九〇〇年六月一五日)。

(6) 「清国事変所感」(『東洋経済新報』一九〇〇年一〇月二五日)。

(7) 「支那視察談」(『立憲同志会叢書』第三、立憲同志会、一九一三年、拙編『立憲同志会資料集』第二巻二六一頁以下、柏書房、一九九一年所収)、「支那に於ける日本の実勢力」(『国家及国家学』第一巻第九号、一九一三年九月)。

(8) 「予の観たる支那の現状」(『新日本』第三巻第七号、一九一三年七月)。

(9) 一九一三年六月一日付牧野伸顕宛有吉明電報(「支那南北衝突関係一件　松本記録/宋教仁暗殺事件及衝突ノ経過二」外務省記録5・3・2・135—1、アジア歴史資料センターRef. B08090258200)。

(10) 一八八九年三月二八日付陸奥宗光宛加藤高明書簡(「先考米国駐箚中大隈外相及加藤秘書官ト往復書翰写」「陸奥宗光関係文書」六八、同文書九—13にもある。国立国会図書館憲政資料室蔵)。

(11) 一八九八年三月一八日付西徳二郎宛加藤高明書簡(『日本外交文書』明治三一年第一冊二六七頁以下、外務省、一九五四年)。

(12) 一九〇一年一月二六日付林董宛加藤高明公電(『日本外交文書』明治三四年一一四頁、外務省、一九五六年)、一九〇一年一月二九日付高平小五郎宛加藤高明公電（同前、一一九頁）。
(13)「日英同盟に就て」（『東邦協会会報』第八五号、一九〇二年三月）。
(14)一九〇九年四月二五日付山県有朋宛加藤高明書簡（尚友倶楽部山縣有朋関係文書編纂委員会編『山縣有朋関係文書2』九頁、山川出版社、二〇〇六年）、同日付大隈重信宛加藤高明書簡（早稲田大学大学史資料センター編『大隈重信関係文書3』二九八頁、みすず書房、二〇〇六年）など。
(15)「青年への四警告」（『雄弁』一九一一年一二月号）。
(16)「東邦協会設置の趣旨」（『東邦協会会報』第一号、一八九四年八月）。
(17)「副会頭加藤高明君」（『東邦協会会報』第八八号、一九〇二年六月）。
(18)「対外政策並態度関係雑纂（対英国之部）」（外務省記録1・1・1・3—5、アジア歴史資料センターRef. B03030014600）。
(19)一九一二年七月一五日付内田康哉宛加藤高明書簡（同前所収）。
(20)「日英同盟の真目的及び価値」（『大阪毎日新聞』一九一四年一月一日）。
(21)一九一四年一月一二日グレイ宛グリーン電報（Ian Nish ed. *British Documents on Foreign Affairs: Series E Asia*, 1860-1914, Volume10, p.361）。
(22)伊藤正徳『加藤高明』下巻一三三〜一四〇頁（加藤伯伝記編纂委員会、一九二九年）。
(23)一九一三年一月三日ランボルト宛グレイ公電（F.O.410/62〔969〕文書・〔972〕文書、イギリス国立公文書館蔵）。
(24)『加藤高明』下巻、一四五頁。
(25)一九一三年六月一四日付伊集院彦吉宛牧野伸顕書簡（『伊集院彦吉関係文書第一巻〈辛亥革命期〉』三三一〜三三三頁）。
(26)「同志会と対支問題」（『東京朝日新聞』一九一三年九月一七日）。

(27)「支那亡命客待遇▽加藤高明男」(『東京朝日新聞』一九一三年八月九日)。
(28)一九一四年九月二八日付井上勝之助宛加藤高明電報(『日本外交文書』大正三年第三冊六一八頁)。
(29)「外相加藤男の対支方針」(『東京経済雑誌』第一七七八号、一九一四年一二月五日)、黒龍会編『東亜先覚志士記伝』中巻五七三~五七五頁(黒龍会出版部、一九三五年)。
(30)「欧州戦後に於ける世界の変局」(『同志』第一巻第三号、一九一六年六月、『立憲同志会資料集』第一巻一五五頁以下)。
(31)「我対外関係の現状」(『同志』第一巻第二号、一九一六年五月、『立憲同志会資料集』第一巻八七頁以下)。加藤と対華二一ヵ条要求については多くの研究がある。さしあたっては奈良岡聰智『対華二一ヵ条要求とは何だったか』(名古屋大学出版会、二〇一五年)、要求の形成過程については斎藤聖二「二十一か条要求案の成立経緯」(『東アジア近代史』第二一号、二〇一七年)が正しい。
(32)「原敬日記」一九一五年七月八日(『原敬日記』第四巻一一三頁)。
(33)「現内閣の外交方針」(『新日本』第五巻第三号、一九一五年三月)。
(34)一九一五年四月一日付大隈重信宛尾崎行雄書簡(『大隈重信関係文書』第三巻一五五頁)。
(35)「加藤総裁の演説(七月六日関東大会)」(『憲政』第二巻第六号、一九一九年七月)。
(36)幣原喜重郎「現内閣の外交方針」(『憲政』第七巻第八号、一九二四年八月)。
(37)「第五十議会に臨みて」(『憲政公論』第五巻第二号、一九二五年二月)。
(38)加藤高明伝刊行会編『加藤高明伝』四〇九頁(同会、一九二八年、『時事新報』一九二六年一月三〇日に転載されたもの)。

〔追記　本稿は、霞山会による近代日本とアジアとのかかわりを人物から読み解く企画に寄稿したもの。『加藤高明―主義主張を枉げるな―』をふまえて、中国とのかかわりを中心に再構成したものである。
今回、本書に掲載するにあたっては、タイトルを変更し、また宇都宮太郎との比較を行った箇所については削除し、その一部を本書第一〇章に移し、註を整理した。〕

第三部　辛亥革命と日本

第七章　辛亥革命と日本政府の対応

はじめに

一九一一（明治四四）年一〇月一〇日、中国大陸で始まった辛亥革命は日本にどのような影響を与えたのだろうか。日本は中国の隣にあって、古くから中国大陸における動乱や王朝交代の影響を受けてきた。たとえば明から清への王朝交代が江戸幕府の外交体制の形成に与えた影響が知られている。近代においても、アヘン戦争における清国の敗北や太平天国の動乱が、日本の外交体制の転換をもたらしたことはいうまでもない。

清王朝でも、アヘン戦争、アロー号戦争での敗北は体制の動揺をもたらし、洋務運動によって政治的近代化の努力が行われ、日清戦争における敗北後は、いっそうの改革の企てが現われた。中国にとって厄介だったのは、その過程で列強による租借地の設定や権益の拡大が行われ、一九〇〇年の義和団事件が北清事変を招いた時のように、内政の動揺と外政問題が結びついたことである。そして列強は中国の動向をウォッチしながら対中国政策を決定していくことになった。日本も、その例に漏れなかった。ただし帝国主義時代において、列強諸国の中国への対応は、その相互関係を抜きにして語ることはできない。特に北清事変で八ヵ国が共同出兵し、翌年の北京最終議定書（辛丑和約）が結ばれたことは、それ以後における列強諸国の行動を共同的性質とすることを要請し、あるいは相互規制の基礎となり、北京における列強諸国の外交団による中国問題処理体制を機能させる基盤となった。

本章は以上のような諸列強との関係に加えて、日本政府内における政治勢力の分立を前提として論じていく。ここでいう政府とは、当時の内閣（第二次西園寺公望内閣）だけではなく、政府を担うことのできる藩閥や政党指導者、統治機関ではないが政治に大きな影響力を与えた元老、外交を担当する外務省、外交に大きな影響を及ぼしイザという時には実力行使する能力を持つ陸軍（陸軍省や参謀本部）・海軍などを指している。

辛亥革命に対する日本政府の対応については、これまでに多くの研究が触れてきた(1)。その中でも、兪のものは体系的で詳しい。同書は、日本で起こったさまざまな動きを多くの一次史料を使用して描いている。本章で取りあげた事象も、ほとんど含まれているのだが、中日関係史という性格上、上記の中国を一つの場とする諸列強相互関係の中での日中関係という問題意識が弱く、また次に述べるような日本政治の展開における位置づけもなされていないため、やや事象がバラバラで系統的な記述になっていない難がある。

筆者は日本の政治史を中心に研究を進めてきたため、政府を構成する（あるいは構成する可能性のある）政治家・官僚たちの個々の考え方や活動の差異に注目する。本章においても、「日本政府は」という一体性を前提とした語り方ではなく、上記の諸機関・政治勢力（極端には個人）を単位とした外交と内政が絡み合う政治過程と権力分析を含む政治外交史的アプローチを取りたい。また本稿は、二つの拙著（『辛亥革命と日本の政局』、『大正政治史の出発』）(2)をふまえたものである。詳しくは、そちらを参照されたい。

一、革命勃発直後における対応

まず第二次西園寺内閣の動きをみておこう。八月三〇日に成立した内閣は、立憲政友会を背景にもつ内閣であり、海軍の影響力も強かった。内閣が初めて対応方針を閣議決定したのは一〇月二四日のことである。この時点で革命は、湖北から長沙、西安、九江に拡大し、月末には太原、昆明、南昌にまで拡大する。清王朝の維持を図るという前提にもとづいてなされた決定は、日本の力を中国大陸に扶植し日本の優勢な地位を承認させるようにすること、満洲に関してはロシアと歩調を一致して日本の利益を擁護すること、列国関係においては日英同盟の精神の徹底と諸列強との調和であった。またできる限り清国の感情を融和して日本に信頼させるような方策を取るというものであった(3)。日英同盟の精神とは、両国が十分な打ち合わせを行うこと(4)と、「如何なる重大なる結果を生するも日英共同之に当るの決意を定むる」ことであった(5)。

この内閣の方針は、日露戦争後の外交政策の延長線上にあった。それまで日本は、同盟関係にあるイギリスと、日露戦争後に新たに接近し始めたロシアと協調しながら、戦勝によって高まった外交上の地位を確定していくことに力を注いできた。これらの政策をめぐる政府内の対立はほとんどなかった。最初の閣議決定より先に、清国からの武器援助要請に応じることが決定されたのは、従来の政策の継続が当然視されていたからであろう。政府は、この機会を利用して清国政府に恩を売り、日露戦後に日本がロシアから南満洲権益を継承したことによって生じた清朝からの不信感を解消しようと考えていたのである(6)。これが、できる限り清国の感情を融和して日本に信頼させるような方策を取るということであった。そしてこの清王朝援助という方針は、山県有朋を初めとする元老や、陸軍省を押さえていた寺内正毅(朝鮮総督、前陸軍大臣)などの意向にも沿ったものであった。

ところがこの清王朝支援方針をもどかしく思っていた人々がいた。第一は、以前から孫文らを支援していた人たちである。たとえば宮崎滔天や頭山満らは浪人会を組織して、政府が厳正中立の立場に立つことを要求、黒龍会の内田良平は武器供与中止を働きかけた(本書第九章参照)。

第二は陸軍参謀本部の動きである。参謀本部第一部は中国の混乱を想定し、一九一一年五月一三日に「対清作戦計画」を立案していた(7)。その計画は、中国に禍乱が起これば全国の騒乱となるおそれがあり、それが日清間の戦争に発展する可能性と、その場合における出兵計画に言及していた。騒乱が現実になったとき、戦争という状態ではなかったものの、この計画が参照されたことは確かである。石本新六陸相がすぐに閣議の席上で、「現情に安んずべきや、又は何れの地かを占領すべきや」を問いかけ(8)、田中義一軍務局長が海軍側に「戦後の情況に鑑み最も有利なる政略上経済上の要点を担保的に占領する」必要を伝えている(9)。翌日(一〇月一四日)、岡市之助陸軍次官は奥保鞏参謀総長に、揚子江(長江)沿岸地方への協同出兵の可能性と、変難が北清に波及した場合における満洲方面への単独出兵と北清への列国協同出兵の必要性を述べた(10)。

これに対して参謀本部の第二部で考えられていたものは、革命派を援助することを通じて、新たに出現する共和国との親善関係を結ぶことこそが、日本の利益につながるというものであった。ただしこれは同時に清王朝の存在自体を否定するものではなく、満洲地域における日本の既得権の保護・拡大のためには清王朝も利用するという満漢二民族による中国分国論であった(11)。参謀本部第二部長宇都宮太郎の文書は、以上のような考えにもとづき、実際にどのようなことが実行に移されていたのかを、初めて明らかにした(12)。たとえば一〇月一八日の日記には、警保局長古賀廉造と会見して、革命派を助けるために武器輸出を行うので、その便宜を図って欲しいことを伝え快諾を得ている。原内相も黙認許可を内命したということは、原もまた革命派援助を考えていたことを示している。宇都宮は、また同日の午前中に開かれた参謀本部の部長会で、水野梅暁という孫文との関係を有する僧侶を通じて孫と連絡を取ろうという話をしている。宇都宮は日露戦争以前から孫文に注目していたといい、宇都宮の長男の徳馬は、自分の父は孫文と親密であったと回想している(13)。

宇都宮の革命派援助が、最も活発だったのは一九一二年一月頃までである。その間に主に行われたことは、大陸各地に参謀本部員を派遣して革命情勢を探らせると同時に、その地方の有力者とコンタクトを取り独立気運を醸成することと、私的なルートで大陸に民間人や退役軍人を送り込み、首領との連絡や支援を通じて操縦にあたらせることであった。参謀本部員としては、武昌・長沙へ丸山豊・木村直人両大尉、もう少し位が高い者では井戸川辰三中佐が派遣されている。このほか本庄繁少佐・寺西秀武中佐や野中保教大尉が派遣されている。また南方には、土井市之進中佐が福州、嘉悦敏中佐が雲南・貴州、井上璞大尉が広西に派遣された。嘉悦に対しては、雲南方面に独立国を作らせ、その勢力をトンキン湾方面に伸ばす工作をするような大きな構想が示されていた。また退役軍人としては、足立乙亥干予備大尉が福州に、岩本千綱退役少尉が雲南・貴州へ、金子新太郎予備大尉が漢口に派遣された。

これらは参謀本部が表向きかかわってはまずいため、その費用は宇都宮が個人的に資金を岩崎久弥から調達して出金している。その出金記録（「特別機密費支払証書」）からは、たとえば孫文との連絡役を果たした水野梅暁に一〇〇〇円、池亨吉に一万円、犬養毅に一万円という大金が渡されていることがわかる。池も一九〇七年から一年間孫文について回った人物で、『支那革命実見記』を記して孫を日本に紹介した人物である。三月までに支払われたものを合計すると軍関係者に約一万円、大陸浪人に約三万円となる。

革命派援助の動きは、外務省の一部にもあった。革命勃発直後の約一ヵ月間であったが、北京に駐在していた日本公使の伊集院彦吉も、革命派を援助して清朝政府と対峙させる策を提案している。これは、広い中国全体を統治する政権を維持することは当分不可能であろうという予測にもとづいていた(14)。しかし意見は採用されず、混乱に乗じて介入を行うチャンスが去ると、彼もその後は積極的な行動を否定するように変化していく。

以上のように、中国における革命の勃発後、これまでとは異なる対中国政策が提案され、日本の外交政策に新たな動きを加えることになった。これは革命を契機にして日本の外交的選択肢が多様・複雑化したことを意味すると言える。

二、列国共同干渉の提議とその失敗

さて一一月末になると、革命勢力と清朝勢力が均衡する。漢陽が政府側に奪い返されるいっぽうで、南京を革命派が握ることになる。もはや革命勢力を無視できなくなった第二次西園寺内閣は、一一月二八日に新たな政策を決定した(15)。それは清朝に立憲君主制の実施を約束させることで事態を収めるというものであり、列国共同干渉で行うという提案であった。これは出兵によって圧力をかける可能性を含むものであった。

これに応じて立てられた陸軍の出兵案は「北清派遣師団編成要領」と名づけられたもので、北清における公使館・居留民および利権の保護を名目としたものであった(16)(これは翌年一月に山県が主張した南満洲を対象とする出兵とは異なる、本書第八章参照)。この出兵は革命派を牽制するものであったために、宇都宮は反対し、山県や寺内・田中は賛成したのである。一二月四日に宇都宮と田中・由比光衛（参謀本部第一部長）の三者で対応策が相談されたときに、田中は閣議決定をふまえて、必要ならば兵力を用いて「南方を強圧」することを提案したのに対して、宇都宮は立憲君主政体による統一には反対しないが、兵力を用いることは絶対反対だと主張している。しかし一二月一四日の閣議で「已を得ざれば兵力おも使用するの覚悟」という決定がなされたと「宇都宮日記」にはある。また「居中調停に付」という宇都宮の意見書にも、兵力を使用すべきだという説が盛んになった頃のものと記されている。

しかしこのような武力行使は、実施されることはなかった。その理由の一つはイギリスの動向であり、もう一つは海軍側の意見であった。まず前者から見ておこう。

西園寺内閣は、日英協調を基本とするという大方針に従いイギリスに打診した。しかしちょうどこの頃から、イギリスは共和制を容認する方向に動き始めており、また休戦・講和交渉を斡旋していた。そして中国情勢は一二月から一月にかけて休戦から講和交渉へと進んでいくことになった。つまり日本側の期待するような日英協調は働かず、また中国情勢の混乱収拾に関する主導権はイギリスに握られていき、共同干渉どころではなかったからである。

後者については、ちょっと複雑である。一四日の閣議をふまえた伊集院への訓令は、袁世凱との交渉を指示したものであるので、もちろん兵力使用の語句はない(17)。しかもその文章について海軍の重鎮である山本権兵衛が反対し、修正が加えられ、かなり弱い表現に改められたということがあった(18)。これは山本が、強い干渉に反対していることを示すもので、兵力使用などは論外であったといえよう。

以上のような経過を経て結局、西園寺内閣は一二月二六日にいたって、清国が共和制となっても干渉をせずに事態を静観するという決定を行うことになった(19)。

一九一二年一月一日、孫文を臨時大総統として中華民国が南京を首都として建国された。そして講和交渉も、袁が清王朝を見限り共和制を認めることがしだいに明瞭となり、ついに二月一二日に、二五〇年以上続いた清王朝の中国支配は終わりを告げることになる。

このような情勢に危機感を強くもったのが陸軍であった。一月一六日に、革命軍が北上し遼東半島対岸の芝罘に到着した。いよいよ満洲への革命の波及が目前に迫ったのである。この段階で山県は満洲秩序維持を目的とする出兵意見書を書いた(20)。山県は、もし革命が満洲に及ぶと混乱が起こり、権益が脅かされるだろうから、一個あるいは二個師団ぐらいの兵隊を送って治安維持を図ることが必要であると述べたのである。

意見書を受けて開催された一月一六日の閣議では、ロシアとの協商を進展させることは決定されたが、出兵の決議はなされなかった。ロシアとの協商とは、この年七月に結ばれる両国の特殊利益地帯を東部内蒙古まで拡大することを約束した第三次日露協約交渉を指す。出兵の決定がなされなかったことに業を煮やしたのが田中義一であった。田中は一月一七日外務省に、ロシアに満洲増兵について承諾を得ておくことの必要性を説き、外務省より訓令が発せられた（イギリスには一一月に了承されているという理由で照会されなかった）(21)。

陸軍の南満洲への派兵準備は、内閣の決定のないまま進んでいった。一月一七日に、出征予定師団である第一二師団長に高級参謀の上京を求める命令が下され、二〇日朝に上京した佐久山又三郎少佐に、二六日までには動員命令が下るはずであることが伝えられた。ところが日本が出兵準備をしているという情報は、ロシアから他国へ流れ、また日本の新聞にも二四日夕方すっぱ抜かれることとなり、その新聞報道をもとにして、イギリスやアメリカ政府より事実かどうかの問い合わせがなされ、政府は躍起になってそれを打ち消したのである(22)。二五日の衆議院予算委員会でも質問が出され、石本陸相は、出兵の噂は事実無根であるという答弁を行った(23)。これにより、この時の出兵は不可能になった。機先を制せられた陸軍は、別の機会をうかがうことになる。

イギリスとの協調を実現できず、さらに清王朝を維持させることに失敗し、また南満洲への派兵も列強や世論の反対によってできなかったことは、西園寺内閣の外交指導に対する多くの不満を生んでいった。たとえば山県は一月最初の段階で、「各国をして我方策に随伴せしめざりしは千歳之遺憾」と政府の外交運営に不満を高め、満洲に革命が波及しないようロシアと協商を遂げることが重要だと述べていた(24)し、西園寺内閣の後見役を自認する桂太郎も、二月最初には、政府は中国の情勢を「隣の火事視」して自国の将来に大関係するものであることを心配するものが至って少ないと不満を述べ、満洲に関する意見は採用してくれてはいるのだけれど、実行の事については残念のことばかり起きると述べ、その外交運営を「船頭無しの船に乗り居心地」がすると言うまでになっている(25)。

そしてこれを田中義一に言わせれば、このような内閣の消極的姿勢は、ひとえに海軍の消極的な姿勢によるものとされた。すなわち田中は、海軍の人たちは「帝国の大陸に向て発展するを喜ばざる部類の人」であり、この人々が「政府の党与と結托し」ていると考えたのである(26)。西園寺内閣は海軍の影響力が大きいとみなされているわけである。この反発が年末における二個師団増設要求への陸軍の強硬な態度につながっていくことになる。

三、海軍の動向

しかし田中が指摘するように海軍が大陸に何の関心もなかったわけでも、西園寺内閣が何の手も打たなかったわけでもない。清王朝維持のための出兵や、山県が主張した満洲秩序維持のための出兵はなされなかったが、別に二つの出兵がなされていた（詳しくは本書第八章）。ともに小規模のものではあったが、列強が共同して行ったもので、第一は北京・天津駐屯軍の増兵措置と京奉線の共同保護であり、もう一つは漢口への派兵であった。

また消極的あるいはイギリス追随であったとみられている海軍にも、革命の動乱をチャンスととらえる動きがあった。たとえば一二月初旬に清王朝と革命派の休戦交渉がイギリスの仲介によって始まっていた頃に、日本もイギリスと同じように休戦の仲介をなし、中国を日本に依頼させるようにし向けることが、「将来我国の清国に於ける勢力発展の為極めて緊要」であるとして、その機会を作るようにせよ、という訓令が揚子江警備にあたっていた川島令次郎司令長官に伝えられた(27)。これに対して「我より進んで列国協同干渉の提議をなし、欧米各国を勧誘するを以て良策なりと信ず」(28)と返電が、川島司令官からなされているように、共同干渉という範囲内における行動は許容していた。

また海軍が、日本の単独行動でも実現しようとした動きとして、揚子江中流域の大冶への揚兵（＝占領的意味を持つ）をあげることができる。大冶の鉄鉱石は官営八幡製鉄所に供給され、その安定的確保のために漢冶萍公司の日清合弁化を行うことが海軍の強い要望であった。革命勃発直後の一〇月一四日の時局策には、「大冶は我国との関係最も深きを以て、要すれは兵力を以て之を保護し事実上の占領を為すを可とす」(29)とされ、一八日の川島司令官宛の電報には、革命が波及した場合の日本利権の「保護」につとめるべきことが指令されていた(30)。

実際に大冶揚兵がなされたのは翌年二月のことであり、これは漢口への中清派遣隊の派兵と関係していた。漢口に陸軍部隊が到着して、海軍の陸戦隊は艦上に引き揚げ、革命勃発以来漢口に停泊していた第三艦隊は上海に下江したが、この時に陸戦隊の一部が大冶に上陸することになったのである。この揚兵は、二月四日から翌年四月六日までの約一年以上の長期にわたることとなった。この行動は、海軍省からの強い要請によってなされたものであった。一月二〇日栃内曽次郎軍務局長は、次のように指令した(31)。「大冶揚兵は窃かに好機会を窺ひ居りたる」ところで、「此際我実力を陸上に樹立することは、一は目下進行中なる漢冶萍日清合弁問題に対しても帝国の決心の一部を外国に示す上に於て与つて力あるへく、二には揚子江筋に於ける帝国の利権獲得に一歩を進むるものなりと認められ」る、ただちに揚兵を命じてもよかったのだが、艦長に任せたら意外に消極的であり、揚兵躊躇は「外務省の如きも〔中略〕想像せさりし」ことであったとして、「速かに大臣の御趣意に副ふの処置を執られんことを勧告」したのである。外務省も揚兵を現地の判断で行ってくれるよう期待していたが、行動を起こさなかったので、揚兵を促したという経緯がわかる。

これまで辛亥革命にあたって、積極的な動きを見せた陸軍に対して、海軍はそれを牽制する立場にあったとされているが、この大冶揚兵の動きからは、海軍は海軍側の思惑を持って、特に華中権益に関しては関心をもって動いていたことがわかるのである。

四、満蒙問題への関心の高まり

陸軍内に生まれた新たな動きとして、満蒙挙事をあげることができる。これは参謀本部では宇都宮太郎がかかわっていたもので、粛親王擁立の動きと武装蜂起の前提となる内蒙古への武器輸送の二つの局面として行われた。このうち前者は、清朝の末裔あるいはモンゴル王族を擁立しようとする挙兵計画で、川島浪速を主役に進められたものである。満蒙独立運動と呼ばれることもあるが、独立運動の実態はほとんどなく、むしろ日本の影響力の強い政権を打ち立てるという考え方にもとづく中国分割論の流れをくんでいた。川島のもとには参謀本部から多賀宗之少佐が送り込まれており、宇都宮は多賀に、袁に対抗できる、たとえ対抗できなくとも屈服しない勢力を作りあげ、その勢力を日本と親善ならしむるように尽力せよという指示を一一月の時点で与えていた(32)。この動きが表面化するのは一月下旬以後のことであり、北京から大連へ粛親王善耆を脱出させたところまでは進んだが、擁立の動きを察知した海軍や外務省によって二月二〇日に政府の指示により中止となり川島浪速も召還され中止される(33)。

第二の局面の武器の輸送は、少し後に行われた工作で、日本側ではカラチン王（グンサンノルブ）のもとに兵器をもち込んで蜂起につなげようとしたものであった。これについても武器購入のための王との間に借款を成立させることまではできたが、兵器もち込みは、中国官憲の探知するところとなり、一九一二年六月鄭家屯近辺での衝突事件を起こすことになり、多くの死傷者を出し失敗に終わる。この策謀に陸軍で深くかかわったのが多賀宗之・松井清助らの現役軍人であり、その報告は宇都宮の手元に逐一届いている。宇都宮の日記には借款についてのみ記され、兵器の話は八月一〇日の日記に小銃一五〇〇挺・弾丸三〇万発が押収されたとしか記されておらず、経過については書かれていないが、宇都宮が（ひいては参謀本部が）黙認していたことは事実である。

たとえば多賀に宛てた三月二五日付参謀次長発の次のような電報控えが残されている(34)。

電報見タ、開原着ノ荷物ヲ馬賊ヲシテ盗マシムルノ手段ハ穏カナラス、少シク穏当ナル手続ヲ以テ受授セシムルヲ要ス、尤モ其後蒙古内地ニ於テハ適宜ノ手続ヲ採用スルモ強テ追究スルノ必要ヲ認メス、唯タ孰レニシテモ世間ニ目立タサルコトニ尤モ深ク注意スルヲ要ス

武器の届け方について注意を促したものである。また多賀からは、次のような報告が届いている(35)。

目前に在る兵器輸入一件の如きは、小官等の運命に関することに候へは、為し得る手段を尽したる以上は唯た天助に待つ次第に御座候、兎に角此輸入事件か不手際なからも成効致候節は、徐々実行に取掛り度に付、其節には少くも更に一名の将校を派遣せらるゝ様御高配を蒙り度

兵器を届けることが成功した後に何かの工作が企画されていたことがわかろう。兵器が公主嶺に到着した日の電報は以下の通り(36)。

小官武器其他全部ヲ輸送シ只今無事公主岺ニ帰着ス、明夜陸路輸送ヲ実行セントス、先月通信費千円受ケ取リアルモ、此際種々支払ヒ多ク目下金ニ困難ス、今総務部長宛更ニ通信費電請セシモ猶ホ宜シク御取計イヲ乞フ

個人的な動きでないことは、総務部長が支出を公認していることから想像できる(通信費の支出であり、内容は知らなかった可能性はあるが、何かが行われていることは推察できたであろう)。五月二九日朝陽を日本人五五人・清国人九〇人・モンゴル人九人、車輌四六台・轎車一台の大編成で出発した一行は、早くから中国官憲が、その行動を逐一偵察していた。六月七日に隊は宿営地となった三道崗子で騎馬隊に包囲された。中国側官憲は、「我等は、奉天総督より呉統領への電命により、貴下等を銃器輸送の疑あるものと認むるを以て、護照の有無、到着地及貴下等の目的を尋問する為め出張したるものなり、貴下等を包囲せるは、貴下等の一行中に支那人の匪徒随行し居るを探知せるを以て、彼等を包囲せるものにて、日本人を包囲せしにあらざる旨を弁明せり」と尋問を行う。一行は、開拓のために農具を輸送しているだけで、銃器は少し

はあるが護身用だと告げた。以後は戦闘準備を行い「死を決して」進行したが、翌日二〇〇名の来襲を受けて戦闘が始まり、九日にほぼ隊は全滅、日本人一三名が死亡し、残りは捕虜となった(37)。

この事件の処理にあたっても、宇都宮は次のように述べて、日本は中華民国をまだ承認しておらず国交はないから、蒙古王が武器を購入するのは自由だと述べている(38)。

帝国政府は未た中華民国政府なるものを認めす、従て該政府なるものと蒙古王公との隷属関係をも認めす、該王公等か自衛上兵器其他の必要品を購入するは固より其権能以内の事に属す、然るに帝国臣民の兵器其他農具等を該王公に売渡し其護送を幇助して蒙古内地に入らんとするや、所謂民国政府は叨に強大なる兵力を以て之を迫害し、終に十一日の衝突を惹起し、多数帝国臣民の生命を奪ふに至れり、之に対し民国政府は全然其責任を負はさる可らさるものと認む

今回の事件は、縦令帝国政府に対しては円満に落着するも、民国政府は必す陰に陽に関係王公を迫害し、或は大兵を入れ若くは廃立を断行する等の事無きを保せす、事態此に至るや帝国は其利権の掩護上必要に応し兵力其他の方法を以て有効に該王公等を支持すること極めて緊要なり

日本の「利権の掩護」のために「兵力其他の方法」で「王侯等を支持」することが緊要だとし、別の意見書では次のように、鄭家屯事件談判を利用して影響力を高めるべきだと述べている(39)。

一、支那の新政府承認以前に好機を捕へて少くも満蒙に於ける我地歩を出来得る丈上進せしめ置き度き事

二、右地歩は少くも独立宣言后に於ける外蒙古に対する露国の声明以上たらしめたき事

但し東部内蒙古に於ける満漢民族の移民防遏は、外蒙古と異り事実困難なるへきを以て、之を禁遏する〔せざる……別の原稿で訂正されている、櫻井註〕代りに、我も支那人と同等の移住権土地所有権等を獲得するを以て寧ろ機宜に適するものと思考す

三、鄭家屯一件の談判は十分正当に強行し、死者其外損害に対する十分の謝罪賠償等の手続を為さしめ置くに手落無きを要す、是れ政府の責任にして万一之を等閑姑息に没了せんか、他日必す政府の責任問題たるの虞あり、否な寧ろ進て逆に之を利用せは、我対支那交渉上に却て多大の利便あるへきを信す

このような策謀は、大陸への影響力を増大させていく際に、それまで日本がとってきた国際協調を基軸として漸進的に進めていくものとはかなり異なるものであった。

五、革命の日本政治に及ぼした影響

三月一〇日、袁世凱は臨時大総統職を継承し、いったん革命は落ち着きを見せる。伊集院公使は三月八日の日記に、「明後十日を以て袁世凱臨時大総統宣誓式を挙行する筈にて、外務部より公文を以て各国公使にも通知する筈なるか、〔中略〕素より臨席すべき筋にあらざれは、余は之を聞流し置けり」と記した(40)。ここには袁との関係をうまく扱えなかった伊集院の強がりと、そのため袁を元首とする中華民国を正式承認すべきではないという伊集院の思いを感じることができる。

また宇都宮太郎は一〇日の日記に、「袁世凱、所謂中華民国第一世大統領就任式を北京に行ふ。有ゆる詐術を用ひ、陰謀毒計人の寡婦孤児を欺て天下を盗みし彼れも、悪運強き間は殆んど天に勝つの有様あり。〔中略〕併し支那問題は之を以て結了したるにあらず、是れより益々為すべきを為すべきなり。但し第一期に於ては、要するに我帝国は全然の失敗なりき」と記した(41)。これは革命への対応に失敗したという思いと、日本は今後も中国情勢の展開に応じた準備をしておかねばならないという見通しを述べたものである。辛亥革命後の中国情勢は、最も現場に近い位置にいた二人の人物にとってそうであったように、日本に苦い経験を与え、その後に日本が独自の政策を追求していく動機となったのである。

新たに建国された中国政府は、内部対立が激しく政治的に不安定であり、南北対立、第二革命へと進んでいく。このような状況は、列強の中国への関与を高めることになった。日本でも広い意味での辛亥革命の影響が、この後も続くことになる。対外政策上の対立が政治の焦点となり、現実に内閣交代の原因となり政界再編の一因となった。大正初期の日本で、比較的短期間で内閣が交代したのには、少なからず中国政策の不一致が原因していた。

一九一二年一二月から、日本では大正政変と呼ばれる政治的大混乱が起こった。第二次西園寺内閣が、陸軍の二個師団増設要求を拒否したことにより崩壊した。この背景に、予算をめぐる陸海軍の鋭い対立があったことは知られている。ついで組閣された第三次桂太郎内閣は、政友会との提携を断絶し新政党を組織し、天皇の権威を利用した政治を行うなど、これまでの政治運営方式を踏襲しなかった。そして陸軍出身の桂の再登場は、藩閥打破・憲政擁護の世論を強め、わずか二ヵ月余りで内閣は辞職した。この第一次憲政擁護運動と辛亥革命との間につながりのあったことは、辛亥革命時に革命派を応援した日本人の多くが憲政擁護運動の中心となっているということから、革命思想（あるいはデモクラシー思想）の連鎖という観点から注目されたことがあった（本書第九章）。しかし桂の行動も、辛亥革命が影響していた。

第二節で、第二次西園寺内閣の外交運営に対して不満が高まってきたことに言及した際、桂もそのひとりであったことを述べた。三月に入ると桂は、内閣は最初は自分の助言を聞いて、その実行が不完全な程度であったが、最近はそれさえもできなくなったと感想を漏らすようになる(42)。中国情勢が混乱している現在こそが、日本が活動を試みる絶好の機会であり、このような好機に西園寺内閣が「事なきをのみ主義として」何事もしていないことは遺憾千万であり、だからといってどうすることもできない(43)と述べ、悔しさを表すようになる。

そして桂は、みずから日本外交の立て直しをめざして活動を始めたのである。その一は日英同盟関係の立て直しであり、桂は四月頃に、イギリスと太いパイプを持っていた加藤高明駐英大使と会見して将来の提携を約束し、その二として七月からの訪欧にあたってはロシアをまず訪問して両国親善関係の拡大と中国政策について相談し、ついでイギリスに渡り日本の中国政策、特に満蒙政策に関する了解を得ようと考えた。そしてその三として、中国との関係改善を図るために、特にそれまで関係の薄かった革命派との人間関係を取り結ぼうとして、日本で革命派を支援してきた民間政治家（その多くは非政友派であった）に接近した。たとえば新党創設にも深く関与した秋山定輔と会談して、「支那問題の解決を目的として今一度宰相の任に就く事」、「新に政党を組織して立憲的態度を以て天下を取る事」、「支那問題解決の相棒として孫逸仙君と肝胆相照す事」を秋山が説き、それに桂は同意したという(44)。秋山は一九〇〇年頃から孫文と緊密な関係を有していた人物である。国民党を脱し新党に参加したメンバーの発表した「告知書」も、西園寺内閣の辛亥革命時の外交を「国勢の萎靡不振を極めた」ものとし、それは「外交の方針」がなかったからだと批判していた(45)。

第三次桂内閣は短命であったために、実際の外交はほとんど行われなかった。しかし、どのような外交方針であったのかは、「桂内閣の新政綱」という新聞記事からわかる(46)。その中の「外交の不振に対し刷新を加ふること」という項目は、次のようなものであった。

西園寺内閣治政の一年有余間、外交は殆ど放棄せられ、諸般の関係に於て弛びを生じたるの感あるを以て、此際平和政策を根底となし、日英同盟の基礎を益す強固ならしめ、日露日仏両協約の精神を緊張せしめ、其他の諸国に対しても益す国交を親善ならしめんことを計り、仍つて以て東洋永遠の平和を期し、同盟協約の目的を拡充せしめること。

ここに記されていることは、桂が西園寺内閣に助言し、また訪欧にあたって実現しようとしていたことである。つまり日本が中心となって諸列強間の調整を図り極東問題に対処しなければならないということを述べたものであろう。つまり桂は、辛亥革命によって乱れを生じた列強との協調関係を回復するために、諸列強および南北中国（桂は「both of China」と述べたと報じられている）(47) と友好関係を保ち、諸列強との利害を調整していきながら日本の国益を実現していこうと考えていたのである。

また三井物産社員森恪の盛宣懐に宛てた書簡には、桂が述べたという中国に対する時局意見が記されている。桂は、中国が不確定な状況にあることが危険であり、日本は中国が速やかに確固たる政府を建設し日中貿易が発達することを願っている、また日本が満州を合併しようとしているのは事実無根の風説であり、既得権は維持しようとしているが、侵略の意図はない、だから日本と手をとり合うことが必要であると述べたというのである (48)。

第三次桂内閣が総辞職を表明した直後の一九一三年二月に孫文が、国賓ではないが、それと同じような扱いを受けて来日した。この扱いを決定したのは桂内閣であった。この時の来日について、もう少し以前に来日する予定だったものを、前出の秋山が、桂内閣のできるまで延期してもらったと宮崎滔天は記している (49)。これは、海軍の増田高頼中佐の報告中に、秋山が「我か当局大官〔西園寺内閣関係者……櫻井註〕は外交の事に関しては一切面会せさる意向なるに付き渡日を見合すへき旨を警告」したと記されているので確実である (50)。そしてこの孫文の訪日中に桂は、二回にわたって孫文と会談を行ったのである。そこに山県や寺内とは異なる方向に歩み出した桂の姿を見ることができる。山県らは桂のこのような行動を好ましく見てはいなかった。

おわりに

辛亥革命の勃発と中国の混乱は、それまで日本がとってきた漸進的・国際協調的な外交政策を見直させる契機となった。第二次西園寺内閣は、基本的にそれまでの路線にもとづいて対応しようとしたものの、清朝を維持させることもできず、また中国に対する影響力の拡大もできなかった。対列強関係においては、日露関係は順調だったものの日英同盟に綻びが生じた。その中で政府内から、もっと積極的・自主的な、あるいは自立的とまではいわないまでも列強を主導するような政策を行うべきだという批判や、本章では特に大きくは扱わなかったが、日中の特殊関係を重視する日中提携論やアジア・モンロー主義の主張も生み出されてくることとなる。これら自主外交への志向は、もともと欧米に従属するような日本外交を嫌っていた民間のアジア主義者たちからは歓迎されることになる。これらが大正前半期の日本政府の対中国政策を複雑化させる要因となった。

そしてそれは欧州列強のアジア外交が消極化して日本が列国の動向を気にする必要が無くなった時に噴出する。たとえばそれが第一次世界大戦期であり、第二次大隈重信内閣が参謀本部と結んで行った排袁政策（＝南方派援助政策）や、寺内正毅内閣の援段政策（＝北方政権援助政策）であった。この正反対の政策は、内閣を担った政治勢力の違いによるものであったが、いずれも辛亥革命をきっかけに生じた中国政情の不安定化と日本における自立的な外交政策が現実化された姿であったことでは共通していた。こういう意味で、辛亥革命は、その後の日本の対中国政策混迷の出発点であったのである。

註

（1）　北岡伸一『日本陸軍と大陸政策』（東京大学出版会、一九七八年）、波多野勝『近代東アジアの政治変動と日本の外交』（慶應通信、一九九五年）、小林道彦『日本の大陸政策　1895-1914』（南窓社、一九九六年）、兪辛焞『辛亥革命期の中日外交史研究』（東方書店、二〇〇二年）、李廷江『日本財界と近代中国』（御茶の水書房、二〇〇三年）、千葉功『旧外交の形成　一九〇〇〜一九一九』（勁草書房、二〇〇八年）など。千葉のものは簡潔にまとめられている。

（2）拙著『辛亥革命と日本政治の変動』（岩波書店、二〇〇九年）、同『大正政治史の出発』（山川出版社、一九九七年）。

（3）「十月二十四日閣議決定」（外務省編『日本外交文書別冊・清国事変』五〇〜五一頁、巌南堂、一九六一年、以下『清国事変』と略す）。

（4）一一月一日付山座臨時代理大使宛内田外相電報（同前、五〇四頁）。

（5）一一月二日付伊集院駐清公使宛内田外相電報（同前、五八頁）。

（6）一〇月一六日付伊集院駐清公使宛内田外相電報（同前、一三六頁）。

（7）島貫武治「日露戦争以後における国防方針、所要兵力、用兵綱領の変遷（上）」『軍事史学』（第八巻第四号一二〜一四頁、一九七三年）。また四月一八日には「南満洲応急用兵計画要領」が参謀本部で印刷に付されている（「文庫・宮崎・46」防衛研究所図書館蔵）。

（8）「原敬日記」一九一一年一〇月一三日（原奎一郎編『原敬日記』第三巻一七四頁、福村出版社、一九六五年）。

（9）「清国ニ対スル用兵ニ就テ」一〇月一三日（「明治四十四年至大正三年清国事変書類」巻一、防衛研究所図書館蔵、以下「清国事変書類」と略記する）。

（10）一〇月一四日付「次官ヨリ参謀次長へ照会案」（「明治四十四年軍事機密清国革命乱関係書類」第三二号、防衛研究所図書館蔵、以下「清国革命乱関係書類」と略記する）。

（11）宇都宮太郎「対支那私見」一〇月一五日付（上原勇作文書研究会編『上原勇作関係文書』五五〜五六頁、東京大学出版会、一九七八年）。

(12) 宇都宮太郎関係資料研究会編『日本陸軍とアジア政策　陸軍大将宇都宮太郎日記』（岩波書店、二〇〇七年）。同日記からの引用は、特に註を記さない。
(13) 久保田文次「宇都宮太郎と中国革命をめぐる人脈」（『日本陸軍とアジア政策　陸軍大将宇都宮太郎日記』第二巻六〇～六一頁）。なお孫文と実際に会ったことが確認できるのは一九一三年二月のことである（拙著『辛亥革命と日本政治の変動』一一三頁）および本書第一〇章二〇七頁以下参照。
(14) 一一月二日付内田外相宛伊集院駐清公使電報（『清国事変』一四九頁）、一〇月二八日付内田外相宛伊集院駐清公使電報（同、三七七～三七八頁）。
(15) 一一月二八日付山座駐英臨時代理大使宛内田外相電報（同前、三八三～三八五頁）。
(16) 「北清派遣師団編成ノ件」（「清国革命乱関係書類」第五〇号）。この計画が、主務局の軍務局で検討され始めたのが一一月三〇日であり、同日中に大臣官房に届けられていることは確実であるが、その時の書類は残されていない。残されているものは、貼付の付箋によれば「連帯を終りたる」後に内容に「若干の変更」が加えられたものである。
(17) 一二月一五日付伊集院駐清公使宛内田外相電報（『清国事変』四一〇～四一一頁）。
(18) 「財部彪日記」一二月一四日・一七日（坂野潤治他編『財部彪日記』上巻二九五～二九七頁、山川出版社、一九八三年）。
(19) 『原日記』一二月二六日、『財部日記』一二月二七日、一二月二六日付伊集院駐清公使宛内田外相電報（『清国事変』四六七～四六八頁）など。
(20) 「対清政略概要」一九一二年一月（大山梓編『山県有朋意見書』三三七頁、原書房、一九六六年）。
(21) 一月一七日付山県宛田中書簡（尚友倶楽部他編『山県有朋関係文書』第二巻三一二頁、山川出版社、二〇〇六年）、一月一七日付本野駐露大使宛内田外相電報（『清国事変』五二七～五二八頁）。

(22) 一月一七日付安東貞美師団長宛石本陸相達案（「清国革命乱関係書類」第四〇号）、安東貞美「各地新聞記事ニ関スル件報告」一月三一日（同、第四二号）。

(23) 『帝国議会衆議院委員会議録　明治篇68 第二八回議会　明治四十四年』（三三～三四頁、東京大学出版会、一九八九年）。

(24) 一月二日付寺内宛山県書簡（「寺内正毅関係文書」三六〇―89、国会図書館憲政資料室蔵）。

(25) 二月四日付寺内宛桂書簡（千葉功編『桂太郎発書翰集』二九二頁、東京大学出版会、二〇一一年）。

(26) 二月二一日付寺内宛田中書簡（「寺内正毅文書」三一五―9、尚友倶楽部史料調査室・伊藤隆編『寺内正毅宛田中義一書翰』二三～二五頁、芙蓉書房出版、二〇一八年）、なお坂野潤治『大正政変』九六頁（ミネルヴァ書房、一九八二年）が、この書簡の性質を扱っている。

(27) 一二月八日付上海加藤中佐宛電報（「清国事変書類」巻一）。

(28) 一二月一七日「時局ニ対スル川島司令官ノ意見」（同前、巻一）。

(29) 「事変に対する我方針」（同前、巻五六）。

(30) 一〇月一八日海軍大臣発電（同前、巻二八）。

(31) 一月二〇日軍務局長発電（同前、巻二八の二、適宜句読点を加えた）。

(32) 宇都宮太郎「多賀少佐ニ口授シタル要旨」一九一一年一一月三日（「宇都宮太郎関係文書」書類296-2の内、国立国会図書館憲政資料室蔵）。

(33) 第一次満蒙独立運動については、栗原健「第一次・第二次満蒙独立運動と小池政務局長の辞職」（同編著『対満蒙政策史の一面』原書房、一九六六年）、佐々博雄「多賀宗之と中国大陸」（『国士舘史学』第二号、一九九四年）、会田勉『川島浪速翁』（文粋閣、一九三六年）。

(34) 「支那事変に関する発電案、宇都宮少将」（「宇都宮関係文書」298）。

(35) 一九一二年四月六日付宇都宮太郎宛多賀宗之書簡（「宇都宮関係文書」302-14）。
(36) 一九一二年五月二三日付宇都宮太郎宛多賀宗之電報（「宇都宮関係文書」302-17）。
(37) 「鄭家屯西北方事件関係日誌」（「宇都宮関係文書」324-2）。
(38) 宇都宮太郎「蒙古に対する帝国政府の方針」一九一二年六月一四日（「宇都宮関係文書」292 の内）。
(39) 宇都宮太郎「御参考の為め」一九一二年八月二二日（「宇都宮関係文書」292 の内）。
(40) 「伊集院彦吉日記」三月八日（尚友倶楽部他編『伊集院彦吉関係文書1〈辛亥革命期〉』二六〇頁、芙蓉書房出版、一九九六年）。
(41) 「宇都宮太郎日記」三月一〇日（『日本陸軍とアジア政策　陸軍大将宇都宮太郎日記』第二巻九二頁）。
(42) 三月一三日付寺内宛桂書簡（『桂太郎発書翰集』二九三〜二九四頁）。
(43) 三月二八日付寺内宛桂書簡（同前、二九四頁）。
(44) 宮崎滔天「桂太郎と孫逸仙」一九二一年（宮崎龍介・小野川秀美編『宮崎滔天全集』第一巻五一一頁、平凡社、一九七一年）。
(45) 「告知書」一九一三年一月三一日（拙編『立憲同志会資料集』第四巻九〜一一頁、柏書房、一九九一年）。
(46) 「桂内閣の新政綱」『国民新聞』一九一二年一二月一九日。
(47) 一月一六日付グレイ外相宛ランボルト電報（イギリス外務省文書 F.O.371/1666 の内）。
(48) 一九一三年一月二一日付盛宣懐宛森恪書簡（久保田文次監訳『中国近代化の開拓者・盛宣懐と日本』三八八〜三八九頁、中央公論事業出版、二〇〇八年）。
(49) 秋山が働きかけて「お客を迎へる座敷の掃除が出来てゐないから暫らく待て」と言ったと、宮崎滔天は記している（『宮崎滔天全集』第五巻、五四八頁）。
(50) 一九一二年一一月八日付軍令部長宛増田中佐電報（「清国事変書類」巻一六）。一九一二年一一月七日付犬養毅宛菊池良一書簡（小川平吉文書研究会編『小川平吉関係文書』第二巻四五四頁、みすず書房、一九七三年）。

〔追記　本稿は、辛亥革命一〇〇周年にあたって藤原書店の企画による『辛亥革命と日本』に寄稿したものである。今回、本書に掲載するにあたっては、第二章のもととなった論文より満蒙挙事関係の記事を本章に移動して節構成を変更したほか、第八章と重なる部分については第八章に移し、参照した「宇都宮太郎関係文書」の所蔵変化を反映させ、註を補った。

海軍の出兵については久保田裕次「辛亥革命期の日本海軍と南進」（兒玉州平・手嶋泰伸編『日本海軍と近代社会』吉川弘文館、二〇二三年）が最近出された。〕

第八章　日本陸軍の出兵計画

はじめに

辛亥革命と日本との関係については、革命を応援した日本人や、日本が運動の準備基地となったことが比較的よく知られている。しかし、これまで革命の日本政府に及ぼしたインパクトについては十分に論じられてこなかった。筆者はこれに関してすでにいくつかの文章において、革命勃発が日本にもたらした影響について次の三つの点があるとまとめた（本書第七章）。

それは第一に、日本政府内の対中国外交政策の多様化をもたらしたこと。具体的には、革命勃発直後の清朝援助か革命派援助かの対立から、それが後になると北方政権援助か南方派援助かのような対立となって展開していくこと。その中で、積極的に対中国政策を展開していくべきだという論も登場してくること。第二に、このような政策の多様化は、さらに国際協調を重視するのか、それとも自立的外交により重点を置くのかという、列強に対する政策や態度にも影響を及ぼすことになったこと。その中で、特に自主外交やアジア・モンロー主義のような主張が登場してくること。さらに第三に、外交政策をめぐる路線対立は、日本政局の不安定化の原因となり、政治変動までも引き起こしたということである（1）。

本章は、以上のようなまとめをふまえて、特に辛亥革命期に日本で計画されたさまざまな出兵計画を、上の図式に落とし込んで説明したものである。なお出兵計画そのものについても、『辛亥革命と日本政治の変動』（第二章）で論じており、史料的にも新しいものはないが、改めて位置づけを明確にしたことにより、拙著よりも俯瞰して論じることになった。

なお本章では、引用する史料中のカタカナはひらがなに直し、適宜句読点を付した。

一、革命時の出兵計画

日露戦後の日本外交は、基本的には日露講和条約によって獲得した権益と国際的地位を確定していくことを課題としており、それは韓国併合（一九一〇年）や条約改正の実現（一九一一年）によって達成された。列強諸国に対しては、英露両国との協調を根幹にしながら中国への影響力を漸進的に拡大する方針をとっており、この政策をめぐる政治的対立はほとんどなく、それが藩閥官僚勢力を代表する桂太郎と、勢力を拡大しつつあった政友会総裁である西園寺公望が交互に政権を担当しあった桂園時代と呼ばれる政治的安定期を支えていた。

革命が勃発した時に、当時の第二次西園寺公望内閣（一九一一年八月～翌年一二月）の採った方針は、清王朝維持と日本の力を中国大陸に扶植し列国に日本の優勢な地位を承認させることを、英露両国との協調の中で実現することであった（一〇月二四日閣議決定）。これはそれまでの外交政策を継続したものであった。そしてこれは、元老の中心であった山県有朋や、寺内正毅を中心とする陸軍省の意向に沿うものでもあり、たとえば清国政府からの要請に応じて武器援助が行われた。

しかし隣国の混乱が拡大すれば、日本は新たな政策を迫られる。これまでのような漸進的・国際協調的な政策ではなく、積極的・自主的な、あるいは自主的とまではいわないまでも列強を主導するような政策を行うべきだという主張が出てくることになる。

日本が辛亥革命に際して、日本権益の拡大を狙い積極的に動こうとしていたということが主張される際に、その例証としてよく挙げられることに、一九一二（明治四五）年一月に政府首脳に送られた山県有朋の出兵意見書がある（2）。これは、革命が日本権益の存在する南満洲に波及することを防ぐために、同地方の治安維持を目的として山海関以東へ一個ないしは二個師団を送る必要があるというもので、清王朝維持をも図るものであった。しかしこの出兵は、実現されることはなかった。それは、出兵準備がなされていることが一月二四日に新聞に報道され、イギリスやアメリカ政府からの問い合わせを受けて西園寺内閣が否認したことや、議会でも国民党などの質問に対して陸相が否定したことなどによる。すでに前年の一二月末には、西園寺内閣は新たな対清政策を決定し、革命勃発直後の清朝擁護の方針を改めて中立傍観へと変化しており、また内閣は列国協調（特にイギリスとの協調）を重視していたことによる。このような政府の態度は、陸軍の内閣への不満を高めていく一因となった。

ところで、この山県の出兵意見書は、有名な割には十分に位置づけがなされていないように思われる。それというのも、辛亥革命期には、これ以外にも多くの出兵計画が立てられていたからである。その複数の計画相互の関係を見直すことにより、日本の革命に対する対応が、より明確になると思われる。

具体的な計画を伴わないものを含めて、一九一一年一〇月の革命勃発から翌年三月の袁世凱の臨時大総統の就任式に至る間に、日本陸軍で立てられた出兵計画（構想）は、次の六つにまとめることができよう。

①革命勃発直後の混乱に乗じての出兵計画（一一月初旬まで）
②居留民保護と北京・海浜間交通確保のための北京・天津各国駐屯軍への増兵措置（一一月初旬から翌年一月、各国により時期は異なる）
③列国共同干渉による講和強要に際しての出兵計画（一二月前半）
④満洲王朝維持のための関外出兵計画（一月下旬から二月）
⑤北京兵変への対応のための北京・天津各国駐屯軍への増兵措置（三月初め）
⑥居留民保護のための漢口への派兵（一月初め）

このうち実際に出兵がなされたのは②⑤⑥の出兵・増兵措置であり、山県の出兵意見書は④に関するものである。出兵構想は、多様なものであったということがまず確認できよう。

二、多様な出兵計画

①革命勃発直後の混乱に乗じての出兵計画

清国に何らかの政治的混乱が起こる可能性は、早くから予測されていたことであり、たとえば参謀本部第二部（海外情報担当）の松井石根は中国から帰国した一九一一年五月には、その帰朝報告書『清国ノ現勢』で、近い将来における中国の動乱と、その際に処する日本の政策について、満洲利権を維持するとともに、諸列強に比較して劣っている華中・華南方面への影響力の増大につとめなければならないと述べ、そのためには革命派を利用することを挙げていた(3)。また参謀本部第一部（軍事政策担当）では、革命勃発五ヵ月前に「対清作戦計画」を策定していた(4)。そこでは清国の混乱を予想し、対清開戦に至った場合の派兵計画を「南満洲の占領を確実にすると共に北京を攻略し、且別に浙江、福建の領有を企図す」とのように示していた。革命が実際に勃発すると、その直後に記された「清国ノ現況ニ対シ我陸軍ノ採ルヘキ方針」(5)では、長江方面に必要があれば「先つ微弱の一隊を派遣し終に混成旅団に及ふ」ことや、北清方面への混成一支隊派遣、満洲へのポーツマス条約の許す範囲における兵力増加、間島への派兵、あるいは厦門島の占領などが示されていた。

これらは革命の推移と混乱の拡大に乗じて出兵に至る可能性を示したもので、革命という事態をチャンスとして利用しようとすることを総括的に述べたものである。このような漠然とした出兵論は、当時の北京駐在公使であった伊集院彦吉にも見えるところである。

伊集院は、革命が拡大していく様を見て、一〇月末になると、「重大なる場合に至らは直ちに当方面へ相当優勢なる軍隊を急派相叶ふ様準備し置かるゝ事」(6)や「場合に依りては優勢なる軍隊を直ちに当方面に出動せしめ、以て時局の機先を制せらる」ことの必要性を訴えている(7)。この訴えは採用されることはなかったのだが、その時の自分の心境を日記に、本省は「受動的にして、余は機会を利用し必要に応し本邦より大勢を作出し、本邦の利益に之を解決せんとするものなり」(8)と記している。早急に兵力を投入することが、日本にとってチャンスなのだと考えていたことがわかる。

伊集院が当初の出兵提案をしたのは、日本が機先を制する行動を行うことにより大勢を作り出せるという環境が存在していたと考えたからである。したがって伊集院は、環境が変化した一一月中旬以降は、このような意見を撤回し、陸軍の出兵に対しては消極的となる。その理由は、出兵が列強の日本に対する疑惑を高めるという観点からのものであった。すなわち列国の態度が、積極的対応を避けるような態度に、しだいに固まってくると、列国協調の観点から日本の単独行動を否定するようになるということである。しかしそれでも、外務省内に中国情勢に積極的に関与していこうとする志向が、一時的ではあったにせよ、革命をきっかけに出現したことは重要である。

②北京最終議定書にもとづく北京・天津各国駐屯軍への増兵措置

伊集院の、機先を制するための、あるいは機会を利用しての出兵提案は、もう一つの出兵の動きと平行していた。一一月初旬に天津・北京地方(以下、京津地方)の安全が脅かされるような事態が生じたことにより、列強各国が居留民保護と北京・海浜間の自由交通の確保について協議を開始したことによる。

北清事変後の一九〇一年に結ばれた北京最終議定書により、列強各国は、北京・天津の公使館区域および租界保護と、北京・海浜間の交通を確保(鉄道保護)するために、一定の兵力を京津地方に置く権利を獲得していた。後者については第九条「各国か首都海浜間の自由交通を維持せむか為に、相互の協議を以て決定すへき各地点を占領するの権利を認めたり」という条文による(9)。海浜というのが、冬は白河口が凍結してしまうため塘沽や大沽ではなく、海流の関係で凍結しない秦皇島に近い山海関までであり、各国（イギリス・フランス・ドイツ・日本・イタリア）は沿線を分担して警備にあたるほか、山海関に兵営を設けていた。列強各国は、この駐屯軍に関する問題について、北京公使団会議や天津軍司令官会議で相談を行った。すなわち華北についての軍事行動に関する国際協調体制が存在していたのである。

この沿線警備の部分については、清国情勢が安定化したことにより、各国は自発的に権利を保留したまま、しだいに兵を撤退させることになり、辛亥革命直前には兵力は北京・天津に集約され、このほか塘沽や山海関のような交通の重要な地点に、ごく少数の兵力が残されるような状況になっていた。

その復活が、京津地方の危険という事態で検討されるに至ったのである。まずこれは権利を有する列強国のうち、イギリス・フランス・日本で相談が開始され、一一月九日にいったん沿線の分担地域が定められた（まだ出兵はなされていない）。これは当面の協定であり、冬期に備えて他の列強諸国との話し合いが続けられ、今度はドイツ・アメリカ・ロシアも参加を表明し、翌年一月四日に新たに鉄道沿線保護協定が結ばれた。これは北京最終議定書の枠組が再確認されたということを意味するとともに、アメリカもこの枠組に加わったことを意味する(10)。それまでアメリカは、北京公使館区域に警備兵をおいているだけであった（なおロシアは以前からフランス担当区域に少数の兵を送っていた）。

これにともない減兵されていた京津地方での各国駐屯軍の兵力数は増加されることになる。これは一一月二三日の北京公使団会議で、義和団事件後を標準として列国がそれぞれ増兵を行うことの了解がなされたことによる。一一月九日に三ヵ国で鉄道保護の分担が定まった時から、日本ではすでに派兵準備が進められており、この了解を受けて一一月二五日に派遣が裁可された。「北清派遣隊」と名づけられた約七〇〇人（歩兵一個大隊および機関銃隊）が内地で編成され、一一月三〇日に宇品を出発し、一二月五日に天津・北京に到着した(11)。鉄道沿線に配備されたのは、六ヵ国間で鉄道沿線保護協定が結ばれた一月になってからのことである。

列強各国も、フランスを除いて同時期に京津地方に増兵した。イギリスの増兵は、革命が勃発した時に、ちょうど交代兵が到着していたため、帰還兵の出発を留める形であった(一九〇〇人が二八〇〇人になった)。アメリカは二二〇人程度だったものが、一月には約九〇〇人に、ドイツは約一五〇人だったものが約三五〇人に、ロシアも約二二〇人が約六〇〇人に増加している。

このような協調出兵（清国駐屯軍への増兵）は、翌年三月にも行われることになった（右にあげた六つのもののうち⑤）。三月初旬、北京市内で暴動が発生した（北京兵変）。これは臨時大総統となる袁世凱が、南京に行くことを避けるために起こしたものだとされている。この暴動に際しても北京の公使団は三月二日に、市中に警備兵を出して示威的運動をすることと、各国の北京守備隊を合計でおよそ一〇〇〇人増加することなどを決定した。この決定を受けて日本は、五日に関東州より天津へ一二〇〇人を派遣したのである(内、北京には一〇〇人増加)。各国も、たとえば三月末には駐屯軍兵力が、アメリカ約一八〇〇人、ドイツ約四五〇人、ロシア約一一〇〇人となり、フランスも約一〇〇人を増加させている。

③居留民保護のための漢口への派兵

列強と協調(共同)で行った出兵のもう一つのものが、⑥の漢口への中清派遣隊である。これはイギリス、ドイツ、ロシアと共同歩調を取って行われたもので、日本の場合、一月に一個大隊（約七〇〇人）の陸軍部隊が派遣され、この部隊は長く駐屯することになった。

条約上の規定にもとづくものではなく、漢口租界の周囲が革命派と清国軍の激戦の舞台となり、居留民の安全が脅かされたことにより、イギリス・ロシアとの相談の上でなされたものであった。これはもともとは革命の勃発直後、日本は列強諸国とともに、揚子江警備にあたっていた海軍の艦艇から陸戦隊を上陸させて租界防衛を行っていた。時期によって人数は異なるが、最大で約二〇〇〇人程度であった。それを、イギリスやロシア、ドイツの陸兵派遣の決定を受けて、日本でも陸軍部隊に置き換えたものである。一二月一一日に閣議決定、二二日に裁可され、一月一日に七二六人の派遣隊が到着し、三日に交替は完結した。

三、列国共同干渉による講和強要に際しての出兵計画

これまでほとんど注目されてこなかったのが、一二月前半に計画されていた京津地方への大規模な出兵計画である。この計画が立てられた経緯は、あまり明確ではないのだが、「宇都宮太郎日記」に次のような記述があることにより、想像がつくようになった。

第二次西園寺内閣が革命勃発直後に立てた対中政策は、革命勢力の拡大により難しくなる。この時にあたって、内閣は一一月二八日に新たな政策を決定した(12)。それは列国が共同して清朝に立憲君主制の実施を約束させることで南北を調停し事態を収めるというものであった。これまでの政府の態度よりも、やや積極的に対応しようとするものであった。これは外交的な圧力を意味するものであるから、兵力による解決の可能性を含む列国共同干渉の提案であった。西園寺内閣が、どの程度まで兵力の使用を考えていたかは明確ではない。むしろ、その後に海軍の有力者であった山本権兵衛の申し入れにしたがって清国に申し入れる文書が穏健なものに改められたという交渉の経過を見ると、そこまでは予想していなかったように感じられるが、陸軍では、本格的な出兵を考慮していた。これに関する「宇都宮日記」の記述は、次のようなものである(13)。

次長〔福島安正……櫻井註〕より、昨日〔一四日〕の閣議にて、英国よりも我れと共同するの返電ありたる為め、立憲君主政体に清国を統一するの考を以て好意的干渉を開始するに決定、已を得ざれば兵力

おも使用するの覚悟なる旨陸軍大臣の命を受け田中〔義一〕来伝へ、且つ目下深く革命党に喰込ある参謀本部筋の各員は此方針に従ひ利用せんとの意なる旨内示あり。〔中略〕兵力干渉の程度及其実施は尤も注目すべき観物にて、余は今日と雖帝国の為めには不得策と信ず。唯だ単に外交の支援とする位のことならば勿論別物なり。

この時の計画が、「北清派遣師団」という名前が付けられているものと推定される。軍務局で検討されたのが一一月三〇日で、同日中に大臣官房に届けられていることは確実であるが、その時の書類は残っておらず、その後に内容に「若干の変更」が加えられ翌年一月二一日に印刷に付されたものが残されている。それによれば、「北清に於ける帝国公使館領事館及居留民並帝国の利権を保護」するために歩兵一個旅団（二個聯隊）を中心として派遣するものであった[14]（註23も参照のこと）。しかも騎兵・野砲兵・工兵・野戦重砲兵・通信班・無線電信班・患者収容班・輸卒隊を加えて約六〇〇〇人という規模の、ほぼ師団の体裁を備えた本格的な出兵計画であった。北清派遣というのは関内への派遣を意味し、それは当然のこと北京最終議定書に関連することになる。列国が共同して講和に介入するというそもそもの発端からは、清国駐屯軍との協同動作を予定していたと推測される。

この出兵計画は、その前提である共同干渉が、イギリスの反対により実現しなかったことで日の目をみることはなかった。イギリスは、この頃には共和制を容認し、南北の仲介に動いていたからである。当初計画が不鮮明であるところから断言することはできないが、この関内への派兵計画が実行されていたら、ということは外交的に列国協同干渉がなされていたら、北京をめぐる国際政治環境は大きく変化していたに違いない（このことを予想してイギリスが反対していたかは不明である）。

この計画は、寺内正毅や田中義一ら清朝政府援助論の側に立っていた陸軍省が主導していたものであった。その証拠に、一二月四日に宇都宮太郎（参謀本部第二部長）・田中義一（陸軍省軍務局長）・由比光衛（参謀本部第一部長）が相談した席上で、田中が、清国を立憲君主政体として統一するために必要ならば兵力を用いて「南方を強圧」すると提案したのに対して、宇都宮は、立憲君主制はかまわないが、それを「遂行する為め兵力を用ゆるに至ては絶対に反対」[15]だと述べ、物別れになったということからわかる。中国の分裂を構想していた宇都宮にとっては、この出兵は革命派を圧迫することになるから反対なのであった。

宇都宮は一二月三日に「居中調停に付」という出兵に反対する意見書[16]を記しているが、そこにも「これは四四年十一月下旬頃より、君主政体に支那を統一せしめさる可からすとの議論我が政治の一部を圧倒し、之れか為め一部の人々は此目的遂行の為めには我兵力おも使用せんとの説盛になりし頃の意見にして、勿論今日に於ても同一意見なり（四十五年一月廿四日）」と後になって注記している。宇都宮の考えでは、中国が共和制となるのは時の流れによるもので「圧服」しても、かえって「我皇室の為め不得策」[17]であるし、「少くも英国の如きは之に参加すること無かるへく」、アメリカは革命党を幇助するだろうから、日本は恨みを買うだけだから反対としている[18]。

このように出兵計画一つを取っても、陸軍内部には多様な意見が生まれていたのである。なおこの出兵計画は、日英間の協調が機能しなかったため実行されなかったことはすでに触れた。そして政府は年末には、清王朝維持政策を放棄し、成り行きを傍観する方針に変わっていくことになる。

四、満洲王朝維持のための関外派兵計画をめぐる対立

同様の対立は、山県有朋が首唱した一九一二年一月の出兵計画にも存在していた。山県の出兵意見書は、「今日の情勢を洞観するに、満漢協商は破裂の外他に救済之道なき窮勢に陥りたるものと論断するも大差なかるへし、果して然らは之に処するに我政府は満洲租借地及ひ鉄道保護の関係上、一般秩序の紊乱を予防し并に人民の生命財産予防を安固ならしむる為め、満洲に出兵を要する適当の時機と判断せさる可らす

（一師団又は二師）」[19]と述べられているように、革命が日本の影響力の強い中国東北部に及ばないよう、少なくとも清王朝を維持させる必要があるとして主張されたものである。そしてこの派兵はロシアへの事前交渉がなされるまで、つまり実行寸前まで進んだ日本独自の行動であった。

イギリスに対しては、一一月に北京・天津各国駐屯軍への増兵措置交渉の際に、山海関以東の鉄道沿線保護についても出兵の可能性のあることとの了解を得ているとして、事前交渉されなかった。これが山県意見書に記されている「英国は大体に於て既に同意しあれは〔中略〕別段異議なかるへし」[20]という語句の指す意味である。しかし、規模の差や状況の変化などから、この時にイギリスが了解する保証はなかった。

この出兵計画は、「満洲派遣師団」と名づけられたもので、山県の意を受けて田中義一が中心となって推進したもので、田中は山県に次のように報告している[21]。

> 満洲の秩序紛乱の掛念も有之、且つ或は関外鉄道の占有を必要とする場合の突発するなきを保せざる情況に付、日本は秩序維持の責任上一時満洲に増兵することあるやも難計、〔中略〕増派兵力は〔中略〕一個師団の積りに御座候

その編成計画書と見られるものによれば、目的として「清国に於ける時局に鑑み満洲駐箚部隊を増加する」（傍点櫻井）とされ、一個師団（＝二個旅団）で約六〇〇〇人規模のものが予定されていた[22]。

この時にも参謀本部と陸軍省では、派遣の規模と目的において、考え方の違いがあった。それは右の田中の山県宛書簡の続く部分に「参謀本部は一旅団と申し候へ共、之れには決して同意せざる覚悟にて、直ちに該師団の参謀を呼び出し準備を命ずる手筈を致し置き候」との記述があるからである。この一旅団という箇所に注目して、同時期の出兵関係書類を見たところ、目的としては同じく「清国に於ける時局に鑑み満洲駐箚部隊を増加する」として立案された「満洲派遣諸隊」という一個旅団三〇〇〇人規模の派兵計画があることに気づいた[23]。これが田中の言う参謀本部立案のものであったと考えることができよう。

その傍証となる史料が、宇都宮の「尚ほ及ばざるにあらず」（一月二二日付）という意見書である(24)。この意見書は、前節で述べた共同干渉が頓挫し、「清朝の支持さへも全く放棄せられ、〔中略〕袁の陰謀は益々其歩を進めて清朝の存亡旦夕に迫りし時の意見」と付記されているもので、その一節で、南北分立のためには、満洲朝廷を北方に残すために「必要の我兵力を以て之を擁護すること」とし、その兵力について「先つ混成旅団乃至一師団にて十分なるへきこと」を述べている。その上で派遣目的について「純然たる満洲朝廷の擁護に任し、革命軍に対し攻勢的動作を取らしめさることを主義と」（傍点櫻井）すると述べている。「純然たる満洲朝廷の擁護」と敢えて述べているところからは、別の満洲朝廷保護以上の目的をもった出兵計画の存在を臭わせる。それが田中の案だと推測できよう。田中は一個旅団案には反対で、その二倍規模の一個師団派遣を主張していることから、目的という点についても、清王朝を維持させる以上の目的を有しており、それが宇都宮には革命派を圧迫するための目的をもったものと感じられた。山県意見書での「関外鉄道の占有」や南満洲地域の「秩序維持」「帝国政府の威圧力に依り内外人を安堵ならしむる」にあたるものであろう。

しかしどちらの案もともに、列強諸国の異議を恐れた西園寺内閣によって否定され実現しなかった。一つだけ史料を挙げておけば、石本新六陸軍大臣は山県に「目下之情況に在ては外国之関係并に支那人と之折合に鑑み出兵之義は暫時見合相成度と之義に在之、且つ議会之関係も有之〔中略〕何とか公然之増兵を避け内容之実力を増加仕候様〔中略〕第五師より交代兵派遣之事に取計申候」(25)と報じている。外国との関係、中国人との折り合い、議会の関係で出兵できなかったのである。なお最後のところにある交代兵の派遣というのは、三月に早めて行われた関東都督府陸軍部への交代兵派遣を指す。これは関東州から京津地方に一二〇〇人が増派されることによって、兵数が不足したために、第五師団から関東州への交代兵派遣を早めて行ったものである。

おわりに

以上に見たように、辛亥革命時に日本陸軍ではいくつもの出兵計画が立てられていた。このようなさまざまな出兵計画は、いつ（どのような情況下で）、どこに、どれくらいの規模で、何を目的に行うかを区別して考える必要がある。どのような出兵を行うのかは、それぞれの対中国政策を基礎に考えられる。すなわち複数の出兵計画には、対中政策の多様化が反映していた。

革命直後の段階と、革命が広がりを見せ南北両軍が均衡した段階、清王朝が滅亡の危機に瀕した段階では、出兵のもつ意味は異なってくる。南満洲へ出兵するのと華北へ出兵するのとでは、その国際関係に及ぼす影響も違う。歩兵で言うと、一個大隊の場合と、一個聯隊、一個旅団、一個師団の場合で、できること、与える影響は異なってくる。もちろん目的は、表向きはすべて居留民保護だろうけれども、終着点が異なってくる可能性がある。もちろんそれらのすべてに対して反対論もある。

この中で日本が行えた内地からの陸軍出兵は、一二月の京津地方への一個大隊と、一月の漢口への一個大隊の派遣にとどまった。これらはともに列強諸国と行動をともにした小規模の増兵・出兵であり、三月の北京兵変に際しての関東州からの一二〇〇人の移動も、同じであった。京津地方における大規模な出兵も、南満洲に向けての日本単独の出兵も行うことはできなかった。

京津地域の列強軍隊の行動は、北清事変の時の事例を参照し、北京最終議定書を根拠として、英仏米独露日が新たに協定を結んで、それぞれ駐屯軍兵力を増兵するという協調行動で行われたものであった。これは同時に、ある国の抜け駆け的行為を難しくしたことを意味した。北清への派兵が、北京最終議定書に拘束されていることが明確になったのである。

このような限界が明らかになった時、日本では列国協調に拘束されることへの不満を芽生えさせ、列強から自立した外交政策が求められていくことになったと考えることはできないだろうか。ここにおいて、日本の外交政策をめぐる議論は、国際協調を重視するか、より自立的な外交政策を求めるかの対立となった。その主張の程度は、協調外交の枠組からまったく離れようとするものから、協調の枠組内でも日本が欧米諸国をリードしなければならないというものまで、かなり幅の広いものであったが、いずれも内閣の無策を批判するものであった。そしてそれは列国協調を重視した西園寺内閣への陸軍関係者の不満を高めていくことになった。

また自主外交への志向は、もともと欧米に従属するような日本外交を嫌っていた民間のアジア主義者や大陸浪人たちからは歓迎されることになる。政界でも野党の立場にある立憲国民党は革命派寄りであり、彼らは革命勃発直後から革命派に同情を持ち、支援団体を組織し、清王朝側への武器援助などに反対し、少なからざる会員が中国に渡り革命軍に参加した。彼らは日露戦後の政治体制のなかで疎外されていた人たちであり、政府を担える人々の意見の対立は、彼らにとっては政権参加のチャンスとなるものであった。少し後に成立した第二次大隈重信内閣は、まさにその実現であった。

以上のように辛亥革命勃発は、日本政治にも大きな影響を与えていくことになったのである。

註

(1) 拙著『辛亥革命と日本政治の変動』(岩波書店、二〇〇九年)、拙稿「辛亥革命と日本政府の対応」(王柯編『辛亥革命と日本』藤原書店、二〇一一年、本書第七章)などを参照されたい。

(2) 山県公爵「対清政略概要」(大山梓編『山県有朋意見書』三三七〜三三八頁、原書房、一九六六年)。

(3) 松井石根『清国の現勢』(一九一一年、自衛隊板妻駐屯地資料館蔵)。
(4) 「対清作戦計画」(島貫武治「日露戦争以後における国防方針、所要兵力、用兵綱領の変遷(上)」『軍事史学』第八巻第四号一二～一四頁、一九七三年)。
(5) 参謀本部「清国ノ現況ニ対シ我陸軍ノ採ルヘキ方針」一九一一年一〇月頃と推定(「監軍設置・対清陸軍方針等綴」文庫・宮崎44、防衛研究所図書室蔵)。
(6) 一〇月二七日付内田康哉宛伊集院彦吉電報(外務省編『日本外交文書別冊・清国事変』五一～五二頁、巌南堂書店、一九六一年、以下『清国事変』と略す)。
(7) 一〇月二八日付内田康哉宛伊集院彦吉電報(『清国事変』五二頁)。
(8) 「伊集院彦吉日記」一一月三日(尚友倶楽部・広瀬順晧・拙編『伊集院彦吉関係文書1〈辛亥革命期〉』芙蓉書房出版、一九九六年、以下『伊集院日記』と略し月日を記す)。
(9) 「一九〇一年九月七日調印最終議定書」(『日本外交文書』三三巻別冊三「北清事変」下巻一五三頁、一九五七年)。
(10) アメリカと北京最終議定書との関係については拙稿「支那駐屯軍をめぐる国際関係」(『白山史学』第四六号、二〇一〇年)参照のこと。これをふまえて拙著『華北駐屯日本軍』(岩波書店、二〇一五年)は書かれている。
(11) 「明治四十四年軍事機密清国革命乱関係書類」第一号(防衛研究所図書館蔵、以下「清国革命乱関係書類」と略し件番号を示す、アジア歴史資料センターRef. C08010373800)、『伊集院日記』一二月六日。
(12) 一一月二八日付山座円二郎駐英臨時代理大使宛内田外相電報(『清国事変』三八三～三八五頁)。
(13) 「宇都宮太郎日記」一二月一五日(宇都宮関係資料研究会編『日本陸軍とアジア政策　陸軍大将宇都宮太郎日記』第一巻、岩波書店、二〇〇七年、以下「宇都宮日記」と略し月日を記す)。
(14) 「北清派遣師団編成要領」一一月三〇日(「清国革命乱関係書類」第五〇号、Ref.C08010378800)。
(15) 「宇都宮日記」一二月四日。

(16) 宇都宮太郎「居中調停に付」一二月三日（「宇都宮太郎関係文書」書類295の内、国立国会図書館憲政資料室蔵）。

(17) 「宇都宮日記」一二月一四日。

(18) 前掲「居中調停に付」。

(19) 前掲『山県有朋意見書』三三七頁。

(20) 同前。

(21) 一月一七日付山県宛田中書簡（尚友倶楽部他編『山県有朋関係文書』第二巻三一二頁、山川出版社、二〇〇六年、以下『山県文書』と略す）。

(22) 「満洲派遣師団編成ノ件」（「清国革命乱関係書類」第五二号、Ref. C08010379000）。

(23) 「満洲派遣諸隊編成ノ件」（「清国革命乱関係書類」第五一号、Ref. C08010378900）。この計画が最初に立てられたのは、前年の一二月最初（編成要領の日付は一二月二日）で、当初は「南満洲派遣諸隊」であった。第五〇号・第五一号・第五二号の作成順は、第五〇号「北清派遣師団」（第三師団が中心）と第五一号「南満洲派遣諸隊」（第一二師団が中心）が一一月末から一二月上旬、第五二号「満洲派遣師団」（第一二師団が中心）が一月下旬である。ここから第五一号と第五二号は、二者択一の関係にあることがわかる。しかし第五〇号と第五一号が同時期に平行して立案され始めたと見られることは、前年一一月から一二月の出兵計画が、単なる北清方面に向かってだけのものではなかった可能性、すなわち一一月末の列国干渉提議の段階で、北清への出兵計画（師団規模）と、南満洲への出兵計画（旅団規模）が併存していた可能性を示している。あるいはここでも、陸軍省は北清方面への、参謀本部は南満洲方面への出兵を想定していたような対立があったのかもしれないが、史料的にこれ以上はわからないので保留しておく。

(24) 宇都宮太郎「尚ほ及ばざるにあらず」一月二二日（「宇都宮太郎関係文書」書類295の内）。

(25) 二月九日付山県宛石本新六書簡（『山県文書』第一巻八九頁）。

〔追記　本稿は、二〇一一年一二月四日に行った辛亥革命百周年記念日本会議主催の国際シンポジウムでの報告をまとめたものである。
今回、本書に掲載するにあたっては、タイトルを変更し、註を少し補ったほかは、第七章のもととなった論文から出兵に関する記事を少し移した。〕

第九章　清王朝の崩壊と護憲運動・大正政変

はじめに

一九一二（明治四五）年に長く続いた清王朝が倒れて共和制の新国家（中華民国）が誕生したことは、天皇をトップに戴く日本にとって、それを揺るがせかねない影響を与えるものとして懸念をもってとらえられた。そのような危機感を最も端的に表明したのが、後に言及する徳富蘇峰であった。明治末年の日本においては、少し前には大逆事件があり、また皇統の正統性をめぐる議論（南北朝正閏論争）が起こったりして、ちょっとした「国体の危機」という意識が山県有朋を初めとする日本の指導者層にあったからである。

本章では、辛亥革命が日本の政府や政治に与えた影響について、とりわけ中国の政治形態が共和制になる、なったということをめぐる日本の議論と、それが現実の日本政治に与えた影響の一端を紹介することを目的としている。

なお本章では、引用する史料中のカタカナはひらがなに直し、適宜句読点を付した。

一、辛亥革命と第一次憲政擁護運動

辛亥革命が日本に与えた政治的影響という問題を考える際に、まず取りあげなければならないのは、野沢豊の研究である。野沢は、『辛亥革命』(1)の中で、稲垣伸太郎という中国ウォッチャーの「大正の維新は、或る意味に於て実に第二の支那革命たり」(2)という言葉を、桂太郎に近いジャーナリスト徳富蘇峰の言葉と対比させて論じた。徳富の言葉は、隣国革命の「趨勢を利導するは〔中略〕自国防衛也」(3)、あるいは「清国に於ける共和政体の新設は、我が帝国の国是たる、皇室中心主義と、果して衝突するところなきか」(4)というものである。つまり稲垣は、辛亥革命が日本の憲政擁護運動につながったということを述べているのに対して、徳富は、中国における共和制の出現を天皇を戴く日本にとっての脅威として受けとめ、清王朝の解体は食い止めねばならないと感じていたという指摘であった。

稲垣のこの論考には、次のような対比も述べられている。閥僚政治打破・憲政擁護は、中国の国民がかつて標榜した満洲王朝を倒して漢民族を興すというスローガンと似ており、日本における閥僚政治の跋扈は清王朝の末路を連想させ、さらに桂が内閣を担当することになったことは、辛亥革命の勃発にあたって清廷が、一度遠ざけた袁世凱を起用したことと、とても似ている、「桂と袁世凱とは其の政治的生涯に於て、互に相ひ酷似」している、「和製袁世凱」の桂は、もしもの場合、山県を裏切るような行動をとるかもしれない、と(5)。これは袁世凱が、清王朝を裏切って王朝の滅亡に手を貸したことを思い浮かべての発言であったように思われる。稲垣は、藩閥勢力の桂と軍閥を代表する袁を同様だととらえ、桂と戦っている憲政擁護運動を孫文ら中国の革命派を同位置に置いて理解していた。

このようなとらえ方は、中国の辛亥革命と日本の大正政変（第一次憲政擁護運動）は同じような民衆運動であり、民主的な側面から評価できるという、第二次世界大戦後の日本の学界潮流を反映させたものであったように思われる。しかし第一次憲政擁護運動は、天皇制を否定する「共和革命」の性質をもっていたわけではないし、辛亥革命が日本に与えた影響は民衆運動のレベルだけではなかったことは本章の最後で述べる。

二、松井石根の清国革命の予感と革命派に対する評価

徳富が抱いたような懸念を、もう少し若い世代のエリート層や知識人(特に政府に近い位置にいた人物)たちが、すべて抱いていたわけではない。ここでは最初に、辛亥革命勃発以前に革命の勃発を予想していた人物の中国革命観を見ておくことにする。ここで取りあげるのは、松井石根少佐の観察である。松井は、日中戦争期における南京事件の責任者として有名だが、アジア通の陸軍軍人で、当時は陸軍参謀本部員として清国に数年間派遣されて帰国したばかりであった。

その帰国報告書「清国ノ現勢」(6)では、清国の運命が三年以内に勃発する変乱によって決まるとし、それに応じる計画と準備を整える必要性を説いている。その変乱は、人々の「政治的観念の発達」によって起こるとされているが、次のように地方による政治気質の差に言及している。少し面白いので掲げておく。江南地方の人々は利に関心が強く政治論には耳を傾けない、日本の大阪のような人で、浙江地方の人々は土佐の人に似ており「自我頑固の議論家」が多く、広東地方は革命党員が多いのだが「地位名望なき無頼漢」が多い、これに対して湖南の紳董(地位も財産もある人たち)は、「学者多く気概あり大に政論を嗜み、時に一身の利害を犠牲にする」気概があることは熊本の志士に似ているので、湖南地方から本格的な政治運動が起こるだろうと言っている。熊本の人といえば、宮崎滔天が思い浮かぶ。実際の革命は湖北地方から起こっているわけで、松井の観察は遠からずあたっていたといえよう。

松井の予想で近く起こるであろう変乱に処する清王朝の状態はどうかというと、これは軍事力においては少ないということはできないが、実力的には心もとなく、それよりも問題は日に加わる政府威信と皇室尊厳の失墜であると見ている。いっぽう革命派の実力については、広東・広西・湖南の三省に最も多くの党員を有し、その他の地域や軍隊内にもいるけれども、「他の援助を藉らざる限り、独力平地に怒濤を挙げ一挙大事の激成し得るものと思料し難し」と見ていた。

いっぽう日本のとるべき政策については、現在のような穏健な政策（欧米諸国と並んで投資的利権の拡大および友好関係の増大を図る）だけではだめで、華中・華南地方に堅実な根拠地を占有し、中国の朝野はもちろん世界列国に対して、日本が優越な地位をもっていることを自覚せしめることが必要で、そのためには、清王朝には直隷・山西・河南付近を領有させ、可能なら揚子江沿岸諸省も清王朝の主権下に置いて、列強に対しては中立状態を保たせ「列国利権の混戦錯綜」するような状況が望ましいが、革命の趨勢によっては、「揚子江一帯の地は、別に革命的新共和政府の統治下に置くを適当とする」と述べている。

以上のような松井の分析からは、特に共和政体に対する恐れというようなものは感じられない。軍人としては当然なこと、華中・華南に日本の影響力を拡大していくという日本の利害から、弱いと見られる革命派の支援をも視野に入れ、共和政体が揚子江一帯に出現すること自体も否定されていないことがわかる。

三、内田良平の革命援助論

次に内田良平の観察をとりあげることにする。内田は改めて述べるまでもないが、山県有朋や寺内正毅などの藩閥政治家に近い大陸浪人のひとりで、日本における国家主義運動の代表的人物である。しかし革命が起こると、革命派援助論に立って行動したことが知られている。内田は、革命の勃発を、単に中国の興廃存亡に関する問題ではなく、日本の安危休戚に関するもの、世界諸列国勢力の消長に関する問題と言っている(7)。そして歴史的に、清王朝を日本の幕府、革命派を王政復古党になぞらえ、革命派の最後の勝利を時勢の流れに沿うものだと言う。したがって列強諸国が干渉して清王朝を維持させようとしても、それは容易なことではなく、むしろ日本は革命党が新政府を建設することを援助し、列強に新国家を承認させるよう導くべきだと述べている。

そして日本が列強を指導するためには、まず日本が新政府を交戦団体と認め、列国にもそれを認めさせ、さらに満洲政府と革命党の間に立って調停者となることだと主張したのである(8)。内田は同書において、共和政治の出現が、日本の国体に関する思想上に影響を与えるという意見について、次のように反論を加えている。他国の政体について外国は干渉してはならず、それは時勢にしたがって定まるものであり、日本とは関係ない。日本では、その「国体にして儼存し、帝国固有の国性にして確立する以上は、深く顧慮するに足らざるなり」と、天皇を中心とする国体観念がすでに確立しているので、心配するに足りない。たとえば、これまで日本は中国から仏教や儒教を受け入れたが、それに同化されたわけではなく、むしろ日本の国体にもとづいて、それらを善用善化した歴史がある、共和主義をとるアメリカによって開国され「文明的智識を応用した」けれども、共和主義に感化されたことはなかったというような例をあげている。

内田は、中国における革命を歴史の趨勢に沿ったものと考え、そのような流れを理解して一早く対応することこそが、日本の影響力を高めることになるのだと見ており、中国の政治体制そのものについては、日本とは無関係だとしていたのである。

四、日本政府の清王朝擁護論

では清王朝の維持を主張した人々は、どのような観点からそれを主張していたのだろうか。これについては無署名の記事だが「疑問と為り居れる清朝保存論」(9)という評論が参考になる。それは、清王朝保存論を三つに分類紹介している。

第一に挙げられているものは、「如何なる悪政府も無政府に優」るというもの。そこではまず、清王朝の弊害は甚だしいが、これを顚覆しても新政府を建設できるかといえば、それはなかなか覚束なく、建設できたとしても、中国四千年間の立君政治(帝政)は、立君が中国にとって最も適当なことを示すもので、そうであれば現皇室の存続が適切だと述べる。次に対外的な観点から、「清朝を顚覆するは中心を破壊すると同じく、国民の離散し国土の分割せらるゝ無きを欲するも得んや」と、分割の恐れがあるから反対であるとする。したがってこの論に立つものは、「長江以北を立君とし、其の以南を共和にすべし」という中国分割論については、「二分し或は三四分して争はんか、列強の為に分割せらるゝの端を開くべく」という観点から反対だという論を展開していると述べている。

第二が、これよりも少数の意見として挙げられているもので、「我が皇室と清朝皇室と親密にして、我が政府と清朝政府と幾年も交際し、殆ど唇歯輔車の関係」にある、つまり日本と清国の皇室間の友好関係から清王朝への支持を説くものであると分類している。

そして第三に、いっそう少数の意見として紹介されているものが、「悪思想の伝染」の危険性を危ぶむ論だとしている。それが「若し支那に共和政府の施行せらるゝが如きある、狂愚の徒、或は皇室を軽んずるの念を萠さんと」する危険性があるから、「支那の共和政治と為るは我に於て他国の事と為すべからず、寧ろ国内同様に心得、之を鎮圧するに助力し、一人も悪思想に罹ら」ないようにしなければならないという論だとしている。

この文章は、以上のような意見に一々反論を加えているのだが、共和革命が日本に悪影響を与える恐れがあるという観点からの清朝維持論が、清朝維持論の中で最も特異で少数だとしている点は興味深い。もちろんこれは徳富蘇峰を意識して書かれたものである。徳富は、前述のように、共和政体の出現をペストの流行になぞらえ、「共和政は無形の病也。而して其の国本を枯らし、其の国体を害するの禍は、固より同日の論にあらず」(10)として、日本国民に伝染しないよう「之を予防するに於て、出来る限りの手段を講ぜざる可らざる」(11)と述べていた。

では山県有朋や寺内正毅らの認識はどうだったのだろうか。山県については、すでに山県周辺の人物が社会主義運動に対していかに危機感を有していたのかを示した研究がある(12)。これは山県宛書簡を分析したもので、山県自身の見解を示したものではなく、また辛亥革命の時期までは触れられていないので、山県が共和政体をどのように考えていたかはわからない。ただ革命が日本の影響力の強い満洲に及んでくることを危惧していたことを思えば、恐れていたことは正しいであろう。

寺内正毅については、確実に恐れていたことがわかる。「清国共和論の我人心に影響する所大なる実に可懼ものたる事は、今日我新聞界并に青年輩の処論に鑑み可知次第に御座候。当局宜く此辺之趨勢に対し相当覚悟ありて可然乎と存申候」(13)と述べた書簡がある。また寺内の意思が反映されていると思われる陸軍省の文書(14)は、青年将校が革命渦中に投じていることについて、革命は「我国民の思想上に好ましからさる影響を及ほすやも」しれないので、「此際血気に逸り常軌を脱するの行動を為し、累を国家若は一身に及ほす」ようなことがないよう特に注意を伝達している。これは革命思想が日本社会に与える悪影響、具体的には社会主義思想の広がりに対する懸念を示したものと思われる。

これについては、指示以前に、すでに上海に派遣されていた本庄繁少佐(後の満洲事変時の関東軍司令官)から反論がなされていた。すなわち彼は、「我国民の心理思想に悪影響を及ほし国体に影響するか如きは之なかるへく、又続々として当方面に入込める我邦人にして支那革命党に協力せる徒輩の我か社会党等との関係あるを恐るゝものあるも、是又誤れるものと見るへく」と述べ、革命党を援助することと日本の社会主義運動との関係を否定的に見ている(15)。

中国における革命が日本の国体の維持に悪影響を与えるという考えは、寺内正毅にはあったが、そのような考え方は、陸軍軍人のすべてにあったわけではないというのが実態だったと思われる。ただ寺内が政治的には大きな影響力を持っていたため、そのような見方は無視できないものであったのである。

五、宇都宮太郎の批判

松井石根や内田良平が中国の共和政体を容認していたのは、前者は華中・華南における日本の影響力を高める上で共和制も容認できること、後者は共和制が時勢の流れなのだから日本はそれを早く認識して友好関係を結び影響力を確保すべきだという意見にもとづくものであった。この両者の考えを結びつけたのが、宇都宮太郎少将であった。宇都宮は寺内とは対立する立場にあった陸軍軍人で、当時は海外情報担当の責任者（参謀本部第二部長）をつとめていた。

宇都宮も、中国が立憲君主国として存在し続けることを否定してはいなかったが、いっぽうでは積極的に革命派を応援していた。彼は、中国が北方では清王朝の支配が続き、南方では革命派の政権が成立するような中国情勢の創出を企て、その中で日本が二つの政権と友好関係を結ぶことにより日本の影響力の増大をめざしていた。彼は日記の中で「共和を懼るゝの余り神聖同盟の再現を夢し、兵力を以て之を圧服せんと欲するの却て我皇室の為め不得策」(16)と述べている。また「居中調停に付」という意見書(17)の中でも、「君主政体を強ゆる為め兵力干渉を敢てするは神聖同盟（別に調書あり）の再現にして却て我国体に累あるへく、又た少くも英国の如きは之に参加すること無かるへく、之に反し米国の如きは直接間接に革命党を幇助するもあるへく、我は全清国民の怨府と為り決して我長計にあらさるへきを確信す」とも述べている。

ここで指摘されている神聖同盟は、ヨーロッパにおける民族主義や自由主義の流れをくい止めるために、一八一五年にロシア、プロシア、オーストリアの君主がパリに会して結ばれたものであった。しかしそのような古い秩序に固執するような策は効果がなく、一九三〇年の七月革命、一八四八年の二月革命（三月革命）と民主化の流れは加速していった歴史があった。つまり宇都宮も、共和制への流れを止めることはできない、むしろそうすることによって王権の弱体化を招きかねないと、それを恐れていたと思われるのである。

六、辛亥革命と第一次憲政擁護運動

さて辛亥革命と第一次憲政擁護運動（大正政変）の関係をどう考えるかという初めの問題に戻る。稲垣伸太郎は、「大正の維新は、ある意味において第二の支那革命たり」と述べた。しかし稲垣の辛亥革命期の論説を読むと、予期に反して稲垣が必ずしも革命派を賛美する人物ではなかったことに気づく。

一一月初めの論説(18)において稲垣は、革命軍の「根柢は意外に微弱なるもの」と述べ、清国政府が「大英断を以て清国政体の根本的改造を行ひ、吾人が宿論たる支那小分策を決行せんことを」望むと書いている。ここで言う小分策とは、ドイツ王国のような連邦国家とするという提案であった。政体変更について、革命軍が「万々一にも全勝を制し、不幸満朝を転覆する如き」場合には、一つの省あるいは二つの省で州となしアメリカのような合衆国とするような共和制もあり得るが、それよりも前者の方が良いと述べていたのである。

では一年後の稲垣は、憲政擁護運動に何を求めていたのであろうか。「憲政の廿五年と擁護運動」という論文(19)で稲垣は、桂太郎の行動を批判しつつ、次のように辛亥革命を回顧して説明している。どんな革命も旺盛な「精気と血性」を必要とする、それは青年の独占物であるから、革命には青年が重要な地位を占めることになる、辛亥革命では革命党は必ずしも有力なものではなく、また非凡の技倆才幹があったわけでもなかった、それが王朝を倒し共和制となったのは、「実に新進気鋭の青年の努力」によるものであったからであると述べている。つまり稲垣は革命運動を評価したのではなく、青年の奮起を促しているにすぎなかったのである。すぎなかったというのは、憲政擁護運動が青年党などの活動の契機となり、大正デモクラシー運動の基盤となったことを否定して述べているのではない。憲政擁護運動に革命的な要素をあてはめることの不当性について述べただけである。

むしろ憲政擁護運動に革命の兆しを感じとったのは、寺内や山県など、辛亥革命時に中国に共和制が出現したことに危機感をもった人々の方であった。山県は宮内大臣の渡辺千秋に宛てた書簡の中で、議会情勢に懸念を表明した後、追伸の形で「猶社会党之近情接手候付河村を差遣し置候」(20)と述べていた。社会党との関係を慮っていたのであろう。

朝鮮で日本の政変を観察していた寺内正毅も、軍隊および朝鮮に与える影響を慮り、各地における民衆騒擾の発生により無政府状態となったことは憂慮に堪えない、軍隊に「毒」の入らないように注意する必要がある、このまま混乱が続くと満洲方面における日本の勢力は弱くなるだろうし、「朝鮮人間之野心包蔵者も共和とか独立とか言を発候者二、三を聞候様に相成、将来統治上憂慮可致義と存申候」、つまり朝鮮の独立運動や共和論を生じさせ統治上憂慮すべきことであると述べている(21)。

また二月一一日の第三次桂内閣の総辞職直後の孫文来日を、寺内は憂慮していた。それは騒擾に、「支那革命に関与せし同国人及之れに関したる邦人の一部分と社会主義者等の混交しあるは確か」だという認識の上に立って、「孫逸仙の来遊の如きは、秩序回復の為め〔註、ここは抹消されている〕之を拒止するを必要と考ふ」(22)と述べていることからわかる。寺内正毅の目には、たしかに辛亥革命が日本の民衆運動に悪影響を与えているように見えたのである。

おわりに――もう一つの辛亥革命の影響――

さて稲垣は、本章冒頭に記したように、桂太郎を中国において反革命の立場に立った袁世凱と同じように反動的な人物だととらえていた。袁世凱は、辛亥革命にあたって軍閥を代表して最初は清王朝側につき、やがて裏切って王朝の滅亡に手を貸した保守的な人間であり、うまく権力奪取に成功したというイメージで語られる人であった。憲政擁護運動の中心となり、憲政の神様と綽名された尾崎行雄も、桂太郎と袁世凱が最も嫌いだった述べており、「広き世にわが好かぬ男二人あり大和の桂、唐山の袁」という狂歌を残している(23)。尾崎にとっても、桂と袁は同じ類の保守的な軍閥を代表する人物とイメージされていた。第一次憲政擁護運動が、このようなイメージで桂を攻撃したことは確かであった。しかし最近の研究は、桂が辛亥革命を一つのきっかけとして新しい道を歩み始めたこと、これまでの政治体制を打破しようとして動き始めたことこそが政変を大きくしたことを強調する(24)。稲垣の論文でも、桂は山県を裏切るのではないかと書かれていたのである。

辛亥革命時の第二次西園寺内閣の外交運営は、清王朝維持という当初の政策を実現できなかったことや、日英協調に失敗したこともあり、強い批判を生むことになった。桂太郎も、そのような批判をもった。そして桂は、辛亥革命後の新たな外交を求めて活動を始めていた。それはそれまでの列国協調政策を、より日本がリードする形に変えていこうとするものであったと思われる。たとえば一九一二年七月から行われた欧州旅行は、ロシアやドイツ、イギリス首脳との間で外交的な合意形成を作りあげることを目的としたものだった。

また第三次桂内閣は、それまでの立憲政友会との妥協政治の道を選ばず、新たに政党を組織して政局を切り開こうとした。これが結局、首相が新党を創設するのは議会対策だとして憲政擁護運動の火に油を注ぐことになるとともに、政友会をも運動側に参加させることになり、内閣の命運を短くする致命的結果を生み出したのだが、これまでの政治からの脱脚を図っていたことは確かである。憲政擁護運動を活発化させたのは、桂が古くさい人物であったからではなく、新しい政治体制の構築を構想していたからであろう。内閣には、これまで政敵と見られていた親英派の加藤高明が外務大臣として加わっており、新党には孫文などの革命派を援助していた者も多く参加した。桂は、元老との事前調整による政治運営や政友会との提携による政治運営に代えて、強力な一大政党を組織し、新党に帝国の有力者を網羅するだけでなく、これまで以上に広範囲の国民勢力を新党に結集し、その支持を背景に内外政策にあたろうとしていたと考えられる。ちょうど日本では、明治天皇が一九一二年七月に亡くなり、病弱な大正天皇が即位したばかりであった。それまで軍閥・官僚閥を代表すると思われていた桂が政党を作らねばならないと感じるようになったところには、間接的ではあるが辛亥革命の影響を見ることができるのである。

註

(1) 野沢豊『辛亥革命』(岩波新書、一九七二年)。
(2) 稲垣伸太郎「支那革命と我が閥僚政治」(『日本及日本人』第五九八号二六頁、一九一三年一月一五日)。
(3) 徳富蘇峰「国論の嚮ふ所如何」(『国民新聞』一九一一年一一月二六日)。
(4) 徳富蘇峰「対岸の火」(『国民新聞』一九一一年一一月一二日)。
(5) 稲垣伸太郎「支那革命と我が閥僚政治」(『日本及日本人』第五九八号二六～二八頁)。
(6) 松井石根「清国ノ現勢」(一九一二年五月、自衛隊板妻駐屯地資料館蔵)。
(7) 内田良平『支那改造論』(一九一一年一一月二四日、緒言は一六日。内田良平文書研究会編『内田良平関係文書』第三巻、芙蓉書房出版、一九九四年所収)。
(8) 内田良平『支那革命調停案』(一九一一年一二月八日。同前書所収)。内田良平らの辛亥革命とのかかわりについては、王柯「民権、国権、政権―辛亥革命と黒龍会」(王柯編『辛亥革命と日本』藤原書店、二〇一一年)などがある。

(9) 筆者不明「疑問と為り居れる清朝保存論」(『日本及日本人』第五七五号、一九一二年一月一五日)。

(10) 徳富蘇峰「対岸の火」(『国民新聞』一九一一年一一月一二日)。

(11) 徳富蘇峰「国論の嚮ふ所如何」(『国民新聞』一九一一年一一月二六日)。

(12) 大原慧「元老山県有朋への書翰―「大逆事件」と関連して―」(『東京経大学会誌』第三九号、一九六三年)。

(13) 一九一二年一月七日付桂太郎宛寺内正毅書簡(千葉功『桂太郎関係文書』二七六頁、東京大学出版会、二〇一〇年)。

(14) 軍事課「清国革命擾乱ニ関シ注意ノ件」一九一一年一一月二五日(「密大日記 明治四十四年」アジア歴史資料センターRef.C03023002800)。

(15) 一九一一年一一月一四日推定武藤信義宛本庄繁書簡(「宇都宮太郎関係文書」書簡1464、国立国会図書館憲政資料室蔵)。

(16) 「宇都宮太郎日記」一九一一年一二月一四日(宇都宮太郎関係資料研究会編『日本陸軍とアジア政策 陸軍大将宇都宮太郎日記』第一巻五〇九頁、岩波書店、二〇〇七年)。

(17) 宇都宮太郎「居中調停に付」一九一一年一二月三日付(「宇都宮太郎関係文書」書類295の内)。

(18) 稲垣伸太郎「清国動乱の前途」(『日本及日本人』第五六九号、一九一一年一一月一日)。

(19) 稲垣伸太郎「憲政の廿五年と擁護運動」(『日本及日本人』第六〇〇号、一九一三年二月一〇日)。

(20) 一九一三年一月二四日付渡辺千秋宛山県有朋書簡(尚友倶楽部・長井純市編『渡辺千秋関係文書』二八三頁、山川出版社、一九九四年)。

(21) 一九一三年二月一九日付山県有朋宛寺内正毅書簡(尚友倶楽部・小林和幸編『山県有朋関係文書2』四〇二頁、山川出版社、二〇〇六年)。

(22) 一九一三年二月一三日付田中義一宛寺内正毅電報草稿（「寺内正毅関係文書」四二二―1、国会図書館憲政資料室蔵）。
(23) 尾崎行雄『咢堂回顧録』下巻（一四七～一四八頁、雄鶏社、一九五二年）。
(24) 拙著『大正政治史の出発』（山川出版社、一九九七年）、小林道彦『日本の大陸政策 1895-1914』（南窓社、一九九六年）、同『桂太郎』（ミネルヴァ書房、二〇〇六年）。

〔追記　本稿は、東アジア近代史学会・福岡ユネスコ協会主催、二〇一一年一〇月三〇日に福岡で行われた辛亥革命百周年記念シンポジウムの全体会「辛亥革命と東アジア」での報告をまとめたものである。この報告の要旨は「清王朝の崩壊と日本政府・日本政治」（『FUKUOKA UNESCO』第四八号一〇三～一一四頁、二〇一二年）に掲載された。それをもとに、かなり以前に原稿化した（二〇一三年頃に）ものが未発表のままになっていたものを、掲載したものである。したがって、その後の研究状況は基本的に反映していない。〕

第四部　辛亥革命の周辺

第一〇章　宇都宮太郎と後藤新平

はじめに

宇都宮太郎（一八六一・文久元年～一九二二・大正一一年）は、明治・大正期の陸軍軍人である。年輩の方には、かつて自民党で活躍した宇都宮徳馬の父と言った方が想像しやすいかもしれない。宇都宮太郎は、佐賀出身で、一八八五（明治一八）年に陸軍士官学校を首席で卒業後、おもに参謀本部畑で職歴を重ね、イギリス公使館付武官（一九〇一～一九〇五・明治三四～三八年）として日露戦争時の対露諜報工作を担い、海外情報を主管する参謀本部第二部長（一九〇八～一九一四・明治四一～大正三年）として辛亥革命後の中国情勢の混乱に対応し、最後の実質的な職務は朝鮮軍司令官（一九一八～一九二〇・大正七～九年）であった。その最中に植民地朝鮮における日本からの独立運動である三一万歳事件が起こり、その時の様子が日記に詳細に記されていたことは、二〇〇七年二月末の『朝日新聞』で大きく報じられた。

筆者も編者のひとりである日記は、一九〇〇年から一九一六年・一九一八年から一九二二年が残されており、それらは全三巻で刊行された(1)。その中に後藤新平の名も五三頁にわたって登場してくる。日記への註記は（ ）内に（日記〇・〇）とのように記す。

これは決して少なくはない回数である。ところが鶴見祐輔編著の『後藤新平』（以下『後藤伝』と略す）(2)の索引には、宇都宮の名はない。全人名を網羅した『後藤新平大全』(3)の人名索引にもない。では二人は、たいした関係ではなかったのであろうか。

そもそも筆者が後藤と宇都宮の関係を書いてみようと思ったのは、二人がともに中国に対して強い関心を抱いており、特に満洲や中国において日本の影響力を増大させていこうという共通の積極的な政策的傾向を有していたと思われるからである。ただし宇都宮は陸軍において、山県有朋や寺内正毅らの主流派、いわゆる長州閥を厳しく批判するグループに属しており、寺内や桂太郎に近い後藤とは人脈的にはつながりにくい位置にあった。それでは二人の関係を、時期を追って見ていこう。

一、宇都宮太郎の経歴

後藤新平については、最近脚光があたっているので、その必要はないと思われるが、宇都宮太郎については、あまり知られていないと思われるので、二人が出会う頃までを簡単に紹介しておこう。

一八八五（明治一七）年に陸軍士官学校を主席で卒業後、宇都宮が参謀本部に勤務し始めてまもない時期に、参謀次長の川上操六に提出した一八九二年九月の意見書（後に「昔日之夢」と題する）が残されている(4)。そこで宇都宮は、日本は進取的国是を定め、ロシアに備えるために攻勢的防御をとることが必要で、そのために第一にすべきことを「清英と連合して魯を西方に駆逐」することであると書いている。イギリスとの提携は、英露対立の世界情勢をふまえたものであり理解しやすいが、当時の日清関係はこの二年後に戦争が始まるように決して良好なものではなかった。ロシアに対抗する上でイギリスを味方につけ、それに清国を加えるという考え方は、脱亜論とアジア連帯論とがしばしば対立的にとらえられる近代日本の外交理念においてユニークなものであった。ただしそこではすでに中国の内政改革・近代化を日本が手助けする必要が主張されており、日本盟主論につながる要素を、この時点から内包するものであった。

宇都宮は日清戦争直前の一八九三（明治二六）年一二月から約一年間インドに派遣され、英語の訓練と中近東方面における英露対立について調査を行った。いっぽう日清戦争後には、参謀将校として何回も中国に派遣された。孫文に早くから注目し、一八九八年には漢口で湖広総督の張之洞と面会して日清提携による西洋（具体的にはロシア）への対抗を説き、日本人軍事顧問の雇用と、軍事留学生の日本派遣について交渉し、それを実現させている(5)。この段階における中国との提携は、清国の弱体化を背景にした提携論であり、日本の援助・協力を通じて中国の自強化の必要を説くものであった。

一九〇一（明治三四）年には日本公使館付武官に任じられ、四月下旬ロンドンに赴任し、対露諜報工作（明石工作）の一端を担った（一九〇五年まで）(6)。そして宇都宮は、帰国後もイギリス人とかかわりをもつ陸軍で数少ない知英派となった。その赴任中に結ばれたのが日英同盟（一九〇二年一月）であり、それにともない生じることになった日英陸軍協定の成立と、日露戦争における日本の勝利にともなう第二回日英同盟の改定にもかかわったようだ。

これらは、宇都宮にとっては日英清同盟が現出してくるものであったといえよう。しかし帰国後の宇都宮の対外観は、しだいに変化し、日中提携に比重を置くようになる。日露戦後の日本陸軍は、宇都宮の目には、積極的な大陸政策を放棄しているように映った。それは寺内正毅を中心とする長州閥による陸軍支配の弊害と感じられるものであった。そこで宇都宮は陸軍非主流派として陸軍改革をめざすとともに、参謀本部の対外情報を扱う責任者である第二部長として、対中政策展開に深くかかわり、可能な限りにおいて大陸への影響力の確保と権益の増大をめざすことになった。

二、アジアへの影響力の扶植をめざして接近

両者の初めての出会いは、後藤がアメリカからヨーロッパを旅行した一九〇二（明治三五）年八月中旬のことであった。たぶんロンドンでの何かの宴会の席上であろう。駐在武官をしていた宇都宮に後藤が特に用があったわけではない。宇都宮の日記に後藤の名が初めて登場するのは、一九〇八（明治四一）年七月九

日のこと、ロンドンで親しくなった末松謙澄のパーティーに招待された時のことである。

多少意味のある記述は、その四日後の一三日の日記に、第二次桂内閣の大臣候補者として後藤の名があがったことについて、宇都宮は名前を伏してからかいの手紙を送ったというものである（日記7・13）。後藤は「入閣記」という文章の中で、諸方の知友が入閣に反対したと書いている(7)が、その時のことである。この手紙は、「宇都宮太郎関係文書」（以下「宇都宮関係文書」）の中に発信控として残されており、「君の余り深からさる一知人」という差出人で、「満州に抛て徐ろに形勢の変移を窺ふこと真に得策なるにあらすや」と記し、この手紙を送ってアドバイスしたとしても、もう間に合わない（一四日に就任）だろうが、この手紙の筆者であることを、いつか懇意となって打ち明けるのを楽しみにしていると書いている(8)。宇都宮が後藤に注目していることが窺われる。

近づく機会は、それから一年以上経った一九〇九年一〇月八日に訪れた。この時に宇都宮は、片谷伝造という人物が内蒙古の巴林王と共同して行う事業を応援するため、満鉄より資金援助をしてくれるよう後藤に相談をもちかけたのである。宇都宮は参謀本部第二部長として、この事業が「国家他日の用」になると考えていた。その日の日記に、「後藤とは英国にても顔なじみなれども、本当の談を幾分にても為せしは今日を初とす」と記している（日記10・8）。そしてこの件に関して翌年六月まで頻繁に接触している。五万円の支出が決定したのだが、現地交渉がうまく進まず、いったん中止となった。

次に南洋問題で同じように援助要請がなされている。マラッカ海峡を挟んだシンガポール対岸のインドネシアのリンガー諸島において土地を租借して農園を経営させる事業への三〇〇〇円の補助に関してである。一九一〇年五月からの日記に後藤との交渉が頻繁に見られる（日記5・12、5・14、10・26、10・30、11・2）。これについても実際に援助がなされ、一九一二年七月には南洋企業という会社が設立されることになった。

一九一一年中には何度も後藤を訪問し、一九一二年正月初めには、年賀回礼の一人に加えられている（日記1・2）。両者の関係の深まりがわかる。その一九一二年一月二八日に両者は政治的に重要な会見を行っている（日記1・28）。宇都宮は、後藤に対して「時局黙視す可からさること」を述べ、桂太郎等より「局外よりの助成」をしてくれるよう頼んだのである。宇都宮は、その直前に第二次西園寺内閣の内田康哉外務大臣を訪い、清王朝が倒れる前に、日本は革命派との間の調停を斡旋し、南方には革命派による国家建設を助力すると同時に、北方には王朝を存続させる必要を説いた（「尚ほ及ざるにあらず」と名付けられた意見書を渡した）。しかし、内田はそのような意見に賛成しなかった。前年一〇月一〇日に勃発した辛亥革命は、瞬くまに中国全土に拡大した。宇都宮は、中国情勢の混乱の中で、革命派および清王朝維持勢力の双方への工作を行い、その中で日本の影響力の増大を策していたが、積極的な対応をしない政府に対して苛立っており、その局面打開のために後藤を訪い、桂への取りなしを頼んだのである。

その翌日後藤は、同じように「当路の無能を慨」して、局外よりの助言よりも「桂氏をして取て代はらしむるより他に手段無し」、それには「山県公其気に成れば出来ざるにあらざるべきも、公の意を決せしむることが仲々容易ならず云々」と述べた（日記1・29）。この発言は、桂を首相にしなければならないという後藤の考えと、それには山県有朋の決断が重要だが、それが難しいという事情を示したものとして興味深い。西園寺内閣への批判と、山県が桂を内大臣に祭りあげてしまおうとしたその後の動きと、後藤を中心に組閣された第三次桂内閣への流れを読みとることができる記事である。

とまれ一九一二年の時点で、宇都宮と後藤は、政治的にタッグを組む方向を向きつつあった。後藤は早起きで、早朝騎馬で宇都宮のもとを訪れたこともあった。「殆んど寝込を襲はる。与に庭園を散歩し、出来合にて朝食を与にし、九時頃まで談笑して去る。兎に角一と風変りたる所あり、愛すべし」（日記5・3）と書かれている。さらに後藤と関係の深かった二八会（重縁会ともいう）に宇都宮が入会したのも同月のことであり、後藤も随行した桂の訪欧に際しては何回も送別会に出席、明治天皇崩御により急遽帰国後もロシア首相ココフツォフとの会談経過などを聴取し（日記8・19）、二個師団問題の対立が頂点に達している時にも、時局談を交換している（日記11・24）。

三、第三次桂内閣への「満蒙問題」解決の期待

一九一二（大正元）年一二月二日第二次西園寺内閣は総辞職し、年末の二一日、いよいよ第三次桂内閣が成立し、後藤は再び逓信大臣となった。二三日、さっそく宇都宮は表敬訪問を行い、祝いの言葉を述べている（日記12・23）。第三次桂内閣は、第一次憲政擁護運動のために倒れたという点で有名だが、ここではその桂内閣を支えるために組織されることとなっていた新政党には中国との親善関係を重視し特に革命派を支持するメンバーが多く、また「満蒙問題」の解決を謳っていたことに注目したい。

「満蒙問題」とは、最も狭くいえば、一〇年先くらいに期限のくる遼東半島租借権および南満洲鉄道経営権の延長問題、より広くいえば満洲および内蒙古における日本人の地位および権益の拡大、もっと広くいえば中国と日本がいかなる関係を築いていくかという問題であった。この問題を「解決」することは、いつかはしなければならない政府の課題であった。

宇都宮は、一九一三（大正二）年一月一七日に新橋を発ち、約二ヵ月間にわたって朝鮮・中国旅行を行う。この旅行は南満洲の実態や革命後の中国の社会状況を実見して、今後の対中政策立案に資そうとするものであり、「満蒙問題」解決に関する中国側の反応を探ろうとするものでもあった。その出発にあたって、一月五日に宇都宮は後藤を訪い対中時局談を行い（日記1・5）、桂首相への「真面目の紹介を依頼」した。その紹介で一月七日に桂と面会し、桂にも満蒙問題解決の意思があること、ただし「其程度は甚低く、安奉線、旅大を、出来れば九十九年、已を得ざれば五　十〔年欠カ〕延期を得て満足せんとする」ものであることを

聞いている（日記1・7）。さらにその足で外務省を訪れた宇都宮は、桂のような案と「外に具体的に種々の案件を要求すべき案」のあることを聞いている（これは後年の対華二一ヵ条要求の多様な要求をまとめる方式につながるものであろう）。やはりこの問題が、政府内で話題になっていたのである。

宇都宮の旅行は、大連・旅順・長春・奉天・吉林へと続けられ、満鉄に派遣されていた佐藤安之助中佐が同行した。当初の予定では、そこから北京に向かうはずであったが、二月四日に、大連から上海へ経て北京を最後にするよう参謀次長からの指示があり、八日大連を出発、一〇日上海に上陸した。

満洲の視察を終えた宇都宮は、上海に向かう船に乗る直前に一つの文書を著わし、日本に送っている。それが「中日親善に就き某紳士の言」(9)と題されたもので、その送り先が後藤であった。それは「近頃満蒙に於ける我地位を軽視するの愚説行はるるにより、之を矯め度」という意図のもとに記したもので、中日同盟のような親善関係樹立の前提として満蒙問題の解決（満蒙における日本の地位の承認）を説いたもので、それを宇都宮は、後藤から桂首相、加藤高明外相に見せて、同意を求めようとしたのである（日記2・8）。

その意見書に添えられた手紙(10)には、「断乎たる我地位と決心をほのめかし、漸次内外の人心を準備」することが必要と考えるから、北京・天津あるいは満洲でこの文章を発表するが、よいだろうかと意見を求めている。ついで一一日にも重ねてそれを要請している。たぶん返事がなかったのだが、無理はない。二月五日の衆議院で桂内閣に対する弾劾決議案が提出され、尾崎行雄の演説後に議会は五日間の停会となり、再開された一〇日の議会も停会され、同日、議会を囲んだ群衆が騒擾を起こし、一一日に桂内閣は総辞職を発表する。まさに返事どころではなかった。

この一一日の手紙(11)には、なるべく速やかに交渉に着手してもらいたいとして、参考として二つの「協約案要旨」を添えて送っている。その要点は、中華民国の承認、南満洲・東部内蒙古における日本の特種地位の承認、日本による中国の富強繁栄のための最善の帮助、両国による南満洲・東部内蒙古の開発保全、満蒙既得権益の九九ヵ年延長であり、二つの案の違いは、日本に南満洲・東部内蒙古における土地所有権・居住権・営業権並に各種企業権を許すか、朝鮮における同様の権利を中華民国にも与えるかという点にあった。これらの一部は一九一五（大正四）年の対華二一ヵ条要求の際に実現することになる。

さて、宇都宮には、このような協約を結ぶことができるという目算があったのだろうか。もちろん可能性が少なくともあったからこそ、このような提案を後藤に送ったに違いない。

話を転じよう。宇都宮が、満洲から上海に行くよう命じられたのは、どうしてだったのだろうか。それを理解するには、上海に着いて宇都宮が、まず何を行ったかを知ることが重要である。その一つが「協約案要旨」の起稿であった。また宇都宮は二月一一日と一二日の両日にわたって、中華民国の参謀総長をつとめていた黄興と密談を行っている（日記２・12）。

その密談の内容は、「日支提携、白人対抗」等についての意見交換で、黄興が「対白人自衛、日支の親善」を説いたので、宇都宮はそれに同意を告げ、そのためには「彼我の間の問題」を解決し、双方一点の猜疑も無くさねば、真の親善にならないことを説いたところ、黄も首肯したというのである。「彼我の間の問題」については明言しなかったけれども、満蒙問題を指したものであった。日中提携や満洲問題の「解決」を、実際に相談しているのである。

四、孫文との面会

さてもう一つ重要なことが、日記には記されていないのだが、あった。それは黄興に会う前に、孫文と会ったことである。そのことが黄興との面会初日である一一日付後藤宛書簡控の続きの部分に記されている(12)。

此地にて黄興、孫逸仙に面会。孫とはホンの世間話に止め置申候。黄は、実は革命騒中一種妙な関係と相成居候為めか、先方にても余程乗気に為り、尚ほ一二回真面目の熟談を遂け度等申居り、或る程度迄は利用の途も有之候歟と存候。尤も成る丈先方の意見を聴くのみに止め、此方の本音は容易に現はさぬ考に御座候間、此点は左様御含置被下度候。

孫は、宇都宮の中国旅行の最中に日本旅行に出発したため、二人はすれ違いだったというのが、これまでの理解であった。しかし宇都宮が上海に上陸したのは一〇日午前八時、孫文が日本に向けて出発したのは一一日午後二時上海発の日本郵船山城丸であったことが確認できた。それならば、後藤宛書簡に書かれているように、一〇日の午後か一一日の午前中に会い、世間話くらいはできる時間はあった。

孫の日本行きの日程が決定したのは、二月四日以前のことである。この日の宗方小太郎（上海駐在の海軍関係情報員）報告に、それが報じられているからである(13)。宇都宮に上海へ行けという指示が伝えられたのも四日のことであった。これは推測なのだが、宇都宮の上海行は、孫の出発に間に合わせるためだったのではなかろうか。

この時の孫の訪日は、孫の数ある訪日で唯一の国賓待遇がなされた訪日であった（満鉄の出張員山田純三郎も同行）。訪日の目的は、実業調査をなすこと、中日同盟を謀訂すること、日本の友人に革命運動の支持を感謝することとまとめられている(14)。孫を招いたのは、到着時には辞職してしまっていたが、第三次桂内閣であった。特にその裏方で働いたのが、秋山定輔という後藤系につらなる人物であったことが知られている(15)。さらにこの訪日のクライマックスが桂太郎と孫文の会談であり、真相ははっきりしないのだが、二月二四日と三月三日の二回行われた両者の会談で、両国の友好と日中提携について相談がなされた。

宇都宮が、上海に向けて乗船する直前と、上海到着後すぐに後藤に向けて日中関係に関する意見書を送り、さらに孫文に面会しているのは、宇都宮の動きと、後藤への働きかけ、そして桂内閣の孫文の招待が連動していたことを示すものである。この日中関係の一瞬は、宇都宮と後藤によって担われていた。

二月一三日朝八時に長崎に到着した孫文の様子について、さらに興味深いことがある。桂に近い『国民新聞』（一五日）が報じたものである(16)。その記事は、長崎到着後に上海から長文の電報を受けとったということと、「孫の満鮮視察の意動けるが如き模様」という記事である。その電報の内容は、桂内閣が倒れてしまったことを報じるものであったかもしれないし、あるいは黄興と宇都宮の会談の内容をふまえての指示であったかもしれない。しかし何のとりとめもなく「満鮮視察」という語句が出てくるのである。孫文が日本訪問後、満洲調査旅行を予定していたとすれば、両者の影を意識せずにはいられない。

後藤も、孫と数度会っている。一回目は二月一五日の東亜同文会主催歓迎会で、二回目が二月一九日の後藤主催の歓迎会である。その時には後藤と孫は密談を行ったという(17)。何が話されたかは不明であるが、宇都宮からの情報は当然ふまえられていたはずである。

いっぽう宇都宮は、二月二四日漢口で副大総統黎元洪と、二八日には北京で袁世凱と面会し、三月一四日自宅に帰り着いた。「某紳士の言」は結局公表されず、帰国後に後藤を訪ね時局談を行ったのは二六日のことであった。その内容はわからない。孫は三月五日に東京を離れ、日本各地を訪問し、一三日大阪で帰途にある宇都宮と行き違った。そして九州滞在中に、宋教仁暗殺事件の報せを受けて二四日に急遽帰国する。満洲に行く気があったのかは、永遠の謎である。

おわりに

長州閥と対立関係にあった宇都宮が、政権を握っている長州系内閣に自分の政策を実現させようとすれば、伝手をたよらざるを得ない。宇都宮は、桂内閣に後藤を通じて働きかけていた。そして両者の関係は深まりつつあり、第三次桂内閣時がその深くて短い関係のクライマックスであったのである。

その後、宇都宮と後藤は、二八会関係での接触が数回確認できるが、しだいに疎遠になって行った。宇都宮は一九一四（大正三）年五月に師団長に転じ（六月赴任）、陸軍の政策決定から外されていく。それにともない両者が交錯する機会も必要も、失われていったのである。

宇都宮は第二部長をやめる直前、一九一四（大正三）年四月の師団長会議において、「世界の大勢」という講演をしている[18]。そこでは、この二・三世紀の国際情勢をキリスト教諸国の勢力拡大と他宗教諸国の衰退滅亡、また白人による世界制覇ととらえ、日本が今後とるべき道は「自大自強」することによって「自ら存する」ことだと述べている。これは最後の部分で強調した、国家が最後にたのむべきものは「一に其自家の国力」であり、「国家は自ら大国と為り強国と為り、押しても押されず倒しても倒されざる底の大国力を養成し、自ら自家の存在を確保せざる可らざる」と述べているように、領土拡大を追求しなければ白人が優越する世界において存立できないとする考え方であった。そのためにも中国と提携することが、喫緊の課題であるとしたのであった。

後藤は、第三次桂内閣倒壊後、桂が亡くなると立憲同志会を離れ、寺内との結びつきを強めていく。寺内は、宇都宮にとって宿敵的な存在であり、同じく大陸問題に関心は持ちながらも、両者は二度と近づくことはなかった。

付記　本原稿執筆後に『後藤新平の会会報』（第一号、第二号）の春山明哲「孫文と後藤新平」を読んだ。春山は、なぜ後藤は孫文を招待したのかというところから中国と後藤との深い関係を解きほぐそうとされておられる。本稿は、同じような問題意識を、たまたま宇都宮太郎を扱ったことで抱くことができたという事例でもあるし、さらに『後藤伝』や後藤文書から宇都宮の影が跡形なく消された要因も示すものである。後藤文書の方には、目録を見る限り宇都宮の書簡は残されていないが、「宇都宮関係文書」には後藤書簡が一通（封筒のみ）と後藤宛書簡控が五通残されている。

なお二〇〇七年七月に刊行された「宇都宮太郎日記」の第二巻の解題で久保田文次は、宇都宮と孫文との関係について、平山周が犬養毅の斡旋で首相兼外相大隈重信のもとで外務省嘱託となり、秘密結社を調査するために、宮崎滔天・可児長一とともに中国に渡ることになった時、出発直前に参謀本部の宇都宮太郎より孫文と逢うように勧められたことが、その宇都宮が孫文に注目していたことを示す最も早い記録だとしている(19)。大隈が首相の時だとしたら一八九八年のことであり、『東亜先覚志士記伝』の一八九六年という記述はたぶん誤りだが、宇都宮はこの前後に何回か華中方面に派遣されて中国情勢を探っていたから、孫文との面会は確認できないが、情報はつかんでいた可能性が高い。そして孫文情報は、参謀本部・児玉源太郎を通じて、後藤周辺でも共有されていたように思われる。

註

(1) 宇都宮太郎関係資料研究会編『日本陸軍とアジア政策―陸軍大将宇都宮太郎日記―』全三巻（岩波書店、二〇〇七年、以下「宇都宮日記」）。
(2) 鶴見祐輔編『後藤新平』全四巻（後藤新平伯伝記編纂会、一九三七年）。
(3) 御厨貴編『後藤新平大全』（藤原書店、二〇〇七年）。
(4) 宇都宮太郎『昔時之夢』一八九二年九月（「宇都宮太郎関係文書」110、国立国会図書館憲政資料室蔵）。
(5) 拙稿「『宇都宮太郎関係文書』中の陸軍中国人留学生関係資料について」（『人文学研究所報』（神奈川大学）第七二号、二〇二四年）で最近詳しく紹介した。
(6) その活動の一端については拙稿「宇都宮太郎と明石工作」（坂の上の雲ミュージアム『小日本』第四七号、二〇二四年）で紹介した。

（7）『後藤伝』第三巻三〇頁。

（8）一九〇八年七月一三日付後藤新平宛宇都宮太郎書簡控（「宇都宮関係文書」1084-1、国立国会図書館憲政資料室蔵。目録では明治三一年と推定されているが、内容から時期を特定した）。

（9）「中日親善に就き某紳士の言」（「宇都宮関係文書」295の内）。筆者は伏せられているが、宇都宮である。

（10）一九一三年二月八日付後藤新平宛宇都宮太郎書簡控（「宇都宮関係文書」1084-4）。

（11）一九一三年二月一一日付後藤新平宛宇都宮太郎書簡控（「宇都宮関係文書」1084-5）。

（12）同前。

（13）「報告三百九十三号　大正二年二月四日　孫逸仙の日本行」（神谷正男編『宗方小太郎文書』三二〇頁、原書房、一九七五年）。

（14）李吉奎『孫中山与日本』三四一頁（広東人民出版社、一九九六年）。

（15）秋山については拙著『大正政治史の出発』第四章・第五章（山川出版社、一九九七年）および拙著『辛亥革命と日本政治の変動』第九章（岩波書店、二〇〇九年）参照。

（16）「孫氏の鉄道調査」（『国民新聞』一九一三年二月一五日）。

（17）段雲章編著『孫文与日本史事編年』三一七頁（広東人民出版社、一九九六年）。

（18）宇都宮太郎『大正三年四月師団長会同ノ際第二部長口演ノ要旨（世界の大勢）』（「宇都宮太郎関係文書」397）。

（19）黒竜会編『東亜先覚志士記伝』上巻六一二・六一三頁（黒竜会出版部、一九三三年）。

〔追記　本稿は、『後藤新平の会会報』に掲載されたものである。今回、本書に掲載するにあたって、本書第六章のもととなった論文の宇都宮の経歴に関する部分を移し文章を整え、節を設けるとともに註を付した。〕

第一一章　中国辺境（新疆）と近代日本との関係史スケッチ

はじめに

最近の中国関係のニュースの中で、新疆における民族運動の問題を目にすることが多くなった。二〇一二（平成二四）年度に大学の同僚の先生方と「中国新疆地域をめぐる歴史社会研究」というテーマのもとに研究会を開始した時には、まだそれほどでもなかった。

新疆は、地理的にも歴史的にも日本からはひじょうに遠い存在である。ただ新疆をシルクロードという言葉に置き換えた時には、地理的には遠いが、歴史的にはやや身近になる。遠い昔、奈良時代の天平文化が、西域のもっと西方、ペルシアや天竺の国からシルクロードを通って運ばれてきたものの影響を受けていたことを思い出せば納得できよう。その場合のイメージは、タクラマカン砂漠をラクダに乗って通り過ぎた隊商の姿や、仏典を求めてカイバル峠に挑んでいく三蔵法師のイメージである。ただし、その際の新疆は通過点に過ぎず、新疆独特のイメージを感じているというわけではなかろう。

本稿は、近代日本において新疆問題が、どのように日本人たちによってとらえられてきたかを政治外交史的な側面から大きくスケッチしてみようとする試みである。

すでに近代における日本人と新疆、西域、シルクロードとの関係については、探検家たちの物語を含みながら、多くの研究や記録がある。日本人の探検としては大谷探検隊の活動などは有名である。筆者も、そのようなものを好んで読んだことがある（1）。しかし本稿で扱いたいのは、そのような冒険物語がどのように描かれてきたかではなく、遠い新疆という土地が近代日本人の注目を浴びた理由の変遷である。

このような関心を持ちながら研究会メンバーと現地を訪れたり、自己流で新疆と日本に関する関係史を探っていた。もちろん先行研究にも、そう多くはないが触れてみた(2)。本章は、先行研究と重なる部分も多いが、自分なりに関心が膨らんでいった過程をスケッチ的に記したものである。なお日露戦後から昭和初期に限定して論じていくことにする。

一、辛亥革命後における参謀本部の中国政策と新疆

筆者が、研究会において行った新疆に関する初めての報告は、中国が混乱を始めるきっかけとなった辛亥革命直後の時点で、新疆を日本人がどのように位置づけていたのかを、日本陸軍の視点から探ることであった。具体的には、陸軍参謀本部第二部長の宇都宮太郎（部長在任期間は一九〇八年一二月〜一九一四年五月）の日記(3)と文書を使うことにより、新疆およびその周辺の地域にどのような関心が払われているかを確認することであった。参謀本部第二部は、海外情報や海外工作を担当する部署で、中国情勢の推移をウォッチし、中国各地に部員を派遣していたところであるから、その第二部長のもとに入ってくる情報や関係者との往来記録は、当時の陸軍の海外に関する関心の度合いを示す良い指標だと考えられる。これまでの研究の中には、新疆に関する記録（諜報記録類）が残されていることをもって、そのまま日本に侵略の意図や新疆に対する特別の関心があったようにストレートに結びつける傾向があったように感じられる。

さてちょっと脇道に逸れたが、「宇都宮日記」に「新疆」の文字が出てくるかどうかということだが、その結果は、残念なことに登場してこなかった。ちなみに「陝西」と「甘粛」を表わす語句は一九一二年に二日出てくる。「新疆」のみならず、「青海」や「山西」の語も登場してこない。これに対して「蒙古」あるいは「内蒙古」の登場する日数は、きわめて多く、年毎に示すと、表に掲げたように、一九〇九年七日、

表　宇都宮太郎日記に登場する語の日数

	蒙古	満蒙	満州	満鉄	土耳古	回教	印度
1907	0	0	8	0	2	0	0
1908	0	0	0	2	2	0	0
1909	7	0	5	6	3	1	3
1910	18	1	12	9	8	6	3
1911	13	1	13	4	9	0	1
1912	49	14	27	5	2	0	4
1913	7	19	24	24	4	3	1
1914	10	3	5	6	1	0	1

一九一〇年一八日、一九一一年一三日、一九一二年四九日、一九一三年七日、一九一四年一〇日という結果となる。一九一二年にかけて徐々に増加し、それ以後減少している。いっぽう「満蒙」という語は、一九一〇年一日、一九一一年一日、一九一二年一四日、一九一三年一九日、一九一四年三日である。辛亥革命以前はほとんど使われていなかったのが、一九一三年にかけて急激に増加している。満洲を表わす「満」という語（「満蒙」「満鉄」を除く）は、表の通りで一九一二年が最も多い。トルコを表わす「土」はどうであろうか。数はそんなに多くはないが、蒙古や満蒙より早くから登場し一九一〇年から翌年にかけて多い。日土条約やトルコ派遣の参謀本部員絡みの件が多く、回教徒や回族を意味する「回」も一九一〇年が多い。「回」については、「土」とも関連するが、後述する。ちなみにインドの「印」は、トルコより少し少ない程度である。

中国やアジアの各地域への関心を語句の出てくる度合いから調べたもので、内容的なものはいっさい問わずに示したものだが、比較対象となる語を設定して較べてみると、まったく無駄な作業ではない。宇都宮（ひいては参謀本部）が、蒙古についての関心を辛亥革命以前から有していたこと、満洲と蒙古をひとまとまりにした満蒙という語句が熟語として定着してくるのは辛亥革命後からのことであること、中国西部地域への関心は、蒙古や満蒙に比較すると、それほど高くなかったということである。

それでも陝西・甘粛という西域への入口の地域への言及が二度あること

は無視できない。具体的に示すと、一九一二年の以下の記述である。

五月二一日　歩兵中佐日野強を陝甘升允の許に密派、歩少佐水町竹三を印度に、歩大尉武田額三をカムシャツカ方面に密派することに確定。

六月一一日　此夜、陝甘派遣の歩兵中佐日野強、英国出張の歩少佐畑英太郎、印度出張の歩少佐水町〔空白〕、並に第四課長歩大佐武藤信義らを招き晩餐を饗す。

ちょうど辛亥革命が一段落した頃の記事で、右は、参謀本部から各地に部員を密派する、その一つの地方に陝西省と甘粛省方面が含まれ、日野という人物を派遣することになったという記事であり、左は、その送別会を行ったという記事である。

日野強（一八六五～一九二〇）という人物は、新疆に入った日本人として名が知られており、その簡単な紹介は金子『中央アジアに入った日本人』にある。一八八九年に陸軍士官学校を卒業し、日露戦争に従軍、中佐にまで進級した、日野を有名にしたのは、その中央アジア旅行記であった。日野は日露戦争が終わった一年後の一九〇六（明治三九）年一〇月一三日に北京を発し、上原多市とともに陝西省の西安から、甘粛省の蘭州を経て、一九〇七年一月に新疆に入り、トルファン、ウルムチ（迪化）、タルバガタイ（塔城）、イリ（綏定城）、クチャ、アクス、カシュガルを経て、九月にヤルカンドを発して崑崙山脈を南下、一〇月一日に標高五六四二メートルのカラコルム峠を通りヒマラヤ山脈を越えてインドに至る旅行を行った。新疆滞在は約七ヵ月半。ペシャワール、カルカッタ、シンガポール、香港を経て東京に戻ったのは一二月二五日、つまり一年二ヵ月にわたる大旅行を行った人物である。帰国後の一九〇九（明治四二）年五月に『伊犂紀行』を博文館から刊行し、広く新疆事情を世間に伝えたという点で重要な人物であった(4)。辛亥革命後の活動としては、一九一三年六月の予備役編入直後に、第二革命に敗れて日本に亡命してきた李烈鈞を鎌倉の別荘「義烈荘」にかくまったことが知られている。本稿にとって重要なことは、日野は中国の西部地域に詳しい人物で、その経験を買われて陝西・甘粛方面に派遣されたことである。

幸いなことに、この日野の陝西・甘粛地方への派遣に関する命令書が「宇都宮太郎関係文書」に残っている。「出発に臨み日野中佐に口授したる企望の要旨」(5)という一九一二年六月一五日付けの文書である(史料の引用文は、カタカナはひらがなに直し、適宜句読点を補った。以下、引用同じ)。そこには、「該方面に所謂中華民国と相容れさる有力なる一勢力の存在せんことは、我国策の運用上寧ろ企望すへき所なりと信す」るので、「貴官は該方面に至り、此勢力を求めて之と接着し、要すれは之を助長することを努め、断へす之と密接の連絡を保持し、必要の際国家か之を利用し得る如き関係に在らしむることに努力すへし」と、まず記されている。袁世凱によって統一された中華民国とは異なる勢力が、陝西・甘粛方面に存在することが望ましいので、そのような勢力を探して近づき、その者を助けていつでも日本が利用できる関係を築けというのである。

そしてそれに加えて「断へす該勢力と満蒙、山東(ママ)、西蔵、雲南等に於ける共和反対の諸勢力、就中露国との関係を研究して之を報告することを努むへし」として、この勢力と満蒙、山東、西蔵、雲南における非共和派およびロシアとの関係について報告せよという指令がなされている。ここに出てくる山東は、地域の並び方から山西の書き間違いの可能性もある。もちろん山東でも意味は通じるのだが、もし山西だとすれば、中国辺境地域における動向に注意を払えということになる。

この中華民国とは異なる勢力として考えられていたのが、五月二一日の日記に出てくる升允という人物であった。升允は、かつて清王朝のもとで陝甘総督をつとめたことのある人物であった(6)。共和制に反対する勢力と見なされたのである。だが升允は、この時すでに勢力を失っており、その約一年後、一九一三年五月三一日の「宇都宮日記」には「升允の所へ入込ますする目的を〔以て〕派遣せし歩中佐日野強、帰朝来衙す。目的を達せざりしなり」と結末が記されている。もともと「該勢力の真相、実力、其主なる中心人物等は尤も速かに知得せんことを企ふ」と派遣の際に指示されていたことからすると、参謀本部にも情報は乏しく、失敗に終わったのである。

以上の日野についての「宇都宮関係文書」の記事一つからでも、辛亥革命前後、陸軍参謀本部は陝西くらいまでを視野に入れて工作を行っており、新疆はその先にあったことがわかろう。

さて日記には「回」が数ヵ所登場する、その最初は一九〇九年五月八日の記事で、イブラヒムのことを説明した記事で回教徒だと記されている(7)。一九一〇年の六日にわたる記事は、イブラヒムと同じ頃に日本に滞在していたファードリーというエジプト人軍人で、日土条約絡みで、回教徒と連携して欧米勢力に対抗するという動きとの関連である。一九一三年の三日分の記事は、二つは回教徒利用策を献策してきた人物に関するもの、一つは東南アジアの回教徒を表わすものである。すべて回教であり、回族を指すものはない。後述の新疆調査報告類では、ウイグル族などは纏頭と記されているが、これも出てこない。

では新疆を宇都宮はどう位置づけていたのであろうか。「宇都宮関係文書」には、気づいた限りのものであるが、新疆の文字が含まれているものが数点ある。たとえば「極秘　対支那時局策」(8)というタイトルの一九一二年と推定される史料は、もしも中国が分割されるような事態に至った場合の日本の対応について論じたものである。その場合に、日本が後援して満蒙を独立させる必要性が説かれているが、その他の中国辺境の地も現在の趨勢では独立するであろうとして、ロシアの関心が伸びている地域として「内外蒙古、北満洲、新疆、青海」等が挙げられている。さらにこれに関連すると思われる「大正二年四月七日稿」という文書(9)の「列国の支那に有する勢力」という項目では、「露国は北満洲に於ける不抜の経営を外にし、昨年来蒙古、新疆地方に着々鋭鋒を進め、庫倫喇嘛を懐柔せる新勢力は、最早何人の批判をも許さす」という記述があり、さらに「列国の対支那政策」という項目で、「露国の蒙古新疆に於ける経営」がイギリスの西蔵における影響力の拡大に伴随するものと、並んで記されている。

このようなところから宇都宮は、日本が南満洲を自国の勢力圏下と認識しているのと同様に、新疆をロシアの勢力圏下に置かれる地域として認識していたこと、中国の混乱の中で、ロシアの影響力が新疆に拡大していくことを憂慮し対抗しようというような動きはしていないこと、隣の内蒙古については喇嘛たちとの提携も策していたにかかわらず、そのようなことを書いていないところからは、この時期に新疆にまでは工作の手を伸ばしていなかったことが窺われるのである。新疆における民族問題への注目もない。

王柯らにより「満蒙及新疆ニ対スル露国ノ経営」という参謀本部作成の書類（一九一二年六月一二日）(10)が注目されており、新疆への言及もあるが、その責任的位置にいた宇都宮の行動と関心を考えると、この文書は、やはり新疆よりも満蒙への関心を中心にしてとらえるべきであう。それに加えて辛亥革命にあたって宇都宮が、中国本土が数国に分立して相争うことを理想とし（本土が列強によって勢力分割されることには反対した上であるが）、それらと日本が個別に関係を築きあげることによって日本の影響力を伸ばすことを主に策しており、中国の辺境地域については独立する趨勢にあるとみなし、さらに日本の影響下に南満洲・東部内蒙古の分離を促進させることを考えていたとすれば、同じようにロシアの影響下における外蒙古や新疆の独立、イギリスの影響下における西蔵の分離は、あり得るもので、それについては邪魔しない考えだったと推察される。

二、日露戦後の日本の新疆調査

このような宇都宮の新疆への突き放したような態度は、日露戦後の日本の新疆に対するロシア影響力の増大に対する懸念とは対照的でさえある。

日露戦争後の時期には、数多くの日本人が新疆入りをした。たとえば外務省は蒙古から新疆にかけて五人の調査員を派遣している。これに加えて、すでに紹介した陸軍軍人の日野強の調査や、日露戦前の一九〇二（明治三五）年から始まり、一九〇八年の第二次調査、一九一〇年からの第三次調査へと続いていく大谷探検隊の調査もある。

外務省による調査は、イギリス政府との商議を経て行われたもので、一九〇五年五月九日付内田駐清公使宛小村外相電報「庫倫外四箇処へ視察員派遣に関する件」(11)によると、次のような理由で計画が立てられている。

目下の時局に際し、清国辺疆に於ける露国の動静を監視し、併せて地方の情態を詳にするは頗る緊要の義に有之候に付、上海東亜同文書院卒業生中より別記五名を簡選し、右視察の為め、外蒙古中、庫倫、烏里雅蘇台及科布多、並に甘粛、伊犂の五ヶ処に派遣することゝなり、本人等は約二週間内に当地出発

日露戦争中に立てられた計画で、清国がロシアと国境を接している辺境におけるロシアの動静を調べることを目的として、次の五名が選ばれ派遣されたのである。

視察員氏名及分担視察地

一、草　政吉　烏里雅蘇台地方
一、櫻井好孝　科布多地方
一、三浦　稔　庫倫地方
一、波多野養作　甘粛地方
一、林出賢次郎　伊犂地方

この五人の中で新疆に入ったのは三人であり、それぞれ次のような復命書を提出している。櫻井好孝「蒙古視察復命書」（一九〇七年二月）、波多野養作「新疆視察復命書」（一九〇七年八月）、林出賢次郎「清国新疆省伊犂地方視察復命書」（一九〇七年一〇月）(12)。なおこの派遣が東亜同文書院で最終学年に行われるこ

とになった調査旅行のきっかけとなったこと、および波多野養作の旅行の詳細については藤田佳久が明らかにしている(13)。

実際に彼らが北京を出発したのは日露戦争が終わる二ヵ月前の七月であった。報告書から旅程を復元すると、三人は別の道を取りながら甘粛省を経て、一九〇六年一月にはウルムチで集合し、櫻井は外蒙古へ、波多野と林出はイリへ向かった。櫻井はそこから東へモンゴル草原に入り、張家口を通って北京に帰り着いたのが一一月、波多野は帰り道に青海省に寄ってダライラマに面会して、甘粛省からは北東に進んで蒙古に入り、張家口を通って北京に帰り着いたのが一九〇七年六月、林出はイリに長く留まり、ほぼ行きと同じ道を戻り、北京に戻ったのが一九〇七年五月のことだった。林出は、ウルムチからの帰途、反対方向からやってきた日野強と行き会っている。新疆への滞在期間は、櫻井が約三ヵ月半、波多野が約一一ヵ月、林出が一年三ヵ月である。

各人の復命書については、すでに先行研究が言及しているので、詳しくは述べずに、いくつか気になった記事のみをあげておく。三人に共通しているのは、漢人と現地各民族の対立、宗教レベルにおけるトルコとのつながりなどが観察されていることである。三人が出発した時には、まだ日露戦争中であったが、視察そのものは日露戦後の情況が記されている。櫻井はロシア敗北の結果、極東への南下政策は阻止され、ロシアが「満洲に於て一大失敗を招ける結果、新疆、蒙古方面に倍加の勢を以て鋭意南下の慾を逞しくせんとするの形跡あり」(三七頁)として、ロシア商人の進出策を進めていることや国境貿易の盛行を指摘する。林出も日露戦争敗北を機としてロシアの新疆政策は冒険的なものから着実なものになったとして、「新疆にして一度彼の占むる所とならは、蒙古は従て彼の掌中に帰すへし、此時に当り甘粛、山西、直隷は如何にしてか守るを得ん、新疆を失ふは是れ決して中央支那を守るの所以にあらさるなり」(七〇頁)と、新疆におけるロシア影響力の増大が、単に新疆のみにとどまる問題ではなく、中国の中央部にも影響を及ぼす問題であるという危機感を表わしている。

いっぽう波多野は、平素からロシア人に圧迫されているトルキスタン人が、ロシアへの反発からトルコよりも日本に頼ろうとする動きのあることを、「日本は清国の与国にして土耳古の好善国なりと、清国如何に露国に劣るとも既に之等の強国を与国とす、露国何ぞ清国に対して誇る事を得んやとの奇説」（五〇頁）があると伝えている。林出も「日露戦争の起りしより露国の連戦連敗は露国民の意気を銷沈せしめ、之に反して清国民は大に元気付き来れり」（一二頁）と指摘する。そこで林出は、日本の取るべき方針を次のようにまとめ提言する（七三頁）。


此際日本人か清国人の後見者となり補助者となり、彼等各種の新事業の経営に従事し、各種の機械類を日本より買求めしめ、之か使用法教授者となり、或は是か使用者となり、各般の事業に従事せは、従て新疆と日本との連絡堅固となり、且日本人か彼の地に在りて常に露国の行動に注意し、彼れ露国の活動に応して或は日本政府より支那政府に対し、或は直接新疆の清国官吏に注意を与へ之に相応するの施設をなさしめ、軍備に教育に実業に日本人の周到なる注意を以て清国を補助し、此地人民をして日本人の信頼すへきを知らしめ、着々其方針を誤らさるを得は、他日事あるの日に当り空しく露国の侵略に遭ふ事なかるへし

つまり日中が提携してロシアにあたること、具体的には清国政府の新疆経営に日本が援助を与えることによってロシアの侵略を防ぐことが必要だと述べているのである。これは日清戦後からの、日本が清国の近代化を援助して日本の影響力を大きくしていこうという側面での日中提携路線に立つものであった。なお林出は、実際に、一九〇七年再び新疆に入り、ウルムチの法政学堂教員となり、それを実践しようとした。最も新疆と深くかかわった人物である。

以上のような三人の観察は、そのまま日野の『伊犂紀行』にもあてはまる。ロシアへの警戒感について

は、日露戦争の敗北によってロシアは「其の鋒鋩を収め、一時慎重の態度を装ふと雖も陰に其の爪牙を磨き、孜々として勢力扶植の道を講じ今や漸次再び其の萌芽を発せんとするもの少からざるを覚ゆ」(下巻三〇九頁)と述べ、新疆は日本から遠く離れており、「我国の利害と直接相関するもの無きに似たりと雖も、等しく清国の領土に属し、其喪失は、老大帝国瓦解の前提たらざるを保すべからず」(下巻三一三～三一四頁)と、新疆がロシアに奪われることが中国分裂の引き金となる可能性に触れている。そのいっぽうでは、清国の官吏たちが「若し日露戦争 微(ママ) りせば、新疆は既に清国の有には非ざりしならん」(上巻二〇三頁)と公々然として明言したことにも言及している。これは日本が清国の新疆統治の味方をすることを是とする見方である。

これらの日露戦後における日本人たちの新疆調査に見られる問題意識は、新疆はまさにロシアの影響力が伸びていく可能性の強い地域であり、それへの警鐘を鳴らしたもので、まだロシアとの対抗意識が前面に出ており、それを押しとどめるためには中国を引きつけておくことが日本にとっては重要であるとするものであった。新疆地域における複雑な民族問題については、詳しくは述べられてはいるけれども、どのようなかかわり方をすべきかは述べられておらず、対外的政策としては(もちろんそれに関与することは内政干渉にあたるから公然とは述べられないであろうが)提示されていない段階にあることがわかろう。

さてちょっと付記しておきたい。新疆に関する日本陸軍が得た情報についてである。その多くは清国駐屯軍(→支那駐屯軍)経由であるが、これは天津に駐屯していた軍司令部の諜報活動の一端であった。駐屯軍の本来の任務は、在清公使館・領事館保護および外国人保護のほか、北京と海浜間の自由交通確保であった(14)。これは義和団事件での清国情勢の混乱に対応したものであり、その後の清国情勢の鎮静化にともなって別の役割が重視されていくようになった。これが中国に関する諜報業務であり、具体的には、中国の政治情勢や軍事情況を探り、さらには社会状況や産業などを調査し本国に報告することであった。

この側面における活動が、特によくわかるのが、一九〇五年から一九〇八年にかけてである。この時期の定期報告が、ほぼ完全な形で防衛省戦史研究センター図書室に残されている。定期報告の「駐屯軍旬報」・「駐屯軍報告」・「新聞翻訳」の三種類である。この内の「駐屯軍報告」・「新聞翻訳」が、中国情勢を伝えている。「駐屯軍報告」は、仙波太郎司令官時代から送られていた「特報」を、一九〇五年から改題したもので、中国情勢について司令部がまとめて報告したもの、「新聞翻訳」はその典拠資料的な意味をもち、天津で収集した諸種の新聞・雑誌の記事を翻訳したもので、範囲は軍事・外交・交通・政治・革命党・土匪などの状況など総合的な清国情勢報告になっている。その中にも新疆情勢に関するものがかなり含まれている。しかしこれらの史料は、多くの中の新疆情報であって、特に新疆に関心を示したものではないということに注意が必要であろう。

三、大正期から昭和期にかけて

ここまで日本人が新疆をどう見たかという視点から論じてきたが、実際の新疆における政治情勢は、どのようなものであったのだろうか。一九一一年の辛亥革命勃発に呼応して、新疆でも革命派が新軍を組織し立ちあがったのは一二月二八日のことだった。これはすぐに失敗したが、翌年一月七日イリの恵遠城で起きたクーデターにより新政府が組織され、清朝側との戦闘が開始され、一進一退の状況となった。南北和議成立後の三月二七日、清軍を率いていた新疆巡撫の袁大化は共和制に賛意を表わし、イリ軍と談判の結果、四月二五日袁は辞し、楊増新が新疆都督となった(15)。

その後、第二革命・第三革命、内戦激化と続く中で、職名は転々と変わったが、楊はその位置をよく保ち、一九二八年に新疆省主席となるまで新疆における軍事・外交の実権を掌握して、独裁的な政治を行った。袁世凱の帝制を支持したが、内戦に対しては中立的な立場を取り、中央政府から財政的な自立を図り独自の紙幣を発行し、域内の民族対立を利用しながら、いっぽうでは中央政府から大幅な自治権を獲得するなど、新疆を中央政府からは相対的に独立した地域として実質的に支配した。ロシア（→ソ連）に対しても、外交関係を結ぶなどのことも行った。一九二八年、蔣介石によって北伐が達成されると、楊は国民政府を認め政権に従う態度を示したが、その直後の七月に暗殺された。新たに省主席となったのが金樹仁である(16)。

色々と事件はあったものの、辛亥革命後から昭和初期までの新疆を一言で述べれば、楊増新によって中国中央政府ともロシアとも摩擦を回避しながら、独自の政治が行われた時代であったといえよう。ただしその独自性は、中国の分裂状況の表われでもあった。

そのような情勢の推移の中で、日本はどのように新疆とかかわり、あるいは新疆への思いを抱いたのだろうか。それを知るために、てっとり早い方法は、アジア歴史資料センターにアクセスして「新疆」で検索してみることである（たぶん多くの人がそうしているだろう）。その結果は、それほど得られるものは多くない。その中で系統的に使えるものは、外務省記録の「各国内政関係雑纂／支那ノ部／西蔵新疆」(17)の簿冊であり、これは時期的には明治末から一九二六（大正一五）年をカバーする。その後を引き継ぐ昭和期の簿冊が「新疆政況並事情関係雑纂」全一〇冊(18)であり、これは時期的には一九二六年から一九四四年までのものである。この二つの史料群は、外務省に入ってきた諸情報をファイルしたもので、日本政府のかかわりを直接的に記したものではない。また前者における情報は、辛亥革命期を除いては量が少なく、さらに西蔵関係のものの方が多い。そのような情報の存在状況は、後者の新疆単独の史料群（第一冊）になっても一九二八年までは、変化していない。このこと自体が、大正期における日本と新疆との現実的なつながりの薄さを表現している。

断片的に伝えられる情報の中には、次のようなものがあった。辛亥革命によって引き起こされた新疆の状況は、一九一二年中の数通の情報で、ロシアの動きを警戒するような意図をもって送られている。落ち着きを取り戻した一九一三（大正二）年以後、たとえば二月の北京公使伊集院彦吉からの報告は、回族の不穏な動きを抑えるために政府は優待条件八条を決定したというものである。それは、回族を満漢蒙蔵と同列に置くこと、鉱山は回族で開発することを認めたこと、中央政府は回族を保護するため兵を送ること、回族に選挙・被選挙権を与えること、回族の外債は中央政府が引き継ぐこと、風俗・習慣は改めないことを約束したことなどであった。一九一四年七月に参謀総長より送られてきた情報は、二月に伊犁鎮辺使は新疆都督の監督下に置かれ伊犁将軍の権限は消滅したこと、伊犁で発行の紙幣について新疆省発行紙幣に替えること、政府側官吏とロシア領事との反目があること、ロシアは混乱を予想しそれに乗じようとしていたが混乱しなかったので不発に終わったというようなことである。

その後は、ロシア革命関係の記事が見える。これと関連しそうなものが、他の史料にもある。たとえば一九一八（大正七）年三月五日付の支那駐屯軍司令官石光真臣より陸軍大臣大島健一宛の「諜報機関配置ノ件報告」(19)である。これは駐屯軍の諜報担任地域内における諜報機関の配置を報告する文書で、張家口、陝西・西安、新疆・迪化、外蒙古・庫倫における諜報員氏名が記されている。新疆・迪化は、佐田繁治という在郷軍人下士官の担当となっている（歌手さだまさしの祖父）。王が指摘するように、この時期に日華陸軍共同防敵軍事協定が締結され、シベリア方面からロシア革命の波及が懸念されていたから、それへの対応の一環であったろう。

ずっと時代は飛んで一九二六年五月のノボォ・シビルスク島田滋領事よりの報告は、一九二二年から一九二四年にかけてのソビエトと新疆との外交関係の推移に関する報告である。一九二二年より通商交渉を開始したが難航し、一九二三年八月からの交渉では請求権問題を棚あげして進み、一九二四年一〇月にウルムチにソビエト領事館、新疆に接するソビエト連邦内に中国領事館が開設されたことなどが報告されている。この一九二四年は中ソ協定が結ばれた年であるとともに、満洲における張作霖とソ連との間に奉ソ協定が結ばれている。それを考えると、これは新疆独自の動きではなく、ソ連の対中政策の一環であっただろう。

いずれにしても情報は断片的で、政策提言があるわけではなく、まとまりを欠いている。しかしそれらの情報がまったく無意味であるというわけではない。パブチャップの蜂起に参加しようとしたり、セミョーノフ軍に一時参加した大陸浪人である副島次郎の一九二四年の中央アジア横断旅行(北京からトルコまで)の記事(『大阪毎日新聞』に掲載、イリまでで中断)や、その他の新疆について触れた新聞や雑誌記事などは、ある程度のまとまりをもって収められている(20)。

ところが「新疆政況並事情関係雑纂」第一冊の途中から、新疆情勢が騒がしくなってくるとともに、報告もかなり長くなり、時々調査報告的なものも含まれるようになる。それは一九二八(昭和三)年七月一三日の駐華公使芳沢謙吉よりの、新疆省政府が六月に国民政府に服従を決定し、三民主義を遵奉することを表明し、省政府改組、青天白日旗を掲揚したという情報と、その約一週間後の七月二一日に、再び芳沢より、国民政府に服従を決定した楊増新(新疆省主席)の暗殺報告からである。新疆省内が揺れ出したのである。新たに新疆のトップに立った金樹仁と、暗殺された楊増新系との争いがしだいに激しくなっていく。金は社会主義の影響を受けていると言われていた馮玉祥系であり、親ソ連的な政策をとった。そのため、しだいに新疆におけるソ連の影響力が増大して行ったことや、回教徒への圧迫を行ったことへの反発が原因であったようだ。

そしてこのような動きの末に起こったのが一九三一年のハミ蜂起と、それに引き続いて起こった一九三三年に始まる回教徒の反乱と動乱であった。この一九三三年から、「新疆政況並事情関係雑纂」の文書量は、とつぜん増加する。内容も高木陸郎の「新疆省独立事変の全貌」など興味深い史料がかなり多くなる。事件はカシュガルにおける新政府樹立がウルムチまでに拡大して、一時期は無政府状態に陥り、その中で金樹仁は免職され、盛世才が権力を握るのだが、ソ連の西北から新疆に介入する動きや、イギリスの南西からの動きなどが絡まり複雑な様相を呈していく。

興味深いのは、ちょうどこの時に中国大陸の東部では日本が満洲事変を引き起こし満洲国が建国されていた。この動きと新疆におけるソ連あるいは、新疆と西蔵におけるイギリスの影響力拡大の動きとが連動していると報じられていることである。動乱はソ連と結んだ盛世才の下で鎮圧され、ソ連軍が新疆に入り、ソ連による借款供与も行われるなど、新疆に対するソ連の著しい影響と、中国共産党の影響力を強めることになった（もっとも後に盛は、国民党に寝返る）(21)。一九三一年のハミ蜂起以後の東トルキスタン情況は、王柯の前掲書が丹念に追っている。

満洲と新疆の間の作用は、たとえば現象としては、北満洲から撤退したソ連軍が、新疆に投入されることになったように現実にあったし、新疆に対するソ連の影響力の増大が外蒙古から東に進み満蒙地域に波及されるという懸念も生じた。それとは反対に、満洲における日本と、新疆におけるソ連の動きが同じレベルでとらえられる（これに西蔵におけるイギリスの動きが重なる）。つまりそれらがアイコの行動として論じられたりもしているのである。かつて辛亥革命後に、もし中国分割が生じた場合の棲み分けとして想定された局面の再現である。もっとも蒙古問題におけるソ連との対立などもあり、そう簡単には割り切れるものではないが興味深い。

さてこのような新疆省での混乱は、新疆への日本人や外務省・軍の関心を高め、再び多くの新疆調査報告書を生むことになった。それがたとえば『新疆省事情』（一九三四年、外務省『国際事情』という雑誌の一部）、『新疆事情』（一九三四年、南京政府師長謝彬の著作の翻訳）、『新疆調書』（一九三五年、公使館高橋清四郎書記生の報告）、陸軍新聞班『外蒙及新疆の近況』（一九三五年）などであろう(22)。

それとともにソ連の影響力が強くなった新疆状況を打破すべく、日本の民間では、イスラム教との提携を策すさまざまな動き（大川周明やクルバンガリー）や、中央アジアを故郷とするウラル・アルタイ語族の一致団結を説くツラン主義などの、荒唐無稽と感じられる運動も展開されるようになったのではあるまいか。

おわりに

新疆は日本にとって中国を越えた遠い位置にある地域だったため、実際のかかわりよりも、周辺諸国（特に中国とロシア・ソ連）との関連においてとらえられる地域だった。日露戦前から日露戦後にかけては、ロシアの南下に対する危機感から、どのように影響が及んでいるかを知ることが第一の関心であった。日露戦争直後も、まだ新疆に勢力を拡大しつつあるロシアという観察の上で、そのロシアとの対抗上、清国と協力して新疆におけるロシアの影響力を排除していくことが提案された。

辛亥革命が勃発して、中国自体の前途が危ぶまれた時の日本の関心は、中国に、特に満蒙にいかに影響力を確保していくかであり、その場合、ロシアの新疆に対する影響力の増大は、日本の満蒙に対する望みと同じ位相にあるため、日露戦後ほどには脅威をもっているものとはされなかった。革命後、新疆は中国の中央政府から相対的に独自性を強めるとともに、ソ連とも特殊な関係を築く特別な位置を保っており、それに対して日本が関与する余地はなく、そのため関心もシベリア出兵前後を除いては薄かった。

しかし楊増新の没後、金樹仁のもとでソ連の影響力が増加するとともに、新疆内での政治的・民族的対立が増して騒々しくなってくると、再び日本人の新疆への関心は高まってくる。一九三三年の新疆動乱以後については、まだ勉強不足であるため、結論的なことは言えないが、「満洲国建国」が新疆地域に影を落としていること、さらに盛世才のもとでの親ソ政策の進展の中で、初めて新疆の宗教・民族的対立をふまえての民間における提携運動が出始めていることだけは指摘しておきたい。

註

(1) たとえば金子民雄『中央アジアに入った日本人』(新人物往来社、一九七三年)。
(2) 王柯『東トルキスタン共和国研究』(東京大学出版会、一九九五年)、同「近代における日本と新疆（東トルキスタン)」(山内昌之編著『中央アジアと湾岸諸国』朝日新聞社、一九九五年)、野田仁「日本から中央アジアへのまなざし」(『イスラーム地域研究ジャーナル』第六号、二〇一四年)。この内、野田の論文は、ロシア側の史料を用いながら、日本人の中央アジアとのかかわりを扱ったもので、これまでの日中関係史から論じられることの多かった日本人の西域への関心を、よりロシアとの関係に重点をおいて跡づけたものである。
(3) 宇都宮太郎関係資料研究会編『日本陸軍とアジア政策　陸軍大将宇都宮太郎日記』第一巻・第二巻（岩波書店、二〇〇七年)。
(4) 日野強『伊犂紀行』(博文館、一九〇九年)。
(5)〈露国、蒙古、中国に関する意見書・覚書等綴〉(「宇都宮太郎関係文書」書類292の内、以下「宇都宮関係文書」)、〈第一次革命時の特別任務に関する訓示〉(「宇都宮関係文書」書類296-2、国立国会図書館憲政資料室蔵)。
(6) 山田辰雄編『近代中国人名辞典』七〇五頁（霞山会、一九九五年)、「升允」の執筆者は久保田文次。
(7) イブラヒムについては小松久男『イブラヒム、日本への旅』(刀水書房、二〇〇八年）が詳しい。
(8)「極秘　対支那時局策」(「宇都宮関係文書」書類330-4)。
(9)〈欧米列国と支那との関係に関する報告書〉一九一三年四月七日（「宇都宮関係文書」書類357)。
(10)「満蒙及新疆ニ対スル露国ノ経営」(アジア歴史資料センターRef.B03030414500、以下単に一二桁の資料番号のみ示す)。
(11)「蒙古辺境視察員派遣一件」(B03050330600)。

(12) 櫻井好孝「蒙古視察復命書」(B03050332000〜B03050332100)、波多野養作「新疆視察復命書」(B0305033150 0、B02130295900〜B02130296700)、林出賢次郎「清国新疆省伊犂地方視察復命書」(B03050331600〜B03050331700)。

(13) 藤田佳久『東亜同文書院中国大調査旅行の研究』(大明堂、二〇〇〇年)。

(14) 拙著『華北駐屯日本軍』(岩波書店、二〇一五年)を参照されたい。

(15) 辛亥革命武昌起義紀念館編著『辛亥革命史地図集』(新華書店、一九九一年)。

(16) 「楊増新」『近代中国人名辞典』一〇三〇頁による。執筆者は久保田文次。

(17) 「各国内政関係雑纂/支那ノ部/西蔵新疆」(B03050218800)。

(18) 「新疆政況並事情関係雑纂」全一〇冊(B02031843400〜B02031854000)。

(19) 「諜報機関配置ノ件報告」(C03022435700)。

(20) 副島については満鉄弘報課編『副島次郎の中央亜細亜横断』(満洲日日新聞社、一九四〇年)。

(21) 「盛世才」『近代中国人名辞典』七〇一頁。執筆者は伊原吉之助。

(22) 『新疆省事情』(B02130674500)、『新疆事情』(B10070379100)、『新疆調書』(B10070381100)、陸軍新聞班『外蒙及新疆の近況』(C14060826900)。

〔追記　本稿は、筆者の本務校の中国に関係を有する先生方と行っていた共同研究の成果である。その一環で新疆を視察する計画が持ちあがったことを契機に、「宇都宮太郎関係資料」などを利用しながらまとめたスケッチであった。本書に収めるにあたりタイトルを変更した。〕

第一二章　東南アジアとアメリカの辛亥革命記念空間を訪ねて

はじめに

筆者は先に、羅福恵・朱英主編『辛亥革命的百年記憶与詮釈』の書評を書いた(1)。この全四巻にわたる書は、辛亥革命や孫文がどのように位置づけられてきたかを、政治情勢、社会情勢、学術研究の各側面から、あるいは政府・民間社会・研究者それぞれの立場からみた総合的な研究史をまとめたものであった。特に第四巻『紀念空間与辛亥革命百年記憶』では、墓地、記念館、故居、旧址、公園など各種にわたる記念空間・記念物に注目して、それが出現した歴史的経緯や政治・社会的意味づけを行っている。本稿は、この著作に触発されて、現地調査をした書評の続編と訪問記を兼ねたような報告である。なお本稿では中国語の文脈および固有名詞として使用されている場合は、紀念・孫中山を用い、それ以外の場合には記念・孫文を使用している。

筆者は近代日本史を研究フィールドとするが、辛亥革命と日本政治・外交との関係を追究する過程で、日本における孫文や黄興など革命運動で活躍した人物、反対に革命運動を抑圧する立場に立った北洋軍閥関係の人物などに興味を持った（研究したわけではない）(2)。そして彼らに関する史跡についても、見学するようにつとめてきた。

最近の歴史学界では、歴史を意味づけていく行為をめぐる議論が流行している。それは大きく言えば歴史認識の問題であるが、具体的には世界遺産や世界記憶遺産の認定問題や個々の記念碑や史跡・事績にまつわる問題にまで及んでいる。地域観光開発の視点から官民あげて世界遺産や記憶遺産への認定をめざす活動がなされているが、遺産のどこに注目するかをめぐって国際問題化したことは記憶に新しい。歴史的意味づけは多様性を内包しており、そのどこを強調するかをめぐっては、問題になりやすい。

筆者のような興味本位からの史跡めぐりは、一種の観光行為であるが、同時に史跡・記念物が与えられている政治的意味に動員させられている行為と見なされてもしょうがない。ただなぜそこに記念物があり、どのように意味づけられているかを知ることは、無自覚的に政治動員されるのとは、やはり違う。

筆者は一昨年（二〇一四年）夏に、Braunar am Inn というオーストリアの町を訪ねた。ザルツブルグから、途中から各駅停車する列車に約二時間揺られて、そのドイツ国境の町をめざした。ある建物を見にいくためであった。その建物の前には石碑があり、表に「FÜR FRIEDEN FREIHEIT UND DEMOKRATIE, NIE WIEDER FASCHISMUS, MILLIONEN TOTE MAHNEN（平和・自由と民主主義、二度とファシズムは必要ない、何百万の死者を忘れるなかれ）」と書かれている。裏には、この石がマウストハウゼン強制収容所から運ばれてきたものであることがわかるように、「STTIN AUS DEM KON ZENTRATIONSLAGER MAUTHAUSEN」と刻まれている。「戦争とファシズムに対抗する記念碑」と言うそうだ（説明板はない）。これはヒトラーの生家（図01）であり、筆者が訪れたのは、世界における慰霊碑・記念碑調査の一環であった（3）。

その場にしばらくいると、時々グループがやってきて、この建物を見学して去って行く。観光ポイント

〔図01 ヒトラー生家〕

の一つであることがわかる。最近はブラック・ツーリズム（ダーク・ツーリズム）という、人類の負の遺産をめぐる観光旅行もあるらしい。反対にネオ・ナチのヒトラー崇拝者だったら、生地を訪問するという行為は、巡礼のような神聖な意味を有するだろう。もっとも昔から巡礼行為は、転じて観光でもあったから、この場所を訪れる行為は、石碑の文字を眺めて歴史の教訓をかみしめても、あるいはその反対であっても、観光行為につながっているという点では、外面的には区別はつかない。ただこの建物が歴史現場であり、歴史の何事かを象徴していることは変わらない。

一、辛亥革命を海外で記念することの意味

話がいきなり横道に入ってしまったが、本稿では、辛亥革命関係の記念物が、どのような機能を果たしており、華人統合の象徴や観光資源となる可能性について、中国以外の地域を題材にして考えることを課題とする。

『紀念空間与辛亥革命百年記憶』の第一二章「海外辛亥革命紀念空間」（劉伝吉・冀暁雷・丁広義執筆、以下「海外紀念空間」）では、日本・東南アジア・欧米（イギリス、アメリカ・カナダ）の革命関係史跡が取りあげられている。

たとえば日本については、世界中で最も革命ゆかりの地が多く、革命家や孫文に関係する史跡が残されており、その多くが在日華僑の人々だけではなく、日本の民間人によっても保護されてきたことが指摘されている。これは革命運動を助けた日本人が数多く存在したことによる(4)。日本人のかかわりを記念するという意味では、国内的なものであるといえよう。しかしその存在が、最近とみに対立が厳しくなっている日中関係の中で、両国民友好の場という機能をもたされていることも事実であり、そういう点では両国民共通の遺産となり得るものであるともいえる。

これに対して、アメリカにも革命関係の記念物はあるが、そのほとんどは華人の多い地域（中華街）に、華人によって作られ保護されている。これは革命に対する資金援助活動を在米華僑が行ったという活動をふまえた歴史にもとづいている。したがってそこにはアメリカ人は登場せず、米中友好の場とはなり得ない。革命を応援したホーマー・リーのようなアメリカ人がいなかったわけではない。しかし、その活動がアメリカにおいて記念されたということは聞かない（後述）。

東南アジアにも、革命関係の史跡が多くある。その多くも華僑関係だが、こちらは資金援助だけでなく、革命活動そのものの場でもあった。その代表例がシンガポールの孫中山南洋紀念館（晩晴園）で、ここは民衆教育と観光をメインとする記念空間となっていると「海外紀念空間」は書いている。そして現在でも華僑たちが記念式典を行う重要な場所となっており、今後も華僑たちの中華民族としての帰属意識を高めることに積極的な役割を果たすことになろうとも述べられている。つまり華僑たちの巡礼場所の一つとなっているわけだ。ここで想定されているのは、在外華僑、大陸および台湾の中国人のようである。

王暁秋(5)によると、辛亥革命前に孫文は、日本に五年、南洋に四年居住し、革命の基地としていた。その日本と東南アジアでの革命活動を比較すると、①革命団体を創始し党人の革命基地とした点、②講演・宣伝活動、書籍・新聞などを発行した点、③武装蜂起の計画を立てた点で共通していたが、革命工作の重点は異なっていたという。それは①当初日本でも在日華僑を工作の対象としていたが、後には留学生を対象とするようになったこと。これは戊戌政変後に、多数の改良派が日本に亡命するとともに、多くの留学生が来日したのに対して、東南アジアは終始華僑が工作の重点であったことが関係している。また②日本では政府と各界人士・大陸浪人に働きかけがなされ、興亜思想に呼応する動きが見られたが、東南アジアでは、そのような働きかけはないわけではなかったが、効果はなく、したがって革命資金の調達と植民地からの解放を求める団体に接近したという。そういう経緯から、東南アジアでも、革命運動を記念する担い手は華僑であった。

「海外紀念空間」の著者は、その論文全体を通じて、辛亥革命および孫文関係記念物が、華人を結集させるシンボルの役割を有し、海外の華人は辛亥革命記念空間・記念物を歴史文化資源とし記念活動を行うことによって民族意識を高めており、国内・海外の華人、両岸の人々を繋げる役割を果たしていると指摘している。

それが通用するための前提として、辛亥革命の歴史的位置づけを確認しておく必要があろう。台湾（中華民国）にとって、辛亥革命および孫文は、歴史的に決定的な意味を有する。革命の結果、中華民国が建国され、孫文は国父として尊敬されている。もっとも、台湾化が進行した一九九〇年代には、その動きは抑制的となった。複雑なのは中華民国を否定して一九四九年に成立した大陸の中華人民共和国である。『紀念空間与辛亥革命百年記憶』第一章「国家対辛亥革命紀念空間的定位」によると、新中国は孫文の革命に対して、半分肯定、半分否定のような態度であった。革命を不十分なものとしながらも、次の毛沢東による革命に至る一里塚としての意義を認めるというものだった。辛亥革命五〇年にあたる一九六一年に、国務院は全国重点文物保護単位を定めた。その中には辛亥革命関係の史蹟もかなり多く含まれていた。たとえば黄花崗七二烈士墓や武昌起義軍政府旧址、中山陵などで、地域的には華中・華南のものが多く、黄興や秋瑾の故居などの重要人物に関するものもあった。それにより湖北省や南京で、遺跡の保護や修築も開始された。しかしこの動きは文化大革命により中断され、逆に各地の記念物が破壊されるようなことさえ起こった。

改革開放後になると、再び辛亥革命の意義が高く認められ、二〇〇一年に江沢民が「共産党は孫文の継承者」と発言して以後は、辛亥革命関係の記念物の大規模な修復と建設が全国的に進むようになったという。つまり辛亥革命および孫文を称揚することは、大陸・台湾の両者にとって好ましいことであり、したがって中華民族のアイデンティティーとなり、民族意識を高める役割をもつということになるというわけだ。辛亥革命記念物は、歴史文化資源や観光資源であるけれど、それ以上に政治的な意味合を有するということになる。

ではほんとうに「海外紀念空間」の著者が言うような機能を、辛亥革命記念物は果たしているのか、それを確かめてみたいというのが、紹介されている施設を筆者が自覚的に回り始めたきっかけであった。さらに「海外紀念空間」の著者は、執筆材料として主に新聞記事やネット情報を利用したようであり、すべての施設について訪れたわけではないようであることに気づいた。そこで可能な限り現地を訪れて、それらの史跡を実際に見て確かめることを思い立った。そしてこのような調査では、結果的に世界各地の中華街を訪問し、公園や街角の記念物を網羅的に見て歩くことになり、辛亥革命や孫文だけでない記念物・建築物などにも出会うことになった。それが牌楼（中華門）であり、華人博物館であり、関帝廟や孔子像、その他である。以下は、これらを見て感じた個人的な報告である。

二、シンガポール

筆者が、東南アジアにおける辛亥革命関係史跡を訪問したのは、二〇一三年一二月のことであった。シンガポールとマレーシアのペナン島だけの短い旅程であったが、ほぼ両所に現在残されている関係史跡を探りあてることができた。

「海外紀念空間」は、シンガポールで中心的な役割を果たしている孫中山南洋紀念館（図02）の歴史を、次のように説明している。孫文は八回シンガポールを訪れ、一九〇六年に同盟会シンガポール分会を発足させた。紀念館の建つ晩晴園が重要なのは、晩晴園に三回宿泊したこともさることながら、最も重要な時期に宿泊し、多くの蜂起が計画された場所であったからであり、孫文没後の早い時期から記念空間となった。一九三七年に同盟会のメンバーが寄付金を集めて購入し、中華民国政府が管理し、一九四〇年に晩晴園を開館した。その当時は、孫文記念と抗日戦争宣伝の二重の記念空間であった。ところが晩晴園は一九四二年に日本により占領され、通信営となり活動は中断された。日本敗戦後の一九四六年に国民党シンガポール支部の事務室となり、一九五一年からはシンガポール中華総商会が管理した。一九六四年から一九六五年にかけて修復され、一九六六年に孫中山歴史文物展覧館となり、孫文の東南アジアでの活動に関する資料を展示した。ちょうどシンガポール独立の頃である。一九九四年にシンガポール政府は、晩晴園を歴史古跡に認定し、一九九六年に孫中山南洋紀念館と改称された。一九九七年から二〇〇一年にかけて、シンガポール中華総商会が修復を行い、二〇〇一年一一月に正式開館した。開館式には元首相リ・カンユー（李光耀）が出席して式を主催した。

〔図 02 孫中山南洋紀念館〕

紀念館は、まず園内を入った（園内ではなく紀念館前庭の空地である……筆者）正面の巨石に「孫中山、一箇改変中国命運的人（孫文、中国の運命を変えた人）」というリ・カンユーの揮毫があり、裏面に孫文の「天下為公」の文字が刻まれている。紀念館正面には、中山服姿の孫文の座像があり、座像の下に晩晴園の簡単な紹介文が書かれている。広場の前には、黄花崗七二烈士の内の四烈士の彫刻があり、中国海峡両岸関係協会会長汪道涵の「烈士樹」、台湾海峡交流基金故会長辜振甫の「仁心果」の文字が刻まれた木彫が置かれている。紀念館は二階建てで、五個の部屋、一個のリビングおよび二個の廊下があり、一階は平和室、奮闘室、集思庁と歴史廊下、二階はシンガポール室、南洋

〔図 03 日本・中国・シンガポール年表〕

室、遺珍室と時代廊下という構成となっている。平和室では晩晴園の過去と現在が、奮闘室ではハワイのホノルルから広州と香港までの孫文の足跡が、入口の大きいリビングと展覧室との間には来訪した外国首脳の写真と揮毫と感想文が、南洋室では辛亥革命と南洋華僑の特殊関係を特筆し、「華僑は革命の母である」という絵が飾られている。シンガポール室は、辛亥革命の当地華人に対する影響、孫文を中心に秘密会議を開催する情景の絵が飾られている。

以上が文献から得られた情報であるが、実際に紀念館を訪れたところ、少し違う情報、あるいは補足すべき事情が判明した。まず晩晴園の歴史に関することについては、一九四九年にシンガポール政府が、ここでの国民党の活動を禁止したことにより中華総商会に所有権が移転されたこと。つまり中華人民共和国の成立により、国民党との関係が断絶させられたらしいことがわかった。また一九六六年に孫中山歴史文物展覧館が開館された時には、日本占領時代に亡くなった者の遺品が展示されており、日本との戦いを記念する側面があった。

また現在の展示構成と内容は、上で紹介されているものとはだいぶ異なっている。これは二〇一一年一〇月に、リニューアルされたことによると思われる。新しい展示は、しっかりとした展示で、その中で目を惹いたのは中国、シンガポール、日本を並べた年表（図03）に沿った展示であった。筆者が訪問した前の月まで、「海外逢知音」というタイトルで孫文・シンガポールと日本に関する特別展が開催されており、この日本紹介の試みは初めてのものであったという。その残りなのか判別がつかなかったが、海外華僑にとって孫文を記念することが日本との関係を考えることにつながるということが、かなり意識された展示になっていた。革命活動を紹介した部分で、孫文の活動拠点の一つが日本であり、孫文を援助した日本人が、有名な宮崎滔天以外にも何人かが取りあげられ、シンガポール華僑と日本人および在日華僑が同志的であったことが説明されていた。

またシンガポールの歴史を取り込み、それも第二次世界大戦後のかなり後の時期までも扱っており、シンガポールにおける華僑の歴史を現代まで追ったものになっている。大戦中の日本占領時代における抗日運動関係の展示もあったが、これはシンガポール人の体験は中国の体験と重なるということを示すものであろう。館外の記念物として、新たに二〇〇五年に作られた「共同記憶の壁」というレリーフも、シンガポールという国の歴史と大戦中における抗日運動を描いたものであった。シンガポールという国の記憶と華人の記憶を共同の記憶として定位したいということであろう。

いずれにしてもこの記念館が、第一にシンガポールの華僑のアイデンティティーを構築する場であること、それは大陸系・台湾系意識、あるいは共産党・国民党の対立という国際情勢を乗り越えようとしていることは、中国海峡両岸関係協会会長と台湾海峡交流基金故会長の二つの木彫物が並んでいることが象徴していよう。そして第二に、記念館が華人としてのアイデンティティーのみならず、シンガポール人としてのアイデンティティーを構築しようとする場となっていることである。それがシンガポール史の中における華僑という位置づけである。そして第三が、最近、日本を要素に加えることで、より広い視野を設定しようとする段階に踏み出そうとしていることであろう。これらにより、この場所にますます多くの人を呼び込むことが可能になると思われる。

三、ペナン島

ペナン島はマレーシアの北部、インド洋に面する小島である。小島といっても南の端にある飛行場から北の端にあるリゾート地までは、バスで一時間半くらいはかかる。筆者がめざしたのは、このリゾートではなくて、ジョージタウンという本土側に面した島の中心都市であった。ジョージタウンは、シンガポールと同様に、イギリスの海峡植民地として栄えた歴史を持ち、現在は世界遺産となり多くの観光客を集めている。イギリス東インド会社時代のコロニアル様式の税関や、イミグレーションの古い建物や要塞（コーンウォリス要塞）、キリスト教の教会などがお化粧直しをさせられて観光施設化されている。

また同地には、古くから華僑たちも多く、中国風の寺院もあり、町の雰囲気は全体的に中華街的である。いっぽうでは、イスラム文化やインド文化の影響も大きく、モスクやヒンドゥー教の寺院もあり、夕方になるとコーランが鳴り響く。またタイ風の寺院も見られた。交通の要地として東西文化が混合・融和してきた植民都市としてのユニークな姿が評価され世界遺産に認定された街である。近代日本との関係もあり、町の一角には日本人墓地があり、そこには「唐ゆきさん」たちの墓や、第一次世界大戦中に東南アジア水域の警備にあたっていた軍艦最上でスペイン風邪で死亡した水兵たちの慰霊碑が並んでいる。

「海外紀念空間」は、ペナンと革命運動・孫文とのかかわりについて、次のように説明している。二つある孫文記念館（孫中山檳城基地紀念館と孫中山紀念館）の紹介に混乱があるようなので、その点を整理・訂正しながら示す。檳城とはペナンのことである。孫文はペナンを三回訪問している。最初が一九〇五年で、このときに小蘭亭クラブで第一回目の演説を行い、一九〇八年にも「満洲清王朝が倒れないと中国は必ずや再び滅びる」という演説を行った。孫文は一九一〇年に、シンガポールからペナンに同盟会の南洋総部を移し、一一月一三日にペナン会議を開催して黄花崗蜂起を計画し資金を調達した。その時に総部が置かれたのが打銅仔街一二〇号であり、そこが現在「孫中山檳城基地紀念館」となっている（図04）。筆者が訪問した感じでは、個人の家を改造したもので、館長のKhoo Salma Nasution（邱思妮）の努力で維持・運営されているようである(6)。展示は、室内の両側の壁を使って孫文とペナン会議との関係を示したもので、各所から集めた孫文の東南アジアでの活動を示す写真や文物が飾られている。当時の生活用品や、孫文が使用したことがある家具類もあり、裏側のロビーには孫文の揮毫「天下為公」「博愛」が掲げられている。筆者が訪問した時も、ほぼ紹介通りであった。ここは二〇〇二年に中国国家副主席の胡錦濤が訪問し、二〇一〇年の双十節の時には邱館長を中心に「孫中山、宋慶齢紀念連合会議及孫中山ペナン会議一〇〇周年国際祝典」が開催され、孫文・宋慶齢写真展、孫文思想弁論大会、各地記念館の紹介と孫文精神研究会が行われたという。

〔図04 孫中山檳城基地紀念館〕

いっぽうかつての小蘭亭クラブは、現在はもう一つの孫中山紀念館となっている（図05）。これは、一九〇八年に孫文によって宣伝機関として創設されたペナン閲書報社が購入して、一九一七年に移転したもので、南洋総部も一時置かれた場所である。その後、ペナン閲書報社は移転したが、第二次世界大戦後に再び閲書報社が使用した。この建物を改築して一九九九年に閲書報社孫中山紀念館が建設され、二〇一〇年一一月の孫文生誕日に閲書報社一〇二周年記念として孫中山紀念館展覧室が除幕された。除幕式には、マレーシア首相署部長Koh Tsu Koon（丹斯里許子根、マレーシア民政党首席）、ペナン閲書報社社長拿督荘耿康、台北国父記念館館長鄭乃文らが出席したという。

「海外紀念空間」は、どちらかというと「孫中山檳城基地紀念館」

〔図05 閲書報社孫中山紀念館〕

に重きをおいて叙述しているが、実見によれば、展示は「孫中山紀念館」の方が本格的であり、展示施設も整備されている。入って正面のホールには、孫文の巨大な座像があり、両側は閲書報社の歴史と孫文のペナンでの活動箇所のジオラマ、展示室は二つで、A庁は孫文と中国国内の革命運動を追った展示で、いくつかの場面がフィギュア模型を使用した最新式の展示であり、B庁は世界での孫文の活動を紹介したもので、ここでは東南アジアのみならず、日本やイギリスとの関係についても触れていた。そして展示室の奥に小蘭亭の額が飾られている部屋と会議室がある。

世界各地に存在する孫文記念館のグループには、こちらが参加している。ところがインターネットなどで調べると、ペナンでの孫文の記念館は、「孫中山檳城基地紀念館」がヒットするようになっており(7)、英文でSun Yat Sen Museum Penangは「孫中山檳城基地紀念館」の方である。これに対して「孫中山紀念館」は、英文でSun Yat Sen Memorial Center(またはHall)であり、記念館が所有するホームページはまだない。両者間に何か立場の違いに起因するものがあるようであり(前者が大陸系、後者が台湾系のような)、マレーシア政府は「孫中山紀念館」の方をペナンの名所とするよう動いているという。

そしてここで注目したいのは、ペナンにおける革命記念空間が、ジョージタウンの世界遺産の一つに組み込まれていることである。「孫中山史蹟巡礼」というビラ(図06)が作られ、同じものが町の中にも立派な看板として立てられており、巡礼地点には、それとわかるような目印(図07)が、すべてではないが付けられている(8)。巡礼箇所は一八あり、順番で示すと以下のような史跡である。1ペナン閲書報社旧址・

小蘭亭クラブ／2ペナン華人大会堂（孫文が演説した）／3三山公所旧址（汪精衛が演説した）／4閲書報社の最初の社屋址／5孫中山檳城基地紀念館／6謝徳順故居・清朝時代のペナン領事館址／7呉世栄私宅（ペナン同盟会支部会長）／8「得昌号」（商社名）／9「宝成号」（商社名）／10「吉昌号」（商社名）／11許生理と許生堂が創世した会社／12a『光華日報』旧址／12b鍾霊雨等小学旧址／13『光華日報』旧址／14同善学校旧址／15育才学校旧址／16福建女校旧址／17麗澤社・麗澤学校旧址／18益智閲書報社旧址。二つの記念館のほかに、孫文によって創設された新聞社や学校、孫文や他の革命党員が演説した場所、革命運動を支援した人々の会社や集会所など、かなり細かい場所を拾っている。

二つの記念館にも、かなり頻繁に華人系とおぼしき観光客が来ていたので、観光客招致策としては成功

JEJAK WARISAN
SUN YAT SEN Heitage Trail
GEORGE TOWN
PENANG
孫中山史蹟巡禮
thinkCITY

〔図06 ペナン孫文巡礼マップ〕

〔図07 目印看板〕

していると思われる。町歩きは、この孫中山史蹟巡礼だけではなく、さまざまなアート作品（可愛らしい絵が、町の壁に描かれている）が町のそこらじゅうにあり、それを捜しながら歩くだけで楽しむことができるような仕掛けがしてあり、ある絵の前には多くの若い世代の観光客であふれていた。

シンガポールにも、晩晴園以外に孫文の革命活動に関係する新聞社や学校・住宅があり、支援者もいた。それらがかつて存在していた場所は判明しているが、ペナンのように、それだけ取り出して史蹟めぐりとして観光化するというようなことは行われていないようである。史蹟の掲示は色々なところにあり、晩晴園とは別なところにあるチャイナ・タウンにもそれはあるが、革命や孫文を特別扱いにはしていない。ペナンには、まだ当時の面影がある建築物が残っているが、シンガポールの都市化は激しく変化が大きいことも影響しているのかもしれない（9）。

東南アジアには、この他にタイのバンコクには中山紀念堂があり、孫文の演説街がある。二〇〇八年にできたクアラルンプールの孫中山紀念堂は観光名所になりつつあるという。したがって調査は完全ではないが、シンガポールとペナンを見た限りにおいて、東南アジアで孫文および革命記念空間は、現地華人たちを結びつけ、大陸・台湾出身者を結びつける機能を果たしていることは確かなようだ。また観光客を呼び込むことができるシンボルの役割も果たしているように感じた。

四、ロンドン

では次にアジアから欧米に目を転じてみよう。東南アジアで言えたことが通じるであろうか。「海外紀念空間」において、ヨーロッパで言及されているのはイギリスだけである。イギリスには、孫文が長く滞在したことがあり、清国公使館に幽閉されるという有名な事件もあった。その孫文遭難事件を記念した部屋が、現在の中国大使館内にあるという（未見）。一九三三年に開室され、一九三七年に半身像が設置されたが、その後荒廃し、一九八六年になって修復されたという。この経過自体が、中国大陸での孫文評価の位置づけの変化と符合している。二〇〇六年一一月の孫文生誕一四〇周年の際には、在英華僑の招待会が行われたという。

ロンドンにあるもう一つの記念物が、グレイ・イン・ロード（Gray's Inn Road）というロンドン市立大学法学院構内にある孫文のレリーフである（図08）。一九四六年に製作されたもので、遭難事件の前に孫文が近くに住んでいたことによる。作製された経緯は、英中両国の第二次世界大戦時の友好関係を記念する目的があり、蔣介石が除幕式に祝電を寄せたという。筆者はこのレリーフを見たが、チャイナ・タウンとは離れており、現在どのような意味づけがなされているかは想像することはできなかった。

〔図08 ロンドン孫文レリーフ〕

五、ハワイ

アメリカとカナダにも、孫文関係の記念物がけっこうある。孫文は何回も両国を訪れ、在米華僑に対して革命の必要を訴えて資金を調達した。したがって記念物は、華僑の多い土地に限られる。ハワイ、サンフランシスコ、サンノゼ、サクラメント、ロサンゼルス、シカゴ、ニューヨーク、バンクーバー、モントリオールなどが「海外紀念空間」では紹介されている。筆者はこれらのうち、モントリオール以外を訪ねた。また紹介されていないがバンクーバーの対岸のビクトリアの中華街の公園にも孫文像はあり、一九一一年に当地を訪問したことが記されている（カナダの中国人フリーメイソン協会により二〇一五年建立）。

〔図 09 孫文 13 歳像〕

〔図 10 文化広場孫文像〕

ハワイは孫文と特に関係の深い場所である。孫文はハワイに六回滞在しているが、最も長かったのは、革命運動の文脈ではなく、一八七九年（一三歳）から少年時代をホノルルで過ごし勉学をした時代である。兄の孫眉がハワイに移住して農場を経営し成功した縁による。まだその頃のハワイはアメリカではなくハワイ王国の時代であった。孫文とハワイとの関係については、しっかりとした研究があり『ハワイにおける孫逸仙：その活動と支援者たち』という書籍も出版されている[10]し、ハワイ孫文史跡ツアーも行われている。なおハワイがアメリカに併合されたことにより、以前からハワイに移住していた人は、アメリカ国籍を獲得することになった。これにより孫文もアメリカ人となる資格を得た。

筆者がホノルルを訪ねたのは二〇一五年二月であった。ハワイの中華街は、ホノルルの中心部にあり、けっこうな規模である。「海外紀念空間」の記述は簡素で、かつ重要なことを記していないので、筆者の見学を補足しながら記す。中華街のほぼ南端に「孫中山紀念公園」があり（二〇〇七年改称してできた）、そこに孫文像がある。この像は孫中山ハワイ基金によって寄贈された孫文一三歳の銅像であり、本を片手に歩く格好をした珍しいものである（図09）。

そしてもう一つの孫文像が、中国文化広場の脇にある。これは一九八四年に台湾高雄の国民党関係者によって建てられたもので、「天下為公」の文字や「三民主義」の文章が青天白日旗デザインの上に置かれている台座に刻まれている（図10）。二〇〇九年には馬英九総統が献花をした。「海外紀念空間」の著者は、場所を興中会の旧地としているが、これは誤りではないのだけれど、ここが国民党ホノルル支部であることを記していない。中国文化広場にある中国文化センターには、孫逸仙ホールやハワイ・ホノルル興中会紀念堂もあり、広場の真ん中にはアメリカ国旗と青天白日満地紅旗（中華民国旗）が飾られている。国民党支部の活動とつながりの深いことがわかる。

ホノルルの中華街の入口にある牌楼（中華門）は、高さ三メートルくらいの小さなもので「中国城」と記されている。マウナケア・マーケットプレイスというのが、中華街の中心にあり、そこには孔子像がある。この像はハワイに華人が到達して二〇〇年を記念して一九八九年に中華民国僑務委員会から贈られたものである。周辺にはホノルル中山学校もある。二、三階建の建物が多く、表面的には政治色は見られない街並であった。この街並みの中には、孫文の革命活動に関係する場所がいくつかある。そういう場所が、ハワイ孫文史跡ツアーの巡礼地で、孫文の二つの銅像、革命運動で講演した劇場、創設した新聞社や中華学校、そして華人のソサイエティーなどである。中華街以外の場所では、通ったセント・アンドリュー教会なども含まれている。それらは、ほとんど旧態はとどめてはおらず、その場所であるという目印もないが、ホームページなどには紹介記事もあり、簡単に回ることができる。

ハワイには、このほかマウイ島にも、孫中山公園と銅像があるそうだ。これは兄の孫眉が経営した農場があったことによる（未見）。

六、アメリカ本土

①西海岸（サクラメント、サンフランシスコ、サンノゼ、ロサンゼルス）

次にアメリカ本土である。筆者が訪問したのは、二〇一四年一二月と二〇一六年二月のことである。まずカリフォルニア州の州都であるサクラメントは、孫文は訪れたことはないようだが、駅前のブロックが丸ごと中華街である。道を渡った東側が歴史地区として観光施設化されており、鉄道博物館や歴史博物館もある。歴史博物館の展示からは、中国系・日系移民たちの活動がよくわかる。牌楼（中華門）には「沙加麺度華埠」と記され、中華会館・孔廟と中華学校・体育館が一つの建物に入っている。ブロックの中央に建てられているのが中山紀念館（図11）で、その前には孫文の立像がある。外側の壁には一九七一年の銘のある「軍人忠烈碑」のレリーフがある。中は図書室で、正面に孫文肖像と「博愛」「天下為公」「三民主義」の額、周りの壁際を利用して中国文化と孫文・蔣介石・国民党の展示がなされ、ところどころにアメリカ国旗と青天白日満地紅旗が飾られている。特に大きいスペースで紹介されていたのが黄花崗蜂起の展示であった。ここも国民党支部である。

〔図11 サクラメント中山紀念館内部〕

次にサンフランシスコのチャイナ・タウンは、全米第一の規模で、三〇ブロックくらいを占める。サンフランシスコには、もう一つ西の方のクレメントという地区にも新しいチャイナ・タウンがあり、それは地元住民のためのものだという。有名な中心部のものは、住民の利用も多いが観光的要素も多い。大きな通りにはビッシリと中華料理店や雑貨屋が並ぶが、少し奥に入ると、まず目に入ったのがビルの上層階あるいは屋上に旗が翻っていることであった。その旗の多くは青天白日満地紅旗であり、対抗するように五星紅旗（中華人民共和国国旗）も翻っていたが、その数は少なかった。ただ奥の方（西側）は五星紅旗が多く、合わせると青天白日満地紅旗が少し多いようだ。堂々と政治的立場を表明し、また宣伝しているようであった（なおクレメントのチャイナ・タウンには旗の掲揚などはなかった）。

孫文はサンフランシスコを四回訪れており、チャイナ・タウンには、孫文を記念するものが、少なくとも三つある。一つは正門の位置に立っている牌楼（中華門）である。門に掲げられている文字は孫文による「天下為公」である。そして坂を上がった St. Mary's Square にあるのが、異様な高さの孫文像である（Beniamino Bufano 制作）（図12）。これは一九三七年とかなり早い時期に建てられたものであるので、現在各地で見られる孫文像とは違い見慣れない形である。一九三七年の林森の銘文がある。一九四三年に宋美齢がここで行われた記念式典に参加したこと、双十節、国父生誕日、国父記念日に華僑団体が記念活動を行っていることが「海外紀念空間」には記されている。またこの公園の中央には第一次世界大戦および第二次世界大戦で命を捧げた中国系アメリカ人の慰霊板が設置されており、チャイナ・タウンの慰霊空間の役割を果たしている。

〔図 12 セント・メリー・スクゥェア孫文像〕

中国国民党アメリカ総支部の建物の中にあるのが金山

〔図 13 ロサンゼルスの孫文像と牌楼〕

（サンフランシスコ）国父紀念館である。道路の反対側は、中華会館や中国商業センター・中華学校であることから、ここが中華街のセンターであることがわかる。メモリアル・ホールには大きな孫文肖像が掲げられており、来訪時の写真が飾られている。「海外紀念空間」や『孫文記念館館報』(11)によれば、ここはもともと孫文が一九一〇年に創刊した『少年中国晨報』新聞社の所在地であったところで、停刊（一九九一年）後の一九九四年に建てられたものだという。孫文が執務した机と椅子のレプリカや、活動を紹介しており、孫文の半身銅像もある。毎年三月と一一月には記念式典を行っている。そばに米国華人歴史博物館や中国文化センターもあり、歴史博物館ではアメリカ西部開拓における中国系移民の働きを紹介する特別展「Underground China Town」という展示は、その後の中国人排斥運動などを細かく説明しを行っていた。ているものであった。

なおサンフランシスコでの歴史史蹟めぐりをするのに役に立つ案内書がある。"Historic Walks in San Francisco: 18 Trails Through the City's Past"(12)というもので、そのチャイナ・タウンの項には、孫文関係のものがいくつか紹介されている。筆者が孫文像のある場所がセント・メリー・スクゥエアだということを知ったのも同書による。街には、歴史散歩コースを示す標示がある。

以上からも、孫文関係のものの多くが台湾・国民党関係者によって作られたということを指摘することができる。サンノゼに至っては、孫中山記念堂と中正紀念亭がセットであった。ロサンゼルス中華街のセントラル・プラザの孫文像（図13）は、生誕一〇〇年を記念して一九六六年に建設されたもので、建設主体は不明だが、その前に立つ牌楼には「中華民国二七年」と「羅省中華会館」の文字があった。

その点で、サンフランシスコの米国華人博物館の展示が、孫文関係のものはなく、中国人のアメリカ西部開拓への貢献展示と、一九一五年前後の民族差別展示であったことは、興味深い。またバンクーバーやロサンゼルスなどの牌楼（中華門）の建設が、在外華人の協力（大陸・台湾系を問わない）によってなされたものであることが刻まれているように、歴史性や政治性の薄そうなところで、華人意識の統合がなされているのである。孫文の位置づけが中華民国と中華人民共和国で異なり、彼の像を立てることには必然的に政治性が絡むのに対して、門は歴史性や政治性が薄いものなので（ただし門に掲げられている額が誰の書であるかは重要だが）、統合の象徴となりやすいということだ。孫文だけを取り出して華人の統合を論じるのは誤りを生みやすいということである。在外華人の歴史意識を探るには、また他の記念物についても見ることが必要だという感触も深くした。

さらにこれは改めて紹介すべきだと考えるが、数年前にはなかった海外抗日戦争紀念館という博物館がサンフランシスコのチャイナ・タウンの中心部に出現していたことも注目に価するだろう。この記念館は戦争勝利七〇周年を契機に作られたもので、抗日の歴史展示と、海外華僑の協力、さらにアメリカの援助が語られている。歴史意識としては、反ファシズムという点で、アメリカ人と中国人は協力した点を強調しようとするものであった。米中親善の狙いが見える。ここには政治性も感じられる。

②シカゴ

シカゴのチャイナ・タウンもかなり広く、六ブロックほどある。ここの牌楼（中華門）も「天下為公」の文字の額が吊り下げられている。立派なガイド用のリーフレットも出版されている(13)。それには中国文化、

〔図 14 シカゴ国父紀念館〕

チャイナ・タウンのあらましと位置、街の歴史などが書かれ、見所として、中華街パビリオン、牌楼（中華門）、Cermark Road、龍のモニュメント、華人退役軍人紀念碑、中華会館、セント・テレス華人天主教学校、シカゴ華人博物館、孫中山公園、華人基督教聯合会、アラン・リー広場（この人は開国期の駐朝鮮公使）、孫中山紀念館、仏教寺院、セント・テレス教会、培徳中心、九龍壁、華埠広場、譚継平紀念公園などが紹介されている。中華会館の脇には、やはりアメリカ国旗と晴天白日満地紅旗が掲げられていた。

中山紀念公園は、とても小さな道端の空地を利用した孫文胸像とブランコがあるだけの小さな公園であった。碑文によると、アメリカ建国二〇〇年を記念してとあるから、一九七六年に建てられたものと推定される。獅子会中華民国総会が贈ったもので、「海外紀念空間」によると、国民党支部が孫文生誕記念の式典をここで行っているという。

英語でDr. Sun Yat Sen Way、漢字では永活街にあるシカゴ国父紀念館は（図14）、二〇〇二年に開館されたもので、これも「海外紀念空間」には記されていないが、国民党中美支部と同じ建物の二階に入っている。ここの展示は比較的しっかりしたもので、孫文のシカゴでの活動に関するものは数点しかないが、海外活動に関する資料を中心に生涯が豊富に紹介されていた。五〇人くらい入れるホールの壁を利用したもので、サクラメントと同じように、正面には孫文肖像と「革命尚未成功」「同志仍須努力」の額、アメリカ国旗と青天白日満地紅旗、それに辛亥革命の時の革命旗（晴天白日旗）が飾られている。

入館すると、しばらくして五〇歳代くらいの管理人らしき人が話しかけてきた。日本人だと告げると、日本と中国との関係をどう思うかと、答えにくい質問をしてきた。こちらからは台湾出身かと聞いたら、そうではないと言う。そして何も尋ねないのに、「日本は大好き」と言い、シカゴの中華街に大陸系の人が多くなってきたことを案じていた。後から四、五名のグループが入ってくると、荷物を入口に置いていたので、「注意しなさい」と言ってきた。この管理人は、完全に反大陸派だった。国民党支部なので、当然の反応なのだが、アメリカにおける政治的立場の違いに由来する溝の深さを痛感する体験であった。

だが海外を訪ねる大陸系中国人が、海外にある孫文記念館を巡礼する動きは、ここが国民党支部であるにもかかわらず遠慮なしに訪れていたことが示すように、ますます加速するであろう。これはアメリカにおいても、東南アジアと同じように、これらの施設が中国人観光客の観光資源になり得る可能性を示している。

さてもう一つの記念館であるシカゴの華人博物館は、新しいが小規模なもので、展示には革命運動や孫文への言及はなく、中国人の生活と祭りの紹介が中心であり、歴史としては中国人のアメリカ移民者を、一八〇〇年代の開拓者、一九七〇年代の来訪者、そして最近きた人たちの姿にわけてビデオで紹介していた。二つの記念館の関係が気になるところだ。

「海外紀念空間」には、シカゴ国父紀念館に、二〇〇七年総領事の唐英福が孫文の生涯に関連する図画を寄贈したことが書かれている。そしてこれが「当地中国人は孫文記念空間で孫文記念儀式及その他の活動を行っているが、これらの活動は中国人達を凝集させる中心的な役割を果たしている。中国人の心も又、大陸と繋がっており、大陸各地の辛亥革命記念場所を拝謁したりしている」という結論的文章につながっているわけだが、実際には難しそうだというのが、アメリカを巡っての筆者の感想である。

③ニューヨークとフィラデルフィアにて

筆者は二〇一七（平成二九）年八月にニューヨークに立ち寄ったついでに、チャイナ・タウンを訪問した。近くのColumbus Parkに孫文像があることがわかっていたからである。その像（図15）の正面には「天下為公」という孫文のお決まりの書と署名が刻まれ、左側面には中国文（繁体字）で孫文の簡単な伝記がニューヨーク中華公所主席伍権碩の名で書かれ、ここに中華民国百年一一月一二日の日付が添えられていた。つまり辛亥革命一〇〇年記念物として二〇一一年に立てられたものである。右側面は、英文の孫文伝で、背面には建立にかかわった団体と個人名が記載されていた。北京という字が入っている会社が一つだけあったが、多くは台湾系のようだった。周りでは、多くの華人たちがゲームをしたりする見慣れた風景があった。

〔図15 コロンバス公園の孫文像〕

ニューヨークのチャイナ・タウンの中心は、二〇〇メートル四方くらいの大きさで八つのブロックに飲食店がひしめいている、それほど大きなものではないが、その飲食店を囲む外側にも、孔子プラザや大乗寺のような関係施設がある。北側にはイタリア・レストラン街があり、そこに美国華人博物館もある。

博物館は、以前は中華街の中心部にあったようだが、数年前に移転して新築された。この博物館はこれまでアメリカで見た華人博物館の中では、最も充実した展示で、アメリカにおける華人の歴史を、一七八五年に初めて中国にきた三人から始めて、開拓への協力、迫害の歴史、日本との戦争の中での中米友好、第二次世界大戦後の冷戦期におけるイメージの悪化、そしてアメリカに根付いた華人たちの活躍の姿などが展示されている。そこでも孫文の中華民国建国が、アメリカの建国精神と孫文の三民主義を並べて大きく一面を使って紹介されていた。なお展示の説明は簡体字であった。

チャイナ・タウンの東側にある孔子プラザの前には、アメリカ建国二〇〇年を記念して一九八三年にニューヨーク中華公所が建立した孔子像が鎮座しているのだが、驚いたことに、その背面にも「天下為公」という孫文の書が、ただし Columbus 公園のものとは違って署名無しで刻まれていた。後ろに木があり、その狭い空間に入らないと見えない、わざと隠されているような感じであった

そのほか Kimlau Square の小さな広場空間には、「華裔軍人忠烈坊」（In Memory of the Americans of Chinese

世界禁毒先驅林則徐
ＬＩＮＺＥＸＵ
1785-1850

PIONEER IN THE WAR
AGAINST DRUGS

〔図 16 ニューヨーク林則徐像台座文字板〕

〔図17 フィラデルフィア中華街そばの林則徐像〕

Ancestry who Lost their Lives in Defence of Freedom and Democracy）と書かれたニューヨーク華裔退伍軍人会が建設したゲート状の慰霊門（碑）が立っていた。

そしてもう一つ、その横にあったのが林則徐像であった[14]。

その台座には、前頁に掲げた語句が刻まれていた（図16）。これを見た時には、ドラッグが問題化しているアメリカにおいては、林則徐は麻薬撲滅運動の先駆者として評価されているのだろうくらいの感想しか思い浮かばなかった。繁体字である。

ところが二〇一八（平成三〇）年夏に、再びアメリカで林則徐像にめぐり会った。フィラデルフィアのチャイナ・タウン（費城華埠）の北側の入口に、ワシントンと思われる人形の像と並んで置かれていた（図17）。Lin Zexu Memorial Statue と題され、費州（フィラデルフィア）福建同郷会の林明華が贈送したと記され、その下に英語と繁体字で、林の簡単な紹介と、アヘン禁止を推進したことと、イギリスとの間での戦争の原因となったこと、今では中国史におけるナショナル・ヒーローとして尊敬を受けていることが記されていた。

どうも林は、アメリカの華人たちにとって、その功績がアメリカ人にも理解され、また自分たちも誇ることができやすい華人を象徴する価値を有する人物のようなのである。

七、ホーマー・リーのこと

シカゴの国父紀念館の展示には、他所の展示にはなかった（だいたいどこの孫文紹介展示も似たり寄ったりである）ひとりのアメリカ人の肖像が掲げられていた。説明文は中国文で「随同孫中山先生到中国的美国軍事学家荷馬李将軍」、その下にドイツ語で'Ein Amerikanischer Militärexperte begleltet Dr. Sun Yat-sen nach Cnina'とあり、その下に手書きの英文で'Gen. Homer Lea assisted Dr. Sun on uprisings'と書かれている。どうやら展示した時には、この人物について詳しくはわからなかったらしく、後でホーマー・リーという説明を加えたようである。

現在ではホーマー・リー（一八七六〜一九一二）は、革命を支援したアメリカ人として、徐々に知られ始めている。この人物は、日米関係史においても時々登場してくる人物で、日露戦後の日米対立関係を論じる際に、アメリカで日米未来戦争を題材とした小説（『無知の勇気』）を書き、警鐘を鳴らした人物として知られている。同時にリーは、孫文を援助し軍事顧問的役割を果たした、ほぼ唯一の純粋の欧米人であった。ウエスト・ポイントのアメリカ陸軍士官学校に在学したことがあったことから、軍事専門家の肩書きを有する、日本の大陸浪人に似たような人物である。辛亥革命が勃発した時に海外に滞在していた孫文は、一九一一年一二月に香港に到着する。その一行に加わっていたのがホーマー・リーであった。この時には、日本人の宮崎滔天や山田純三郎のような海外の孫文支援者も一緒であった。

〔図18 台北ホーマー・リー墓〕

日本では熊本に宮崎兄弟記念館があり、それが孫文や革命運動の記念空間となり、また日中友好活動の場となっている。また弘前の貞昌寺には山田純三郎の兄である山田良政を悼んだ孫文の碑（孫文・唐紹儀外同志共立）が残されており、その隣には純三郎を悼んだ蒋介石の石碑もある（同寺は山田の菩提寺）。ところがアメリカにおける革命記念空間として、ホーマー・リーに関するものが挙げられたという話は聞かない。

最近では、リーについては本格的な研究書も出版されてきており(15)、台湾では二〇一一年秋に辛亥革命一〇〇周年イベントの一環として国父紀念館で「孫中山先生与美国」展が開催された(16)。この孫文とアメリカとの関係を追った展覧会では、孫文がアメリカ市民権をもっていた証拠（アメリカ移民局文書）が展示され話題をよんだが、この時に、たぶん初めて本格的にリーの紹介がなされたのである。リーの墓は、台北陽明山の第一公墓にある（図18）。台湾にとっては、米台関係の観点から、リーが孫文を助けたことを取りあげる歴史的意味は大きく、したがって歴史記憶化の作業が進んでいるのであろう。

しかしアメリカにおける孫文との関係の記憶や記念物は、在米華僑・華人の世界に限られる。日本のように、革命への関与が、華僑から朝野の人士に広く及んでいたところと、アメリカのようにかかわりが限られた遠い国とでは異なる。すでに一度記したように日本の記念空間は、孫文や革命そのものを記念するものではなく、「日本（日本人）のかかわり」を記念するものであるという点で国内的なものであるとも言える。そしてそれは戦前には侵略を弁護する意味をもたされていたこともあろうし、現在では、日中の対立関係を緩和する役割をもたされている。

〔図 19 ホーマー・リーのサンタモニカの家〕

リーの活動がアメリカにおいて記念されてはいないのは、その援助の効果が小さかったことにもよろうが、アメリカ史の文脈や米中関係を考える時に、まだ特に重要な意味を有していないからであろう。ホーマー・リーを顕彰することが、現在のアメリカ、および米中関係にいかなる意味をもち得るのかは不明だが、それが必要ならいずれ記念化され、たとえば孫文とリーが密会して相談したというロサンゼルスのダウンタウンやロングビーチ、リーが病気を得てアメリカに帰国し最期を過ごしたサンタモニカ海岸に近い家（図19）(17)などの、チャイナ・タウンとは異なる文脈のものが、歴史遺産に加えられることもあるだろう。そうなればやがてアメリカ人も巡礼することができる観光資源になる日がくるかもしれない。

八、福州にて

ニューヨークで林則徐像を見たことが気になっていたこともあり、中国に行く機会を利用して二〇一八年二月に福州林則徐紀念館を訪ねた（図20）。福州は林の故郷である。

林については、通りいっぺんの知識しかなかった筆者にとって、現在の中国における林の評価を知ることができたという点で、その展示は興味深いものであった。

大雑把に言って、彼のアヘン厳禁・没収政策は、イギリスとのアヘン戦争をもたらすことにはなったが、彼は開明的洋務官僚として中国社会の改革に大きな業績をあげた人物であるということである。

清国にとってアヘン戦争での敗北後の歴史が、その後の列強諸国による侵略と半殖民地化の歴史、あるいは克服されなければならない歴史であるとしたら、その原因を作った林の位置づけは屈辱をもたらした人物という評価も可能である（かつての評価がそれに近かった）。いっぽう列強の侵略に抵抗した人物とも言える。その人物が、西洋を積極的に学んだ洋務派官僚であるから、話はちょっと複雑である。

しかし展示は、開明的官僚だったからこそ、西洋を知り西洋に抵抗できたという筋で描かれていた。これはまさに改革開放により「現代化に成功」した中国の現在の体験をふまえて、過去を振り返った時に、林の試みは挫折したが、果敢に行おうとしたことは現在から見れば理解できるという意味で、林を民族英雄として評価することができるという論理なのだろう。

展示室はかなり充実しており、五つの部分で、生涯やアヘン戦争などについて説明してあった。A区は誕生から官途に登り、開国論を唱えるまで、B区は治水を初めとする治績、洋務派官僚としての事績、C区は引き続いて世界の発展に注目した人物、D区はアヘン禁制の先駆者、E区はアヘン戦争に触れ、民族英雄としての現代的意義という展示になっていた。なおアヘン戦争後に新疆に左遷された後の時代のところと関連させて、少数民族の理解者という位置づけもなされていた。

この記念館の展示の最後の部分では、中国圏にある林則徐関係の記念館と像が紹介されていた。そこに掲げられていた写真は、以下のとおりである。沙角海辺林公則徐紀念碑・蘇州林則徐紀念碑・伊犂林則徐紀念碑・福州林則徐出生地・澳門林則徐紀念館・福清林則徐紀念堂・広東魯寧紀念館・陶林二公祠・陝西蒲城林則徐紀念館・鋳烟池旧址・浙江鎮海楼紀念堂、そして像としては福州・烏魯木斉・蛇口・澳門・伊犂・虎門・開封である。マカオ（澳門）にもある。

〔図20 福州福州林則徐紀念館の林則徐像〕

いっぽう海外については、ニューヨークの像が紹介されていたが、フィラデルフィアのものはなかった。手元で検索してみるとシンガポールの中国庭園にもあるようである(18)。不思議なことに台湾にはまだ無いようであり、香港では歴史博物館の展示品としての像だけであるようだ。孫文記念物が東南アジア（シンガポール、マレーシア）だけでなく、日本や台湾、そしてイギリス、アメリカ・カナダなどの各地にあるのに対して、まだ林則徐については、それほどの広がりはないし、林が海外を訪問したということもないから、彼にちなんだ地はないが、アメリカでの二つの像の出現を考えると、今後増えていくと思われる。

おわりに

海外における革命関係の記念物が、国内・海外の華人、両岸の人々を繋げる役割を果たしていることを、「海外紀念空間」は、たとえばロサンゼルスの孫文銅像の前で開催される毎年の孫文命日と生誕日に、ロサンゼルス中華会館傘下の二六個の下位会所が挙って集合していること、台湾からの新華僑団体以外に大陸からの社会団体代表や、少数のベトナム、カンポジア、ラオスの代表も参加していることを例に挙げ、それは孫文を継承して中国統一を実現しようとする願望の表われでもあるとまとめているが、長期的にはそう言えるかもしれないが、現在においてはまだ始まったばかりの段階というのが現実であろう。

東南アジアにおいては、孫文は大陸・台湾双方を結びつけるシンボルになっているが、孫文が大陸と台湾の団結の象徴になるという仮説は、まだアメリカでは通用しない。そのかわりに統合の象徴となるとしたら、従来からそうであったが、関帝廟や孔子廟や牌楼（中華門）であり、さらに最近では林則徐になりつつあるのかもしれない。

註

（1）拙稿「書評：羅福恵・朱英主編『辛亥革命的百年記憶与詮釈』」（『中国研究』第二〇号、二〇一二年一二月、麗澤大学中国研究会）。

（2）拙著『辛亥革命と日本政治の変動』（岩波書店、二〇〇九年）、同『華北駐屯日本軍―義和団から盧溝橋への道―』（岩波書店、二〇一五年）、宇都宮太郎関係資料研究会編『日本陸軍とアジア政策　陸軍大将宇都宮太郎日記』（岩波書店、二〇〇七年）など。

（3）筆者が訪問したのは二〇一四年八月七日、中京大学檜山幸夫教授の調査団の一員としてであった。

（4）日本の孫文関係史跡については、一九八〇年前後から探索が盛んになったという。これについては久保田文次『孫文・辛亥革命と日本人』（汲古書院、二〇一一年）が詳しい。なお同書への筆者の書評がある「久保田文次『孫文・辛亥革命と日本人』」（『東洋史研究』第七一巻第四号、二〇一三年）。

（5）王暁秋「辛亥前孫中山在日本和南洋革命活動的比較」（廖建裕『再読孫中山　南洋与辛亥革命』華裔館、二〇一一年）。

（6）邱思妮『孫中山在檳榔嶼（Sun Yat Sen in Penang）』（Areca Books、二〇〇八年、中国語訳は二〇一〇年）がある。

（7）「孫中山檳城基地紀念館」https://atap.org.my/members/sun-yat-sen-museum/

（8）Penang Heritage Trust によるもので、ネットからもダウンロードできる。

（9）二〇一五年一〇月から一一月にかけて神戸市舞子の孫文記念館で開催された「孫文とシンガポール展」では、シンガポールにおける孫文ゆかりの地の昔の姿と現在の姿が写真で展示されていたので、一部の人により「ゆかりの地巡り」はなされているのかもしれない。

（10）Yansheng Ma Lum（馬兗生）・Raymond Mun Kong Lum（林文光）『ハワイにおける孫逸仙：その活動と支援者たち』（ハワイ大学出版会、一九九九年）。

（11）「世界の孫文記念館（その三：アメリカ・サンフランシスコ）」（『孫文記念館館報』第三号、二〇〇九年六月）。

（12）Rand Richards, "*Historic Walks in San Francisco: 18 Trails Through the City's Past*," Heritage House Publishers, 2008.

（13）以前は http://chicagochinatown.org/ よりダウンロードできた（現在はない）。

（14）この像については山下清海『世界のチャイナタウンの形成と変容』一一〇頁（明石書店、二〇一九年）に紹介されている。

（15）Lawrence M. Kaplan, "*Homer Lea:American Soldier of Fortune*," The Univ. Press of Kentucky, 2010.

（16）この展覧会は実見した。図録として『孫中山先生与美国』（美国在台協会・国立国父紀念館、二〇一一年）がある。

（17）現在も残っているかどうかは不明だが、少なくとも二〇一二年二月までは残っていた。ただし家の前の電信柱に、取り壊す予定だという通告が貼られていた。

（18）https://www.alamy.com/ stock-photo-statue-of-lin-zexu-singapore-chinese-garden-76231395.html

※本文中に掲載した写真は、図06を除き筆者の撮影によるものである。

〔追記　本稿は、「辛亥革命記念空間と観光施設―東南アジアとアメリカを題材として―」（『中国研究』（麗澤大学）第二三号、二〇一五年）および「華人統合の象徴としての孫文と林則徐」（『中国研究』第二六号、二〇一九年）を再構成したものである。〕

第一三章　一九二〇年代前半の日中関係に関する史料紹介

一、漢口駐屯の日本陸軍派遣隊の撤退に関する史料

一九二一（大正一〇）年から開催されたワシントン会議では、列強が中国に関する有する諸権益が問題となった。その際に中国政府は、条約によって規定されているもの（たとえば北京最終議定書）以外の、中国に駐屯している外国軍隊の撤退を求めた。この要求は、ストレートには認められなかったものの、たとえば九ヵ国条約締結（一九二二年二月六日調印）に先だって調印（二月四日）された山東懸案に関する日中条約により、第一次世界大戦中に占領した山東半島における日本守備隊の撤退が決定され、五月に撤退が完了した。

いっぽう辛亥革命勃発以来、日本は陸軍部隊を漢口に駐留させていた（中支那派遣隊という）。この部隊の派遣から撤退までの経緯については、拙著『辛亥革命と日本政治の変動』第五章および『華北駐屯日本軍』（1）において詳述した。その撤退は、山東守備隊撤退の二ヵ月後の七月二日に終わったが、これは中国政府との約束によってなされたものではなく、日本側の自主的決定にもとづくものであった。

この決定が、どのようにしてなされたかについては、外務省や防衛研究所図書室の陸海軍関係史料に、それを示す記録はなく、したがって説明されることもこれまでなかった。筆者は、右の文献で撤退の経緯をたぶん初めて説明したが、その際によりどころとしたものが今回紹介する『漢口駐屯軍問題』という史料であった（2）。この史料は、その経緯を示す唯一の史料と思われる。東洋文庫に所蔵されているもので、

外務省箋一四枚にタイプで記されている。そこで、その全文を、ここに翻刻し紹介することとしたい（カタカナはひらがなに直し、適宜句読点を付した）。

〔史料本文〕

漢口駐屯軍問題　　　　関島書記生撰

一、派遣並撤退の経緯

明治四十四年末革命動乱発生し、湖北は其の策源地となり秩序紊れたるより、帝国政府は漢口に海軍陸戦隊を上陸せしめ、各国陸戦隊と共に同地居留地防衛の任に当らしめたるも、日久敷に亙りては陸戦隊自身不便を感するのみならす軍艦の移動も自由ならす、且冬期減水中大形軍艦の碇泊困難なる事情に顧み、政府に於ては同年十二月中、前記陸戦隊に代ふるに陸兵を駐屯せしめ、帝国領事館及臣民の保護に任し、且必要に応し我利権擁護に当らしむることに決定し、中清駐屯軍司令部、歩兵二中隊、歩兵機関銃隊一隊、患者収容班一隊、総計六百九十一名を同地に派遣せり、而て該部隊は翌四十五年一月一日を以て漢口に到着し、一先つ日本租界内に於ける最良住宅の大部分を借入れ屯営したるも、此等家屋は多くは狭隘にして且衛生状態不良なるのみならす、永く居留民の住宅を占有するときは彼等に取り不便尠からさるへきを察し、新に兵営を建築し軍隊を移駐せしむることに決定せり

最初右候補地として、競馬場附近大谷伯所有地及元白耳義租界内の土地を選定したるも、共に支障あり、然るに一方下流地方に避難したる居留民の帰還するに及ては、兵営建築の必要益々切迫せるを以て、四十五年八月競馬場附近大倉所有地（居留地外）に位置をトし、清国事件費より五六九、一七九円の支出を決定、工事に取掛ることとなれり

而して右兵営建物の起工は甚しく支那側の神経を刺戟し、我方に照会あり、結局我か方は、兵営に関し租界内に適当の場所なき為已むを得す右の措置に出てたることを説明したるに、支那側は、軍隊を居留地外

に移駐せしむることは各国駐屯軍に悪例を胎すのみならす、武漢官民の反感を煽る虞あるに付之を阻止せられたしと要求せるも、我方は之を肯せす、後無線電信台をも建設せり

大正六年湖北省議会の請願に基き参議院の議題となる(ママ)たることあり、林公使は北支、山東、漢口の各駐屯軍の撤退か日支両国関係に裨益する所以を力説し、政府に進言する所ありたるも、一方軍側に於ては其の時機に非らすとて強く駐屯の必要を主張し、其の儘となりたり

其の後大正十一年四月華府会議に於ける情報に鑑み、我方は漢口駐屯軍撤退を適当と認め、陸軍亦之を肯したるに依り、同五月六日の閣議を以て之を決定し、五月三十日在支公使をして左の如く北京政府に申入れしめたり

日本国政府は、従来支那朝野の屢次表明せる支那駐屯外国軍隊撤退の希望に満腔の同情を表し、偏へに支那上下の誠意と努力とに信頼し、茲に速に我漢口駐屯軍の撤退を行ふことに決したり、此の処置たる一つに支那の独立並に主権を尊重し其の国力の自由なる向上発展を期待する善隣国民の至情に出てたるものなり、日本国民は本決定か華府会議決議の精神に副ふ所以なることを確信すると共に、支那政府に於ても特に支那在留外国人の生命財産の保護に付き今後遺漏なきを期し、以て再ひ過去に於けるか如き不幸なる事態を繰返ささるへきを切望するものなり

漢口に派遣せられたる列国陸軍兵力

英国　将校一〇、士卒一五二、砲二、(四四、一二、一四着)

露国　将校　五、士卒二七二、砲四、(〃、〃、　五着)

日本　将校二八、士卒六九一、　、(四五、　一、　一着)

二、漢口撤兵後始末

帝国政府は支那独立並主権を尊重し其国力の自由なる発達を庶幾するの見地より、支那駐屯外国軍隊撤退に関し従来支那朝野の屢次表明せる希望に満腔の同情を表し、以て速に我漢口駐屯軍の撤退を行ふの事宜に適するを認め、五月六日の閣議に於て右撤兵実行を決議し、五月三十日在支公使をして右趣旨を支那政府に通告せしめ、併せて日本国民は本決定か華府会議の精神に副ふ所以なることを確信し、従て支那政府に於ても特に支那在留外国人の生命財産の保護に付今後遺漏なきを期し、以て再ひ過去に於けるか如き不幸なる事態を繰返ささるへきを切望する旨申入れしむると共に、同日午后帝国政府は右の次第を公表したり

右政府の決定に従ひ、中支那派遣隊歩兵第一大隊は、残務整理の為め約一ケ月の見込にて司令官及司令部員を残留せしめ、其他全部七月二日正午漢口を引揚けたり

同派遣隊撤退の善後処分として、軍用土地建物は在漢口総領事に其管理を委任すること、該軍用財産の処分は陸軍省と協議の上外務省に於て立案すること、存（ママ）撤兵後は如何なる形に於ても陸軍武官を漢口に駐在せしめさること等陸軍側と内協議を遂けたるか、七月十一日閣議に於て本件善後処分に関し左記三項の決議ありたり

一、無線電信の設備は派遣軍隊と共に処分せらるへき旨、過般華府会議に於て我方より声明したる行懸りもあり、此際其設備全部を陸軍に於て撤去すること、但し其経費に付ては陸軍省と大蔵省と協議すること

二、土地建物及道路の処分は居留民団と東亜同文会との間に其利用方法に付協議を遂けしめ、其決定は外務省に於て之を行ふこと、但し運動場設置に妨けある兵営建物は居留民団に於て撤去し差支なきこと

三、右土地建物並道路は其維持に関する条件を提出せしめたる上、之を民団若は同文会に貸下くること

右決議第一項無線電信撤去の為めには、陸軍側予算に依れは八ケ月の時日と廿万円の費用を要する趣にて、該費用支出方に付目下陸軍省と大蔵省との間に協議中なり

第二項土地建物に付ては、大体東亜同文会及漢口居留民団に分割貸下けて、前者には同会経営の学校拡張の為、後者には公園、運動場、青年会館、義勇隊本部及其教練場設置の為め利用せしむる方針なり

大正十一年四月二十日

漢口駐屯軍撤退に関する件

一、支那に於ける外国軍隊に関しては華府会議に於て一の決議採用せられ、其結果支那政府の要求あるときは、何時たりとも支那代表者と協調して関係諸国の代表者は外国駐屯軍撤退の見地より、支那か外国人の生命財産の安全を保障するに足るへき情況にあるや否やに付調査を行ふことに決定したる処、元来本決議は支那全権の提案に係り、主として日本軍隊の撤退を迫まらむとするの意に出てたるものなり、今後若し本問題に付き帝国政府に於て拱手傍観以て時勢の動くに放任し、支那か進むて此決議に依り手続を取り、其の結果結局我駐屯軍撤退の余儀なくせらるるか如き状況に立到るに於ては、折角華府会議を期として新生面を啓かむとする我対支政策は甚しく不利益を蒙むることとなるへし、従て我支那駐屯軍の撤退に付ては、右決議の手続を俟たす、我国は他国に卒〔ママ〕先して態度を表明し、以て我か対支政策の全般に対し好影響を与ふるの手段をとること肝要なり、若し夫れ支那の政況に至っては、十年一日の如く変転常なく其絶対安定を見るの日は殆と逆睹し難く、而して我在支居留民の地〔ママ〕命財産の安全の程度は、現在に於ても亦数年前に於ても何等変ることなく、又近き将来に於ても何等変更なかるへきこと殆と疑を容れさるに、其の絶対安全を期し得る時期を

待つよりも、寧ろ本問題は之を政策の運用に依りて決することとせさるへからす、況んや支那に我駐屯軍を存置すとも、之を以て絶対に我居留民の生命財産を保護し得ると謂ふこと能はす、而して又我国は居留民の保護に付ては必要に応し直に適当の方法を講し得る地位に在るに於てをや以上の見地より、何等条約の根拠あるにも非る我漢口駐屯軍の撤兵は、速かに之を実行すること得策なり

二、漢口駐屯軍撤退に関しては、別添申出の如く陸軍側に於て進むて之を決行したき意嚮を表したるに依り、外務省としては政策の見地より何等支障なく之を行ふことを得る順序なり

三、漢口駐屯軍撤兵の時期は可成速かなること然るへく、特に近く開始せらるへき山東細目交渉に際しては、必す日支双方に於て主張の懸隔を生し談判の進捗に困難を生することあるへきは今より想像に難からさるか、此等の場合に備ふる為め、日支間の全局に亘り絶えす良好なる空気を造り置くことは著しく我立場を有利ならしむへし故に山東撤兵の結果、極めて満足なる状態を理由とし、並支那の独立及主権を尊重し支那国力の自由なる発達を庶幾する我誠意を表示するものとして、山東撤兵終了（五月初旬）後直に漢口撤兵の声明を発すること最も時宜に適応するものと思考せらる

四、陸軍側は、支那駐屯軍撤退を以て西比利亜撤兵問題に於けるか如く対外的宣伝に用ひむとするの傾向あるに依り、漢口撤兵の声明の如きも、先つ予め外務省に於て用意し、陸軍省と打合の上発表する迄は全然秘密の取扱を為し置くこと、対内関係は勿論対外関係に於ても極めて必要のことなりとす

五、上記の趣旨により、別紙の如く漢口撤兵に関する声明案を起草せり、尚支那に対しては本件に関する通告を為すの必要あるへく、且漢口に於ける兵営、無線電信の処分に付ても同時に審議し、陸軍

省との間に打合を遂くるの必要あるへし

漢口撤兵に関する陸軍側意嚮申出

四月二十日児玉中佐来訪、別記用談の後、漢口撤兵の問題に付き御話したしとのことなりしに付、直に芳沢局長室にて局長、小村参事官、重光書記官に於て説明を聴取したり

一、児玉中佐は、陸軍側を代表し命に依り漢口撤兵に関する陸軍の意向を申上くと前提し、〔傍点原文〕

(イ)陸軍省の意向は、漢口撤兵に付ては何等異議なく、寧ろ一日も速かに之を決行したき意見なり、華盛頓会議の決議に依り列国共同の調査の結果撤兵を強ひらるることよりも、寧ろ進むて自主的に出来得る丈け速かに撤兵すること利益なりと思考すとのことなり

(ロ)之に対する参謀本部の意向も、国策上撤兵も有利なるに於ては用兵上何等之に関して異議なしとのことなり

即ち陸軍としては、山東撤兵の極めて良好なる状況にも顧み、速かに撤兵することに何等異義なしとのことなり

と説明したり

二、之に対し芳沢局長は、陸軍側の御意向は篤と諒承せり、支那の政情不安定は去年も一昨年も又今年も何等変ることなく、最近特に不安を感するにあらさるのみならす、華盛頓会議決議の趣旨に依り速に漢口撤兵を行ふこと然るへく、其撤兵の時期に関する正式の御返事は、上司とも御相談の上後日回答致すこととし、陸軍側に於て上記の如く決定せられたるは、外務省の方針を決する上に於ても頗る好都合にて感謝の意を表すとて、支那の事情並に我対支政策の全局に亘り述する所ありたり、尚小村よりも種々説明をなせり、結局本件は極めて有効に之を外部に発表し、又其実行を最も有益

に利用せさるへからす、且つ陸軍省及外務省の一致したる態度をも外部に発表したきに付き、本件に関する閣議決定の上正式発表する迄は、全然極秘の取扱をすることに打合を為せり

尚児玉中佐は、陸軍側正式の申出には非るも、自分の考にては北支駐屯軍の撤退も、外務省に於て政策上必要とあらは陸軍側に於て何等故障なき見込なり、米国側其他より先を越さるるは却つて不利とも考えらる、又在留民保護の如きは、駐屯軍を撤するも我国は必要に応し何時にても保護の方法を講し居る地位に在り云々と語れり

二、シナ国際管理論に関する一史料

ここに紹介するのは、一九二〇年代前半に欧米列強諸国から唱えられた中国に関する共同管理論をめぐる日本陸軍の反応を示す一つの書類である。タイトルは「支那国際管理又は之に準すへき提案に対し我国防用兵上より見たる対策」というものである(3)。作成者や出所などは詳らかではない。しかし内容から推測すると、一九二三（大正一二）年六月頃に陸軍の中枢（たぶん参謀本部）で作成されたものと推定される。その推定根拠は、文書の初めの方に、ワシントン会議における条約締結（一九二二年）や陸軍軍縮の実行（一九二二～一九二三）、臨城事件（一九二三年五月）の語が登場し、付録の第四の二でこの臨城事件に関連して六月に現地に派遣されたミッションへの言及があることなどによることから、その直後に作成されたと考えられる。またタイトルにある「我国防用兵上より見た」という語句、および一九二三年二月に改定された帝国国防方針との関連性をうかがわせる記述から、この文書が国防方針の策定に関係する部署で作成されたことが想像できる。

一九二〇年代の中国は、軍閥間の内戦が最も激しく戦われた時期であった。一九二二年四月からの第一次奉直戦争、一九二四年九月からの第二次奉直戦争、一九二五年一一月の郭松齢事件などがそれである。

これらの内戦に対して、中国に権益を有する列強諸国は、自国の権益が犯され、あるいは在留民に危険が及ぶ可能性があることから、対応に迫られることになった。特に各国は、その混乱が排外的な動きに発展することを恐れていた。

シナ国際管理論というのは、共同管理論(共管論)とも呼ばれ、列強諸国が共同で委員会的なものを組織して中国の行政に関与・管理することによって、社会の秩序を維持しようとするものであった。本文書にも書かれているように、中国私兵により約三〇〇人の欧米人が人質となった臨城事件(一九二三年五月六日)以後は、この主張が強くなった(4)。

この国際管理論あるいは共同管理論については、最近関心が高まってきている。史料的には、外務省記録のほかに、この時期には北京公使館付武官の林弥三吉が、これに関する意見書と経過を本国に送っている。たとえばアジア歴史資料センターの史料を検索してみると、「支那ノ財政難ト共同管理説ニ就テ」(一九二三年四月九日)(5)、「支那国際管理ニ対スル意見」(一九二三年六月一六日)(6)などが出てくる。この他、支那駐屯軍司令部「支那共管問題の研究(第一)」(一九二三年七月二五日)(7)などが知られているが、陸軍組織としての考えを直接示すものは少ない。そういう点で本史料は貴重なものと考えられる。

本史料において、陸軍当局者は国際管理論を日本に不利なものとして反対している。その理由の第一は、軍隊の行動が掣肘を受け自主的出兵などが難しくなること、ワシントン会議における条約や決議の精神に反するものであり、もし日本が国際協調の観点から部分的な国際共同管理を受け入れざるを得ない場合でも、管理の色彩を薄くし、かつ満蒙については、特に徹底して共同管理の範囲から除外するようにすることが必要だと述べている。その際に注目されるのは、陸軍が共同管理に反対する理由として、共同管理論が中国の領土的行政的保全を尊重するワシントン会議の精神に反していると指摘している点であろう。それは付録の第二の二において「列国自ら華府会議に於ける支那条約並に決議を破壊して国際公道正義に背戻する事」となると述べられているところからもわかる。さらにここには続けて、国際管理が行われた場合、事変の頻発に対して「列国自ら一々之を処理するの煩に堪へさるへく、且つ之か為列国は多大の負担を忍はさるべからさる」と述べて、中国のことは中国政府に任せることが列国にとって有利であると述べられている。すなわち陸軍がワシントン体制を受け入れることができた一つの要因として、中国に対して列国が干渉しないことを約束しあったことが重要であったといえよう。このような観点は、日本の力によって中国を安定させようとした後の時代とは異なり、中国とのかかわりを避ける内政不干渉主義が、陸軍においても日本に利益を与えるものとして一定の理論的根拠をもって受け入れられていたことを示すものといえる。

ただしこの反対の論理は、共同管理論が、中国に対する日本の手出しを難しくするというものであったから、同時に将来において日本が中国と特殊な関係を結ぶことができれば、日本の関与を高めていくことができるという可能性を残しておきたいという意図にももとづいていたように思われる。

史料には、いくつもの共同管理論に反対すべき理由が書かれている。それはたとえば国防用兵上からは、中国の資源は日本にとって必要不可欠のもので、武力を行使してでも確保しなければならないものであるのに、国際管理が行われた場合、日本がもし自由に武力を行使するとしたら、列国全部を敵とすることになるという理由であった。また平時においても随時に軍隊を出動できるようにしておく必要があること、国際管理はやがて満蒙に波及するおそれがあることなども述べられている。さらに国際管理は責任をともなうため、列国軍隊の数と派遣が必要な機会を増加する可能性があり、その場合、列強諸国は、地理的な関係から日本に頼ることになり、それは日本が「列国の番犬」となることを意味し、それは日本にとって不利を招くというようなことも書かれている。

共同管理論は本史料の付録の第四の一で、各種の共同管理論が列挙されているように、その範囲や程度にはかなりの差があった。しかしいずれのものも、行政の一部分を列強諸国が代行するという点で、より中国の内政に干渉するものであった。そしてこれはワシントン会議前後から日本が進めている内政不干渉主義と矛盾する側面を有していた。

共管論は、中国にとっては、共同統治を強いるようなものであるから受け入れられないものであったし、日本にとっても既得権益や優越的地位を無視し、独自の行動を束縛するものとして否定的にとらえられた。ワシントン体制は、列強の中国における既得権と、ある程度の自主裁量権を認めており、陸軍当局者は、日本の自由行動を難しくする可能性のある共同管理論を避けるためにも、不干渉方針の側に立ったのであろう。

参謀本部は一九二三年七月一一日に「支那の現状に対する策案」という対中国政策決定を行い陸軍省に通達している(8)。そこでは、国際管理論について、ここで紹介した史料をふまえて反対する決定がなされている。

> 帝国の国防用兵上著しく不利なる影響を及ぼすのみならす外交関係の煩累を増すものなれは、帝国は極力之か実現を防止せさるへからす、之か為依然支那の内政には不干渉主義を取り、内争に関しては不偏不党の態度に出て、一方極東條約及同決議を尊重し該條文を利用して列強の新企図を阻止するを可とす

このようなところからも、この史料は、参謀本部における管理論への対応を示す文書として重要性を有しているように思われる。

本史料は、虎ノ門鈴木製一二行罫紙にペン書きで、ひらがな漢字交じり文で記されており、翻刻にあたっては、句読点などは付せず、そのまま翻刻した。

〔史料本文〕

〔表紙〕写秘　支那国際管理又は之に準すへき提案に対し我国防用兵上より見たる対策

〔本文〕

支那国際管理又は之に準すへき提案に対し我国防用兵上より見たる対策（附録参照）

一、支那国際管理又は之に準すべき提案は帝国の国防を脅威し戦時に於ける用兵の障碍となるは勿論平時に在りても既往の歴史支那の現状に照し帝国自衛の為に出兵の必要を生する場合尠なからさるに際し我軍隊の行動に掣肘を受くる等要するに帝国の国防用兵上に著しく不利なる影響を及ほすを以て軍部は極力之に反対せさるを得ず

二、支那国際管理又は之に準ずべき提案は華府会議に於ける極東関係の條約並に決議に牴觸す該会議に於ける軍備制限関係の條約を忠実に履行し尚其精神に則り進んで陸軍々備の整理をも断行したる帝国は華府会議に於ける凡ゆる條約並に決議を尊重するの趣旨より支那国際管理又は之に準すべき提案には反対するを要す

三、然るに支那紛糾の現状殊に臨城事件等に依り支那が華府会議の支那問題決議に関する国際義務履行の能力なき事を暴露するに及び列強就中英米両国には支那国際管理の輿論沸騰し此等両国政府も亦此機に乗して部分的管理を遂行せんとするもの〻如く現に津浦鉄路警備前後問題に関聯して英国側より外人の運輸主任及会計主任を置くへく北京公使団会議に提議せられあり将来此の如く或は鉄道方面に或は財政方面又は警備問題等に国際管理の名を避けつ〻部分的に共管の実を収むへく提議し来るへきは想察に難からず而て帝国は斯かる部分的提議に対し之を絶体に拒絶するに於ては所謂国際的孤立に陥り華府会議以来採り来れる列国協調主義を破壊せさるへからさる結果となるのみならず事実在支那人は常に生命財産の不安を感し又我実業家の対支投資は担保不確実にして其回収の見

込なき支那の現況に於て其安定を期する為我経済界か右共管に共鳴するは明かにして結局帝国は其利益を侵犯せられさる範囲に於て列国と協調し部分的国際管理提案の実行に着手するの已むなきに至るへし

此場合に於ても軍部としては前記第一項の不利を顧慮し左の条件を附せさるを得す

一、国際管理の色彩を努めて稀薄ならしめ以て華府会議決議の支那の領土的行政的保全の尊重を全からしむる為管理の種類範囲期間に適当の制限を附すること

二、帝国の国防に密接の関係ある満蒙は其事実問題に於て支那本土に比し更に前項の主旨を徹底するに努むること

附記

一、支那の警備状態調査を始め各種事態に関する国際調査委員会設置の提案に対しては前二項の範囲を超越せさる限り反対するに及ばず

二、前陳の如く帝国は支那の共同管理に対し主義に於て反対し之か防遏に努めさるへからさると共に其部分的管理に対しては之に加入するの二重政策を採らさるべからさる状態にあり而して此の相矛盾する政策は我国か殊に支那に於ける帝国地盤の脆弱なる結果已むを得さる所にして此の如き帝国の困難なる立場を緩和するの途は一に前記条件即ち管理物件の種類並に其範囲を確定するに在るものと信ず其具体的研究は更に呈出す

（附録）

目次

第三、国際管理実行上の困難

第四、臨城事件以後唱道せらるゝ国際管理又は之に準すへき諸論並に北京公使団決議事項

「註」尚ほ支那国際管理の原則的根本的研究殊に帝国々防用兵の見地よりの詳細なる検討は更に他日の講究に俟たんとす

第一、支那国際管理問題の由来及列国の真意

一、支那の関税は殆んど国際管理の其れに等しく塩税の国際的関係も亦稍々之に類似するものあり為に外国の債権にして関税を担保とするものは確実なり、不安なる支那に於て外人の事業の確実さを期せんか為め関税、塩税に於ける国際的措置を政治的、財政的、交通的等他にも押拡めんとする希望は国際管理論の起る所以なり換言すれば支那に於ける外人の利益を擁護増進すべき目的を以て国際管理問題は起れるなり

又支那は民国創始以来政治の廃頽秩序の糜爛人心の腐敗愈々出でゝ愈甚だしく結局支那の統一及富源の開発は支那人の力に放任しては達成の見込なく勢ひ外人の力に依るの外なしと観察する結果より亦国際管理論を生ずるに至れり即ち前項の外国本位なるに比し此は支那本位の国際管理論なり支那人中にすら客卿政治（外人政治）に依りて支那の平和を導くを以て捷径なりと為すものあり

二、国際管理の具体的考案として発表せられたるものに一九一九年紐育平和協会最終決定委員会の発表せる国際極東管理委員会設置及大正八年支那交通部顧問米人「ベーカー」並に中英公司代表英人「メーヤス」の発表せる支那鉄道国際管理案あり就中後者は支那政府を動かしたるか如く大正八年二月初支那外交委員会は此後者に則り策定せし支那鉄道国際管理案を決議し支那政府は同月八日巴里媾和委員陸徴祥に対し媾和会議に於ける参考として該案を打電せしか時の交通総長曹如霖の激烈なる反対に由り大総統は陸専使に対し該案の提出差止めを命令するに至りし事実あり

其後も支那人間及支那関係外人間に於て支那の改造は結局国際管理に依るの外策なく国際管理は早晩実現を免れずと論するもの少しとせず殊に近年支那政府の外債整理困難を極むるに至りし以来債権を有す列国中外債の償還を求むる確実なる手段として財政又は交通収入に管理の手を染めんと欲するものあるに至りしは無理からぬ次第と云ふへく従来最も支那に好意を表すべく標榜しある米国の在支公使すら本年春公使団会議の席上に於て支那関税収入の増加に伴ひ之か管理権を列国に於て握らんことを論したるか如きを以て其意嚮の一班を窺知するに足るへく、要するに早晩開催せらるへき特別関税会議に於ては国際管理若しくは此階梯たる提案の提出せられさるを保し難き状況となりしに偶々臨城事件勃発し今や特別会議を待たずして国際管理的提案を見んとするの形勢となれり

三、之を要するに各国か国際管理を主張する目的は客観的には支那の現状を改善し之を援助して速に統一開発の幸運を享受せしめんとするにあるへきも主観的には各自国の支那に於ける利益を擁護増進し他国の利権勢力を抵製せんとするにある事は察するに難からず例へば国際管理案実現せらるゝとも「メーヤス」案の如く或は現下関税の管理に於けるか如く自国の既得勢力を盾として最大多数委員を出し国際管理の中心者乃至指導者とならば自由競争に放任して漸次日本の勢力侵入に圧倒せらるゝよりも却て利益ありと為すに在るものゝ如く判断せられ米国は元来文化的施設の外既得権を有するもの少きを以て列国協調主義を高唱し列国の利権を切崩したる上偉大なる投資力に依りて実質上の権威者たらんと欲するにあるへしと思はる

第二、支那国際管理の各国殊に帝国々防に及ほす影響

一、国際管理は支那に対しては財政を整理し交通を整備し富源を開発するに便なるか如しと雖其主権を侵害し国家と国民の自由を拘束すること大なるを以て体面を重んする支那人か強く之に反対するや明らかなり元来支那人には其国家の混乱状態の静平を期するよりも自己の慾望の達成に急なる者多

く現状を以て却て其野望を逞ふするに便なりと思考しある者少しとせす彼等は恐らく共管を喜はさるへく又輿論の攻撃に戦々競々たる政府は到底共管に同意すへくもあらさるなり

二、列国の為には対支経済戦を調整在支利権及人命財産の保護を確実にするの利あるに似たりと雖も列国自ら華府会議に於ける支那条約並に決議を破壊して国際公道正義に背戻する事となり支那人の排外思想を助成するの弊あるのみならず一面に於て支那政府の責任を軽減する事となり事変の頻発（列国は之を覚吾せさるへからす）に際し列国自ら一々之を処理するの煩に堪へさるへく且つ之か為列国は多大の負担を忍はさるべからさるに至らん

然れ共右は列国共通の利害即表面的のものに過きすして裏面に於ける国際管理の根底は列国各自身の利益を伸張に存する事既述の如きを以て其種類方法の如何によりては列国中優勝的利益を占むるものあるに留意するを要す蓋し共管となれは国力強大なるもの優勝的地位を占むるは歴史の証明する所なれはなり

三、帝国に及す影響は他の列強と異り我国民の生存に密接の関係を有する隣国として深甚の考究を要すへきものあるも茲に之を論せず唯其帝国の国防用兵上に及ぼす不利を観察すれは左の如し

（イ）国際管理は支那に於ける我兵力の使用を制限若くは不可能ならしむ抑も支那の資源は平戦両時を通し帝国々民の生活資料にして殊に戦時帝国の貿易か極東に閉鎖せられた時には帝国々民の生存原料軍事工業の原料は之を支那に求むるより他に策なきなり之か為め支那との親善関係を利用して平和的に之を求むるを得は最良の策なるも国際政局の現状は必すしも之を許さゞるべく帝国は最後の手段として武力を以て支那の資源を要求するの覚悟あるを要す（此の場合支那の中立尊重の条約は元より関係あるも之には之を云はす）此際国際管理は作戦軍の運動補給等の一般用兵上著しき障碍を呈し之を排せんとせば関係列国全部を敵とせさるへからさるに至らん

（ロ）帝国か兵を支那に用ふるは前項の如く戦時作戦の場合のみに限る能はず却て平時局地に於て帝国々民の生命脅威せられたるに際し随時軍隊の出動を要する場合の少からさるは既往の経験及現在の紛糾状態に見て明かなり此場合にありても国際管理の範囲拡張せらるゝに従ひ愈々我軍隊の行動は掣肘を受くへし

（ハ）国際管理は新借款成立の経過及華府会議の結果に鑑みるも自然の勢として満蒙に波及すへく従つて国防上少からさる脅威を受くる虞あり

（ニ）管理には責任と義務とを伴ひ管理権の侵犯せらるゝに際しては列国自ら其武力を以て之を擁護せさるへからさる場合も生すべく即ち国際管理は支那に於ける列国軍隊の数と派遣必要の程度とを一層増加するものと見るを得へし故に帝国か支那に対し随時多数軍隊を出動せしめ得るの地理的関係にある独特の威力は動もすれば却て徒らに列国の利用する所となり帝国軍隊をして列国の番犬たらしむるの不利を招き易し

第三、国際管理実行上の困難

世界大戦前に於ける欧米列強の対支活動は或は領土的に或は経済的に或は文化的に侵略政策を継続し自国の勢力圏の拡張に努力し各其根拠を有するは周知の事実なり故に縦令華府会議に於て列強か国際協調主義を承認したりとは云へ一度国際管理の実現とならば其実行第一着手に於て各国間に利害の衝突を生ずるは予察するに難からず其の要点を観察すれは左の如し

一、国際管理案実現に際し国際委員の地位及人員の配当に於て列国間に円満なる協調を見るへき事は難事の一なり彼の英人「メーヤス」の鉄道国際管理案に於て委員の分配を英二十二、米二十、仏十六、日九とせしか如くに対しては帝国は到底忍ふ能はさるへく此委員分配の基礎に於て各国夫々自国に都合よき意見を主張する事は察する難からす果して然らば管理実行は此点に於て第一の難関に遭遇

すへし

二、国際委員の数は予想外の多数に達するを予期せさるへからす海関に使用しある外人の数は現に数百人に達す若し国際管理案を有効に実施せんとせは内政軍事財政交通司法等各部門に亘り頗る多数の外人を必要とすへく此等多数外人の業務の統制連絡等も亦必要とすへく是亦容易のことにあらさるなり

三、国際管理実施上の用語を何国語となすへきやに関せさるを得す例へは用語を英語と規程せば前項の如く多数委員を必要とするに際し我国は語学の関係上委員数に制限を受くるの不利に陥るの虞あり故に我国として管理部門の少く共一部に於ては日本語若しくは支那語の採用を主張する要あるへし斯の用語問題も亦難関の一たるを失はす

四、国際管理は少く共表面上に於ては支那を援助し其改善を企図するものなる以上之を永久に継続する事能はず支那の復興を待て国際管理を中止するの要あるは勿論なり此年限及期間の問題に於ても列国各々利害を異にし従つて意見の扞格を来すへし

五、改善整理を要すへき第一のものは財政なり然るに財政に至大の関係あるは軍事の整理にして廃督裁兵は其の眼目なり廃督裁兵は地方の開発、産業の発達に俟たさるへからさるは勿論なるも目下の如く中央政府に何等の実力なくして廃督裁兵を行ふことも亦至難と云ふへく結局国際軍隊の威力を以てするにあらされば廃督裁兵も財政整理も遂行する事能はさる事あるへきを覚吾〔ママ〕せさるへからす即ち列国にして国際管理の徹底的実行を期せば武力干渉をも敢て辞せさるの用意あるを要す斯の如き大規模なる干渉管理を敢へてする事に於て各々立場を異にする列国が果して協調を保ち得るや否や疑問と云ふへし

六、国際管理は元来四億の民衆四千年の歴史、世界四分ノ一の土地を有する支那を定安せしむるに於て

一大困難事業なるのみならず既に記述する如く支那人の大反対を予期せさるべからさるに此反対を
　圧迫して之を敢行する事は亦決して容易の事にあらざるなり
要するに国際管理には其成立の出発点に於て如上述ぶるか如き障碍殊に列国間の利益衝突を予想し得る
を以て其の実現は容易の業にあらさるべし然れ共英米の之を希望する内心的目的既述の如しとせば部分
的共管例へば鉄道、財政、警察等に於て共管の具体化せらるゝ可能性は小なりと云ふ能はさるへし之に
対し帝国は機宜の処置を誤らざる事緊要なりと信ず
第四、臨城事件後唱道せらるゝ国際管理又は之に準すべき諸論並に北京公使団決議事項
一、臨城土匪事件以来列国朝野に行はるゝ国際管理的意見の主なるものを列挙すれば左の如し
（イ）一般的国際管理論
（ロ）鉄道国際管理論（全鉄道、一部鉄道の別、政治的、経済的の別あり）
（ハ）財政…………
（ニ）全鉄路を外債担保と為すへしとの論
（ホ）国際警察隊設置論
（ヘ）治安維持の目的を以てする共同出兵論
（ト）津浦鉄道其他幹線鉄道列国共同警備論
（チ）幹線鉄道急行車に外人警乗兵を置くへしとの論
（リ）支那駐屯軍隊兵力増加論
（ヌ）将来に於ける武力干渉準備を必要とする論
（ル）華府会議に於ける支那関係条約並決議取消論
（オ）列国利権保護の為国際会議又は国際調査委員会開設論

二、臨城事件に関する国際的措置として北京公使団の決議せしもの左の如し
（イ）津浦、京漢両線に対する支那側の警備状態を視察し外交団の交渉に資する目的を以て日英仏米伊各国武官より成る「ミッション」を派遣する事（帝国は支那駐屯軍司令部附渡歩兵大尉を該委員に任命せしが本「ミッション」差遣は未だ支那側に承諾を得るに至らず）
（ロ）軍情審査及報告の為め在支各国軍司令官又は其代理者を臨城附近現状（ママ）に派遣すること（此のミッションは六月一日北京出発現場視察を了し同月六日北京に帰着す帝国は天津歩兵隊長上野中佐、支那駐屯軍参謀永津大尉外一名を委員として差遣せり）
（ハ）善後策研究の為め六月八日左の如く議定す
賠償処罰研究委員　　英、仏、米、伊四公使
鉄道保護警備研究委員　日英仏米伊蘭白七公使

三、鈴木一馬支那駐屯軍司令官「駐支秘録」（一九二二～一九二三）

本稿は支那駐屯軍司令官をつとめた鈴木一馬（すずきはじめ）少将（階級は当時）の「駐支秘録」（以下「秘録」）を翻刻したものである。この記録は、千代田区立日比谷図書文化館の「内田嘉吉文庫」（618-246）に収蔵されているものである。半紙二二枚に謄写版印刷されたものに、表紙がつけられ綴じられており、図書にあたるものではない。序文の部分には、一九二八（昭和三）年五月に摘録し親しい先輩・知友に頒布したと記されていることから、少部数作られ関係者に配布されたと思われる。本史料の元の所蔵者である内田嘉吉は、台湾民政長官や台湾総督、逓信次官をつとめた官僚であるが、鈴木との接点がどのようなところにあったかは詳らかではない。

「秘録」が扱っている時期は、民国一一年、すなわち日本の一九二二（大正一一）年四月～六月の第一次

奉直戦争の時期と、その翌年の民国一二年六月から一〇月までである。これは鈴木の任期（一九二二年一月二〇日から一九二三年八月六日まで）の後半の時期にあたる。内容は中国内政の変化と、それに対しての鈴木の観察と関与を述べたものである。

鈴木は駐屯軍司令官を辞め予備役に編入された後、『最近の支那事情』(9)という書物で、当時の中国政界事情や第一次奉直戦争から第二次奉直戦争に至る間の情勢変化を詳しく述べており、「秘録」と重なる記述もしているが、自分の行動についてはほとんど語っていない。またはるか後に「秘録」の一部を利用して『往時を偲びて呉佩孚氏を語る』(10)という書物を著わしているが、これは「秘録」の方に書かれている裏面の事情を相当カットしているので、本史料を翻刻する価値はあろう。なお『往時を偲びて呉佩孚氏を語る』は、日中戦争勃発後の時期に、呉を擁立して親日政権を作ろうとする動きに対して、呉は排日思想の持ち主であるとして監視と警戒が必要なことを訴えたものである。

これらのほかにも鈴木は多くの本を出しているが、それは国防協会の会長として国民一般に向けて、一九三〇年代後半の時局や日露戦争に関することを説明したもので、「秘録」と関係するものではない。

鈴木が司令官をつとめた支那駐屯軍は、北清事変後の一九〇一年に締結された北京最終議定書によって設けられたもので、この時期には日英仏米の各国が北京・天津地方に駐屯させていた。その任務は、議定書の規定によると、各国租界警備と居留民保護、および北京・海浜間の自由交通確保にあった。ただしそれは表面の任務であり、条約に規定されていない任務として、中国情勢を探り本国に報告するという諜報任務も大きかった。また各国軍司令官は、軍事情報を交換したり、中国情勢の変化に対応して共同行動を行ったりしていた。

ここに紹介する「秘録」が重要なのは、司令官みずからが、自分の考えと行動の意図をかなり詳しく述べている点にある。読めばわかるように、駐屯軍が、情報収集につとめているという意味での諜報活動を超えて、中国情勢の変化を日本にとって有利な方向に導いていこうという工作（しばしば謀略と呼ばれる）を行っていたことを示している。具体的には張作霖に対する肩入れがどのようになされていたのかを示すものである。これまで駐屯軍司令官の記録としては、奈良武次の日記や回顧録が公刊されているくらいであり、その点からも貴重な回想記といえよう。

本史料理解を助けるために、簡単に周辺事情を書いておく。一九一六年六月の袁世凱没後から中国内政は不安定化し、軍閥間の抗争が激しくなった。北京政府では黎元洪と段祺瑞が対立し、満洲においては日本の支援を受けた張作霖が力を握り、南方は孫文らの革命党の勢力範囲だった。その中で一九一八年三月には張作霖軍が北京に向けて進軍し、一九二〇年七月には段祺瑞と呉佩孚との間の安直戦争が発生した。この戦争は張と結んだ呉軍の勝利に終わったが、やがて張と呉とが対立するようになり、本史料の第一章が扱う一九二二年四月から六月の第一次奉直戦争へと発展した。この戦いは張軍の敗北に終わり、張は奉天に引き下がった。その張が反撃に出たのが、本史料の後に続く一九二四年九月からの第二次奉直戦争であった。この戦争では張が勝利して、北京政権はしばらく張の掌握するところとなる。二度にわたる奉直戦争については、今なお池井優の研究(11)が有益である。

「秘録」の第一章では、第一次奉直戦争で、いかに鈴木が張作霖を支持し、暗にそれに協力し、張の敗北後も、どのように直隷派に対抗する勢力の再興に協力したのかが語られている。張に対するアドバイスが、しばしば登場する張作霖の軍事顧問某を通じてなされていることが記されているが、この顧問というのが、本庄繁少将や町野武馬大佐を指すことは、『往時を偲びて呉佩孚氏を語る』で確認できる。

「秘録」を裏づける史料を紹介しておこう。鈴木が張軍の集結を邪魔させないようにとの配慮で開催を遅らせた軍司令官会議は、確かに四月二六日に開催され、以後断続的に開かれている。二六日の会議では鉄道沿線に各国軍を配置することが決議され、五月七日の会議では、呉佩孚軍の白河通行を不許可とする決議がなされている(12)。また直隷軍が日本の鉄道守備を妨害しているとして日本は天津から秦皇島に向けて三個中隊を出動させている(13)。

「奉直戦ニ伴フ列国軍司令官会議ノ経過」によれば、四月二三日に北京外交団からの要請を受けて二六日に軍司令官会議を初めて開催したと簡単に経過が記されているが、「秘録」では張軍に有利になるよう配慮を加えたことが特記されている。これは表面的な報告ではわからない事柄である。実際の会議において、「秘録」に記されている英米軍司令官側からの提案を先に述べさせて会議を進めたことは、会議録によっても確認できる。だが会議において軍司令官の間に意見の相違のあったことは、「秘録」には記されていない。これはこの回顧録の本筋とは関係しないからであろう。

鈴木はまた第二章において、第一次奉直戦後における呉派の優勢に対して、張作霖から資金を引き出させて議員買収工作を行い成果をあげたこと、またその際に日本の実業家にも働きかけたが、こちらは成功せず、もしその時に成功していたら、段祺瑞による民国の統一ができたはずだが、できなかったのは遺憾だと述べている。さらに鈴木は、孫文・段祺瑞・張作霖の三角同盟の連絡役の役割を果たしたことを記している。

鈴木が駐屯軍司令官を離れた直後に起こったのが、一九二四(大正一三)年九月からの第二次奉直戦争であった。この張作霖と呉佩孚軍との戦争は、山海関周辺で激しく戦われ、今度は張軍の勝利となり、一一月下旬に戦闘はやみ、段祺瑞が臨時執政に擁立される。この時の戦闘において勝敗の分かれ目になったのが、一〇月二三日に馮玉祥が寝返って張側についたことであった。

この馮による呉への裏切りに関しては、その背後に日本陸軍のさまざまな工作があったことを坂野潤治が指摘している(14)。坂野はその一つとして、鈴木の田中義一前陸相宛書簡を引用して、張作霖から馮玉祥に一〇〇万円が渡された話に信憑性のあることを述べているが、本「秘録」において鈴木は、それを自分のアドバイスによりなされたものであることを明らかにし、このような努力によって好結果を得たのはよかったと述べている。これについては『往時を偲びて呉佩孚氏を語る』にも記されていない。なおこれは小林道彦(15)も記しているところだが、鈴木の在任中からの動きをふまえたものであることが、本「秘録」からはっきりする。

以上のように鈴木は、不偏不党・不干渉政策を表明している日本政府の方針とは別に、張作霖支援という線で間接的掩護を行っていたことを記しているわけである。

ところで「秘録」が書かれた一九二八年五月というのは、張作霖と日本軍との関係を見る時には、ひじょうに微妙な時期であった。蔣介石による北伐軍が北京に迫っており、張は北京を捨てて満洲に逃げ帰る直前の時期である。日本は第二次山東出兵を行っており、六月四日に張作霖に見切りをつけた関東軍高級参謀の河本大作大佐（当時）によって爆殺事件が行われることになる。もしかしたら鈴木は、日本軍の中に援張政策を否定するような動きが出てきたことを憂慮し、これからも張を援助することが日本にとって必要だということを言いたいがために「秘録」を記して、各方面に配ったのではなかろうか。

さて本史料の翻刻にあたっては、以下のような編集を加えた。原史料には所々に句読点が付されており、ランダムに濁音や促音の「っ」が使用されているが、統一がとれていないため、適宜句読点を振り直し、濁音は補い、促音「っ」に統一した。また鈴木は「撤去」を一貫して「徹去」と書き、「赴」くを「趣」く、「記憶」を「記臆」と記しているので、それについては撤去、赴、記憶と直した。その他は誤字に〔ママ〕をつけた。〔　〕内の文字は翻刻者によるものである。

〔史料本文〕

駐支秘録

本稿は、予が支那駐屯軍司令官時代に於て起りたる、奉直両派間の争闘に関する当時の秘録にして、今や年を閲するに従って其の真相を知るもの漸次減少するに至るべきを想ひ、茲に之を摘録して予が親しき先輩併に知友に頒つこととせり。

昭和三年五月

鈴木一馬

第一章　民国十一年春に於ける第一次奉直戦に就て

第一　戦前に於ける政状一般

安直戦争後、裡面に暗闘を交へつゝ、而も表面親和の状を装ひ来りし奉直両派の関係も、民国十年秋、民国政府と最も緊密なる関係を有する中国及び交通両銀行の預金取付騒ぎあるに際し、徐世昌大総統は該両銀行の破綻を防止して財界の安定を期するため、財政通なる梁士詒氏を首班とせる内閣を組織して時の靳雲鵬内閣に代らしめんと企図し、先づ奉天の張作霖氏と計り其晋京を促し、尚又直隷派の首領曹錕氏の晋京をも求め、梁内閣組織には両者の諒解を以て、張作霖氏の後援の下に梁内閣を作り、中国交通両銀行の破綻を防止し得たのであったが、元来梁士詒氏は直派とは好感を持たず、特に呉佩孚氏等より嫌忌せられつゝありたることと、梁内閣の産婆役が張作霖氏であったことが原因となって、梁内閣は組閣後旬日ならずして呉佩孚氏等より大なる反対を受くるに至ったのであるが、徐総統は此時に至っては強いて反対も試みず、奉直両派に対し不得要領なる操縦を試み時日を経過したが、其内に愈々奉直両派間の暗闘は正に明闘に化せんとするの状態を呈するに至ったので、徐総統は大に苦境に陥り、王士珍氏等に依頼して両派の間に調停を試みたが、奉派の政略的攻勢に対する直派の態度も、亦之に屈従する模様見えざるに至り、遂に両派の戦争を見ざれば平和的に之れを解決すること不可能なるに及び、加ふるに梁士詒氏も亦自ら進んで総理を辞せんともせず、請暇に請暇を重ぬること五度にして、天津英租界の自邸に引籠りて出でず、益々事態険悪に陥り、遂に奉直両軍の風雲急を告ぐるに至ったのである。当時奉直両派共、最早眼中徐総統なく、徐氏の哀願的態度も、王士珍、趙爾巽、王占元、張錫元等の調停運動も何等其功なく、両派は先づ互に電報戦をなしつゝ、挑戦の責を他に転嫁するに努め、又一時は奉派も平和的解決を希望せしこともあり、直派特に其首領曹氏兄弟の如きは、大に平和解決に努力したる形跡ありしも、当時旭日昇天の意気を示せる呉佩孚氏の奉派に対する攻勢的意図は、遂に張作霖氏等の戦意を固めしむるに至りたるは、蓋し当時の状勢上自然の勢と見るの外なからん。

第二　民国十一年四月に於ける奉直両軍の集中

前項に述ぶるが如く、今や奉直両軍は最早血を見ざれば止まざるの状勢に立ち至りたれば、四月十日前后より、奉軍は関内に向って続々増兵輸送を開始し、直軍も亦陝西、湖北方面より保定方面に向て陸続軍隊の集中を開始し、尚ほ奉軍は四月二十日頃より一週間に亘り東三省軍隊の主力を関内に集中輸送するに至った。

第三　帝国政府の取りたる態度

今や帝国のため特種の関係ありと中外共に是認しある満洲の主権者〔張作霖〕と、当時排日派と目せらるゝ直隷派との戦争開始せらるゝに当りて、帝国が如何なる態度に出づべきやは茲に重大視せらるべき問題にして、帝国の各界、特に外務部、軍部等に於ては真剣味を以て研究せられたるは当然のことに属すべきである。而して我当局者は慎重審議の結果、此際支那の変乱に関し不偏不党不干渉主義を中外に声明せられたのであった。蓋し当時に於ける外交上、列国との関係上、止むを得ざる処置たりしは誰も首肯せし所であらう。

第四　鈴木個人として取りたる決意

前項に述べたるが如く、我外務大臣よりは、隣国の変乱に関し不偏不党不干渉主義を声明し来りたるも、為之我が軍部の上司よりは特に何等の訓示訓令にも接する事なかりき。蓋し天津軍司令官は、条例上、天皇直隷官なるを以て、要する場合に於ては須く機宜の決心処置を取るを期待せられしなるべし。故に予は、事件の進展に伴ふて独断の処置を誤らざる如くなさんと之が決心を定めありしが、事件の発展と共に、奉直両軍の首　悩（ママ）　者より頻りに小官に向って各種の援助を乞ひ来るあり、而も当時我が小幡〔酉吉〕公使は本国に帰還中にて、吉田〔茂〕新任天津総領事は当時尚未着任にて、共に帝国の将来を基として予が取るべき決心を語り談ずるに友なしと雖も、此際徒に無為にして時日を経過すべきにあらずと確信し、遂に左の如く決意するに至ったのである。

今回帝国外務大臣は、隣国の変乱に当り不偏不党不干渉主義の声明をなしたるは、現時の状勢上当然の事に属すべきも、更に一歩を進めて帝国の将来に想　倒（ママ）　せば、今の時に於て我が特殊関係を有する東三省の主権者が万一敗滅に陥り、排日党の之に代るが如きことあらば帝国のため不利とする所であるが故に、予は当局者の意図を忖度して一身を犠牲に供し、此際自己の権威の及ぶ範囲内に於て精神的に奉軍に対し作戦上の利便を計ることに決心せり。

第五　奉軍の関内増兵集中輸送に先ち張作霖氏に対し通じたる好意的注意

奉直両軍の会戦地は天津を中心となすに至るべきは自然の勢にして、此際列国軍の感情を害せざるものが、幾分たりとも戦争の結果を良好に導き得るは争ふべからざることであるから、予は奉天張作霖氏に対し、某手段を以て左の意味の電報を発した。

貴軍の天津附近に進出するに当りては、千九百一年の議定書の精神に基き行動して、決して列国軍の感情を害せざるやう慎重の注意あらんことを望む。

張使宛　　　　鈴木

第六　奉軍主力の関内集中の際与へたる間接掩護

奉天主力の天津附近に其の集中を故障なく完結し得ると否とは、正に勝敗の決を与ふるものなるは誰も首肯する所であらう。然り而して、奉軍主力の大半が京奉線により関内に輸送せらるゝ時日は、正に四月二十日頃より二十七日頃までの間なることは、某手段により予は之を知り得たると同時に、奉軍が京奉線に於ける各橋梁の守備を頗る厳重になしありしを知る。之れ作戦上止むを得ざる処置なるべし。而して内偵するところによれば、英米軍は直派に対し好意を有する点より、此際此等橋梁掩護兵を撤せしむべく、千九百一年の議定書を楯として軍司令官会議に持出さんとなしあるが如し。而して之を撤せば、直派は間諜、若くは便衣隊を以て此等の橋梁を破壊して、奉軍の関内集中を不可能ならしめんと計画しあるが如しと。時恰も四月十九日、北京外交団より列国先任司令官たる予の許に左の如き通告要求あり。

「奉直両軍の形勢日々切迫し来るにより、天津各国軍司令官は此際軍事会議を開催し、非常の場合に於て取べき遺憾なき計画を立案して、之を北京外交団に通告せられたし」（我が公使館附武官経由）

予は右の通告要求に対し、直に左の要旨の回答を発したのである。

「予は、北京外交団の通告要求のため列国軍司令官会議開催の要を認めず。蓋し軍事上の諸計画は、非常の場合に当りて初めて会議決定すべきものにあらずして、既定の計画ありて、今や之を変更するの要を認めざればなり」

右の通告を以て回答したる理由は、若し此際軍事会議を開催せんか、前項内偵せし如く、英米側より、必ずや京奉沿線の奉軍の配兵を該線路両側二哩以外に撤去を要求すべき提議あるは火を賭るよりも明かであって、今之を為すならば、奉軍の集中は少なくも大なる妨害を受くるに至るならん、依って此際、奉軍を有利に掩護するためには、此の会議は開かざるに如かずと思意したのである。

斯くして予は、四月二十五日までは列国軍司令官に会することすら之を避くる如く行動したるも、予が意思を秘すべき手段として、翌二十六日午前、各国軍司令官に対し左の意味の通告をなし、予が官邸に会同を求めべく案内したのである。

「今や奉直両軍の会戦は争ふべからず。近日中予ての租界防備計画を実施するの期に到達せん。依って本日午後、諸官と会合して任務達成上に関し歓談せんとす。御来会を切望す。」

右の案内により、各国軍司令官は当日午後三時頃より来会して歓談せしが、英米両国軍司令官より果して、京奉線に於ける各橋梁の奉軍守備兵あることを日本軍司令官は御承知ならん、特に灤河鉄橋の如きは約一中隊の守備兵あるに、何故速に千九百一年の議定書に基て該守備隊の撤去を要求せざるやと。予は此時、大いに予及び予が幕僚等の気付かざりしを殊更詫び、今より奉軍に対し電報にて之が撤去を迫らんと述べ、直に幕僚に命じて張作霖氏に向け打電すると同時に、灤河守備隊にも該守備兵の撤去を要求すべしと命令したのであったが、之が実行せられし頃には、恰も奉軍主力の殆んど全部関内に集中したる後でありし事は、此間の苦心を物語るものである。

第七　奉軍の白河南方に向つて進出するに際し、奉天軍顧問に通じたる作戦上重大なる注意

四月二十七日、奉直両軍の先進部隊は姚馬渡附近に於て衝突したるに始まり、続いて二十八日、良郷地方の陣地に拠れる直軍は、長辛店南方高地にある奉軍陣地に向て攻撃を開始し、翌二十九日払暁より更に激戦に移り、之より全線に亘り激戦を交へ、爾来連日連夜に亘り戦闘続行、互に勝負ありしが、此間五月一日、奉天軍総司令部は軍糧城に到着したのであったが、軍事顧問某氏馳せ来りて予を官邸に訪問し、前回（ママ）の戦況を確むべく各種の問答をなせしが、此時予は同顧問に対し問ふて曰く、奉天軍は勝てる積りかと尋ねしに、氏答へて曰く、無論勝算確かなりと、予語を継いで曰く、予は両軍の状況を知り居るが、今日までの経過では、必ずしも奉軍が勝利確実なりとは断ずる能はず、依って君は奉軍敗退の場合に何れまで退くかを今より研究して置かれる方適切ならん、予の思ふには、若し現在の戦線にて敗北せば、少なくも四十里後方の灤河の線まで退却せねば恐らく奉軍は収容出来ないであらう、君慎重に研究せられよ。

又目下の戦況では、豊台の正面が非常に間隙があるやうで危険であるから、軍の総予備は速かにあの方面に転用したらよからふなど、重大なる注意を与へて帰途に就かしめたのであったが、此時既に遅し、軍

総予備たりし第十混成旅は、左翼馬廠方面の戦況に牽制せられて該方面に向って行動中にありしと聞いたのである。

第八　奉軍の永定河畔の会戦に敗戦退却中に於て、同軍の潰乱を防止するため直隷軍の追撃を緩和するに取りたる手段

連日連夜の両軍の会議〔ママ〕は、数日間に亘り一勝一敗の状況にて継続せられありしも、五月三日に至り、直軍中最も精鋭と称せられありたる馮玉祥氏の部下第三十一旅の一支隊は、其最左翼山地方面より迂回運動を起し、長辛店附近にありし奉軍の側面及び後方より圧迫を加へしかば、奉軍の右翼先づ苦戦に陥り、翌四日に至り、長辛店附近の陣地を固守せる奉軍も、終に直軍の猛撃に堪えずして全く潰乱に陥り、北京及豊台方面に向て敗退し、軍糧城にありし奉軍総司令部も、蒼皇として自ら廊坊に出陣して敗余の部隊を激励して見たが、大勢既に決し如何とも詮方なく、奉軍は全線に亘り総退却の止むを得ざるに至ったので、予が数日前奉軍顧問に注意せし如く、今や全軍灤河の線に向って退却するの止むなきに至った。而して当時直軍の追撃急にして、為に左翼張学良兵団及び最左翼騎兵集団の如きは、其大部は動もすれば其の退路を遮断せらるゝか、若くは白河の露と消ゆべき運命にありたるが如き悲惨なる（此際張作霖氏より顧問を通じて予の許に、張学良の一身を救出するため其手段方法を頼むとの事なりし故、某をして自動車にて学良氏を救出のため其戦線に差遣せしこともありたり）状況であったから、五日の夜、呉佩孚氏が其総司令部と共に天津に追撃隊を四列車に搭乗して到着したときの如きは、予は直に部下の憲兵長と軍通訳を中央停車場に差遣して、列国先任司令官の名を以て千九百一年の議定書に基き、貴軍は天津を去る二十清里以外に撤去せられたいと厳重なる抗議をなし、其の追撃の鋭鋒を間接に挫きて、其総司令部と共に遂に予が要求の下に天津を撤去するに至らしめたのであった。

又翌六日には、直軍追撃隊が白河を船にて下りて追撃を決行せんと企図し、而も此際英米両国軍司令官

及び両国総領事が、此直軍の行動を許可することに対し極力支持し（英米両国総領事の如きは、日仏の総領事をも誘ふて予が官邸に自動車にて乗り付け、強硬なる意見を吐露したのであった）たるに拘はらず、予は先任権を以て仏軍司令官と共に絶対反対意見を唱へて、遂に直軍の該行動を停止せしめ、「此際若し直軍にして強行白河を下らんとするならば、当時我が駐屯軍に必要の場合協力すべき訓令を帯び白河に在泊しありし我が駆逐艇隊（三艘）を以て砲撃せしむる決心なりき」、以て直軍の急追を阻止して間接に奉軍の退却を掩護し、併せて直軍追撃隊が白河を下る際、各国租界に上陸して掠奪等をなすを防ぎ得たのであった。

第九　梁士詒、葉恭綽両氏の日本亡命

五月三日、奉軍の敗報を得てより、刻々危険の其身に及ばんことを掛念しつゝ天津英租界にありし梁士詒、葉恭綽両氏は、直隷軍の追撃隊の天津に進入するに先ち、日本に亡命せんと企図し、其秘書鄭文軒氏を四日午前予が許に遣し、何んとか日本汽船に乗ることを工夫し呉れとのことなりしを以て、予は目下の状況上、其企図を実行せんためには、早く乗船に便なる仏租界に居を移し亡命準備を整へ待たれたしと注意して帰らしめ、而して此件は幕僚にも秘して、直ちに郵船会社支店に当時の支店長大久保忠雄氏を訪問して、事の次第を打ち明け、仏租界「バンド」に繋船しありし芝罘丸に今夜半後（ママ）密に乗船するの手配を依頼したる処、同氏は恰も予が遠き姻戚関係あるため、予と共に責任を負ふことを辞せず、無事に本国神戸に上陸せしむべしと承諾し呉れし故、予も大いに喜び、此旨梁士詒氏に伝へたれば、当日夜に入りて仏租界の中法貿易公司（梁氏の関係公司）に移りて万般亡命に関する準備を整へ、大倉組よりは世話人二名附添へて同行する如く準備したのであった。而して予は、当夜窃かに（十二時半）右貿易公司に梁士詒氏を訪問して別れを告げ、午前三時、人目を忍びつゝ無事一行は芝罘丸に乗船し、翌午前九時天津出帆、同日大沽バー通過まで、細心なる注意をして人目を避け得て、直隷軍の翌日天津に進入前に、辛じて難を避けしめたのであった。

第十　奉軍の灤河の線に退却布陣せる前後に於て、同軍の作戦に対し与へたる利便

本戦争間に於て、奉軍に最も不完備なりしは諜報機関と捜索機関なりしことは衆目の一致する処にして、為めに開戦前は勿論、開戦後と雖、彼自らの蒐集したる情報は概ね我田引水的報告に止まり、其結果は徒に自派の優勢を過信して敗因を招きたるが、其退却作戦間に於ては、殊更敵の状況を知るに由なく、為に適宜当方より直隷軍の状況を某手段により奉軍に通報するの労をとり、以て作戦上の利便を与へたのであった。

第十一　灤河の線に於ける奉軍陣地を撤して、山海関に退却布陣するに至りたる助言

奉軍は約一週間の後、辛して灤河の線に其の主力を収容集結することを得て、新陣地の構成に着手し防禦工事をなし、此処を最后の陣地として決戦を企図して居ったが、予は直軍の圧迫及び其攻撃準備が比較的迅速なりしと、加之灤河両岸の地形が当時の奉軍兵力に比し広きに過ぐるの感ありて決戦に不適当なるものと判断し、屡々使者を以て速に山海関の狭少なる地形に退却して機を見て攻勢に転ずるの可なるべきを張作霖氏に説得したが、五月下旬に入り、遂に山海関に随意退却をなして、同地に堅固なる陣地を占領することとなったのである。

第十二　山海関に於ける奉軍の攻勢移転に関する助言

奉軍が山海関の陣地に退却布陣するや間もなく、東支鉄道方面に高士賓氏の反旗を飜すあり、為めに東三省内の不穏に赴かんことを恐れて、急に張氏は某幕僚（顧問も共に）を従へ帰奉したので、山海関の正面は李景林氏、張学良氏の両兵団が併列して陣地を占拠し、之を孫烈臣氏総指揮官として残留することとなったが、適々六月五日頃より攻撃準備に着手せる直隷軍の、同十日に於ける攻撃配備が、戦術上の過を侵し頗る危険なる状況を呈しありたるを知り得たる予は、直ちに其状況を某方法手段により奉軍司令部に

通告し、併せて附加するに、明払暁より全線攻勢に転ずるを有利とすべきを以てし、特に其攻勢移転の方向並に概要の方法まで之を助言した所、孫烈臣氏は断然当夜午前三時より全線猛然として攻勢に転じ、翌十一日中に其第一線を以て敵を秦皇嶋の線まで圧迫し得て、茲に当年戦役の最后の幕を閉ぢて、辛じて再挙の道を開くの端緒を得たのであった。

第二章　第一次奉直戦後より第二次奉直戦に到る迄の回顧

第十三　奉直両軍の休戦

六月十一日、十二日に於ける奉軍の攻勢移転は、今まで勝ち誇りたる直隷軍に対し大なる打撃を与へたるため、茲に奉天軍は直隷軍に対し四分六分の状況まで其形勢を恢復するに至り、奉軍の喜悦譬ふるに辞なき程であった。特に奉天に於ては右の勝報を得るや、国旗を掲げて祝捷するが如き有様であって、張氏の如きは歓〔ママ〕極って雀躍したといふことを聞いた。斯くして間もなく両軍間に休戦條約成立して戦争休止となったが、奉天張氏よりは、直に海路（大連経由）某顧問を天津に遣はし予を訪問せしめて感謝の辞を述べしめたのであった。

第十四　奉直両派間の和平運動

休戦後、幾度も奉直両派間に仲裁すべく、王占元、鮑貴郷等の諸氏が大に奔走したのであったが、其條件纏らず、為めに真の和平解決を見るに至らず、互に次回の作戦準備に余念なきが如くなりしを以て、予は常に直派の状況に関し、奉派のため某方法により状況通報の労をとり、続いて奉派に対し好意を以て彼の将来に対し利便を与へて居ったのである。

第十五　徐総統の天津落と黎氏の晋京

曩に安福軍を撃破して其名を知られ、今又奉軍を撃破して勝利を獲得したる呉佩孚氏は、其権勢恰も旭日昇天の如く、遂に北京政府に干渉を試み、張作霖以下奉軍首脳者の官位勲等を褫奪する等、稍々横暴を極め、後又徐総統に辞職を迫るべき勢を示したれば、予てより此事あるべしと予期し居りたる徐総統は、其腹心たる王懐慶の護衛の下に、某日近侍二三と共に北京を逃れて天津に下り、先づ伊太利租界の親戚の宅に入り、後英吉利租界の自宅に移り、自然的に総統を辞したのであったが、呉佩孚氏は徐総統から一目先手を打たれた形となり、大いに驚き、速かに後任大総統を推戴せなくては、数日間たりとも無政府状態に導きたる責任は呉佩孚氏が負ふ訳となるのを厭ひ、極力在天津の黎元洪氏を推戴せんと欲し、殆んど強制的に黎氏に迫って、遂に六月十二日其晋京を見るに至ったのであった。

第十六　黎氏の後任と、就任一ケ年後の退京、並に反直派の活動開始

黎氏は張紹曾氏を起用して内閣を組織せしめ、廃督裁兵を標榜して大に為すあらんと企図したのであったが、翌十二年六月迄約一ケ年間、張紹曾氏と共に頻に諸般の施設改善に努力したるも、又も呉佩孚氏より大なる干渉と圧迫を受け、遂に北京に居たゝまら（ママ）ず、六月十三日午後一時、臨時列車を仕立てゝ天津に下ったが、之を知りたる直隷省長王承斌氏は、呉佩孚氏の電命により、途中楊村及天津中央停車場に之を抑留し、大総統の印綬を渡すに非れば解放せずと迫ったので、遂に当時北京仏蘭西病院に入院中なりし黎氏の第三夫人の許に保管しありたる該印綬を、黎氏の秘書劉鐘秀氏が北京まで戻り持参して、之を王承斌氏に渡したるにより、初めて黎氏は解放せられて英租界の自邸に入ることを得たが、時正に午前四時半であった。予は当日北京に出張して居って、公使館にて公使主催の午餐会に出席して居った時、黎氏の天津落の状報を得たるが故に、直に午後四時の汽車にて帰津の途に就きたりしも、右の如き途中に於ける黎総統抑留事件の為、着津時間が遅れて九時半頃官邸に帰ることを得たが、此時予が官邸には、黎元洪氏の令息と令嬢並に黎氏と共に天津に下り来りたる陸軍次長金永炎氏のありて、予に楊村及び中央停車場に於ける直派の暴状を語りて、黎氏を救ひ出し呉れとの頼みなりしも、予は諸般の関係上、慎重に考慮し

て自ら出馬することを避け、黎氏の令息、令嬢には慰安を与ふる如く説得して、十二時頃予が自動車にて金次長と共に黎氏の自宅に送り還らしめ、中央停車場には憲兵長を差遣して状況を逐一電話報告せしめて居ったが、午前二時半頃、段祺瑞氏の秘書兼参謀役たる姚震氏密に来訪して、当日に於ける政変と直隷派の黎氏に対する暴状とに基因して、此際反直同盟成立の機運熟したれば、黎氏の後釜に直に曹錕氏を大総統に擁立せんとする直隷派の専横なる企図を破壊するため、非常国会召集に議員が応ぜざるやう彼等を買収せんとするに要する費用数十万元の工夫を願ふとのことであったが、予は元より如斯大金を私有せざるは勿論、如何に敏腕を有する人にても到底右の望みに対し即座に満足なる答解を与ふること能はざるのが当然である、然れども熟々考ふるに、若し今にして何んとか直隷派の専横を挫くにあらざれば、愈々益々排日の熱を高からしめ、我が帝国の為め不利不尠と思へば、此際所有工夫を尽して見ねばならなかったが、茲に漸く一案を考へ出したことはあるが、姚震氏には先づ何んとか考へて見やうが、到底斯る大金の金策は急には出来ないであらうと答へ、同氏も予の意を諒として、兎も角最善の努力を頼むと云ひ辞去したのであった。次で予は、深夜直ちに（時恰も午前三時半なりき）信ずべき某を官邸に招きて、秘かに政変並に其状況等を委しく示して、明朝発の列車にて奉天に到り張使に会見して、左の如く予の意のある所を伝へよと命じた。

此際を除いては、反直同盟の結束を成功せしむべき機会なし。依って其の運動に要する費用は、貴方より是非万難を排して工夫し、速に段派の有力者に向け送金せられたし。然らざれば将来反直同盟は成立せざるべし。

某は右の伝言を復唱して即時辞去して、翌十四日朝の列車にて奉天に向って出発したのであったが、十五日午前着奉、直に張使に会見、予が伝言を逐一伝達せしに、張氏は非常に喜び大いに感謝の意を表したりとは、当時奉派の顧問等よりの来信により之を知るを得たのであるが、如斯して張使は、止むなく数回に亘り金員を天津段派有力者に発送したのであった。然して此等の金員は約三十万元と記憶して居るが、此外、段派の有力者より十二三万元を醵出したる外、黎元洪氏が第一に六万元を出金し、合計約五十万元の金員を以て国会議員を買収して、六月十九日の憲法会議を不成立に終らしめた。斯くて直隷派が其后共国会を召集して毎回共法定の定員出席せず、為にいつも流会となりて、九月下旬まで其景況を継続し得たのであったが、此際予は尚ほ進んで我が二三の有力実業家に向って激〔ママ〕を飛ばし、大いに之が金策に努力して見たが、曩に寺内内閣が段祺瑞氏を支持して後失敗に終りたる前例もあるが為か、誰一人として予が言に耳を傾け呉るゝものなかりしは、当時予の最も遺憾とせし処であった。若しあの際に於て、我が実業家が僅かに一百万元の金策に応じて呉れたならば、恐らく当年に於て既に段氏をして天下の輿望を担はしむる事を得て、民国統一の端を開くことを得せしならんか、今に於て之を追懐するも尚ほ遺憾の極みである。

第十七　黎総統の上海行

前項に述べたる如く、此時機を捉へたる段派の有力者は、政学会の李根源氏等と気脈を通じ大に反直熱を煽り立て、先づ李根源氏をして内閣事務所を黎氏の自宅に設けしめ策動を開始し、後九月上旬、直隷派の熱烈なる運動漸次其効を奏すが如く見ゆるに至りたれば、反直派の策士連は十月十日以前（黎総統の任期）、黎氏を上海に到らしめて、同地に上海政府を組織して大総統府を移す計画を立案し、以て曹錕氏の総統選挙を無効ならしめんとし、此計画を反直派の某氏より予に相談に及び、何んとかして直隷派の厳重なる監視中を逃れ上海に船出する工夫なきやとのことであったが、予は此時既に本国に転任の辞令を拝受し、近く南方広東まで旅行の命を受けありて其旅装準備中なりしも、窮鳥懐に入るの当時の状況に於て、之をつき放すも情義なき仕打ちと思ひ、止むなく其計画実施の方法として、天津在住の信ずべき某氏に命じて、山下汽船会社の防府丸を買収して船繰せしめ、日本呉服屋に命じて至急黒羽二重の羽織及び重ねの着物を新調せしめて、黎氏を病人としての旅装を整へしめ、之に日本某病院長某を嘱托して附添看護婦二名と共に同船に乗込ましめて、全く日本人の重病人が乗船帰国する如く装ひて、直隷派の監視を脱して、九月七日天津埠頭より乗船、上海に向け出帆せしめたのであったが、同十一日無事上海に到着した処、上海商民の非常なる反対を受け、遂に上海政府の組織失敗に帰し、同時に曩に好意を以て迎えたる芦永祥氏も、形勢の不利なるを見るや、大なる後援も与ふることなかりしかば、黎氏は遂に余儀なく我が別府に静養の身となったのである。

第十八　孫段張の三角同盟の連絡に就て

予は前項に述べたる如く、黎氏の上海行を演じたるときは、既に本国に転職の命を受けありて、其帰朝に先ち南支那を視察すべく其筋より命を受けて居ったから、黎氏の乗船出発の翌九月八日、天津を出発、津浦線にて上海に向って発足したのであったが、之より前に予は段祺瑞氏と面談して、同氏より芦永祥氏及び広東孫文氏並に当時在香港の梁士詒氏等に、将来の反直行動に関する希望並に打合事項につき重要なる伝達を依頼せられたれば、予も将来起るべき第二次奉直戦の前提たる諸般の計画を知るに恰適の機会を与へられたるを喜びたると同時に、従来段張両氏との関係もあること故、大いに勇み立ちつゝ、半ば段氏の使命を帯びて出発したのであった処、北京公使館等にては、又も軍閥外交をやるではないかなど、頻りに予の行動に対し、上海、杭州、香港、広東等の領事に打電して監視の眼を見張ったといふことであったが、予は単に芦永祥氏に対しても、梁士詒氏に対しても、広東孫文氏の幕僚等に対しても、日支親善を旨として談話を試みたる外、段氏の伝言を伝へたるのみであったから、別に外務側より故障を受けたることもなかったけれども、先方よりは、其伝言に対し、段氏に又伝言を頼まれたるが故、之を天津に帰りて段氏に伝へたやうな訳で、恰も予は三角同盟の連絡者たるの感はあった。而して天津を去るに臨みては、再び又段氏より奉天の張氏に伝言を依頼せられ（第二次奉直戦の作戦計画に等しき伝言にて、極秘にて予は楊宇霆氏の通訳にて張氏に直接伝達したのであった)、右の如くして予は任務地を去るに臨みても、尚孫段張の三角同盟のため重大なる仕事をなしたかの感を抱きつゝ帰朝したのであった。

第十九　曹錕氏大総統選挙

九月下旬に至り、直隷派はあらゆる手段を尽して議員買収の運動費を作り大いに活動したる結果、其功を奏したるに反し、反直派は運動費欠乏のため、十月上旬、曹錕氏をして遂に総統たるを得せしめたのであった。爾来直隷派は益々横暴を極め、漸次其地盤を拡張しつゝあったが、天下の同情は益々直派を去って反直派に帰し、呉佩孚氏は其の勢旭日昇天の有様であったけれども、張作霖氏は孫文、芦永祥両氏と気脈を通じ、共に段祺瑞氏を中心として大いに直隷政府反対の気勢を挙げ、且つ大に軍備を整備しつゝ、時機の到るを待って居たのである

第二十　第二次奉直戦　間(ママ)に就て

予は本国に転勤(小倉)帰朝するや、直ちに東上、摂政宮殿下に駐屯軍の軍状を奏上し終りて帰還、新任務に就きありたるが、段氏及び其幕僚等より、時々状況並に希望に関し通信を受くることあり、為に身は天津と離れたるも、尚旧任務地を忘るゝ能はず、時々段氏並に張氏に対し進言せしこともあり、就中山海関の奉軍危急の際に於ては、段氏の希望により張氏に向け、此際奮発して百五十万元位の金策をなし、速に段氏の許に送付、以て馮氏買収の資を供せらるゝこと最も必要ならんとの書面を、適々張氏の顧問某氏が下の関通過帰奉の際、手渡したる事もあったが、之が果して張氏に通じたのであったか何うかは不明なるも、兎も角事実は其様に発展して、第二次奉直戦の好結果を見るに至ったのは、先づ以て孫段張の三角同盟のため幸であった。

註

(1) 拙著『辛亥革命と日本政治の変動』(岩波書店、二〇〇九年)、同『華北駐屯日本軍』(岩波書店、二〇一五年)。
(2) 関島書記生撰『漢口駐屯軍問題』(一九二二年推定、東洋文庫6717)。
(3) この文書は二〇〇九年一〇月にある古書店から購入したもので、その後、国立国会図書館憲政資料室の所蔵となった(「戦前期政党・選挙・東京市等関係資料」84)。
(4) 拙著『華北駐屯日本軍』第五章(岩波書店、二〇一五年)。
(5)「支那ノ財政難ト共同管理説ニ就テ」一九二三年四月九日(アジア歴史資料センターRef.C03022624700)。
(6)「支那国際管理ニ対スル意見」一九二三年六月一六日(Ref.C03022625900)。
(7) 支那駐屯軍司令部「支那共管問題の研究(第二)」一九二三年七月二五日(Ref. C03022626800)。
(8)「支那の現状に対する策案」一九二三年七月一一日(Ref.C03022623100)。
(9) 鈴木一馬『最近の支那事情』(大阪実業協会出版部、一九二五年)。
(10) 鈴木一馬『往時を偲びて呉佩孚氏を語る』(国防協会、一九三九年)。
(11) 池井優「第一次奉直戦争と日本」・「第二次奉直戦争と日本」(栗原健編著『対満蒙政策史の一面』原書房、一九六六年)。
(12) 支那駐屯軍司令部「奉直戦ニ伴フ列国軍司令官会議ノ経過」一九二二年一〇月(「各国内政関係雑纂・支那の部・奉直戦争」外務省記録1・6・1・4-2-13、アジア歴史資料センターRef.B03050249400)。
(13) 六月二三日内田外務大臣宛天津吉田総領事電報(『日本外交文書 大正十一年』第二冊三七九頁、外務省、一九七六年)。
(14) 坂野潤治「第一次幣原外交の崩壊と日本陸軍」(『近代日本の外交と政治』研文出版、一九八五年)。

（15）　小林道彦『政党内閣の崩壊と満州事変─1918～1932』四二頁（ミネルヴァ書房、二〇一〇年）。

本書のおわりに

本書に収録した論考は、最も古いもの（第四章）は約三〇年前、最も新しいもの（第六章）は五年前のものである。多くは二〇一〇年前後に執筆したものである。今回初めて掲載したもの（第九章）もあるが、執筆は同じ頃のものである。以下に初出事項を掲げる。

第一章「日露戦争後の日本―『大国民』意識と戦後ナショナリズム」（和田春樹他編『岩波講座　東アジア近現代通史　第二巻　日露戦争と韓国併合』岩波書店、二〇一〇年一〇月）

第二章「大正時代を考える―ナショナリズムの位置―」（『近代日本研究』（慶応大学）第二九号、二〇一三年二月）

第三章「日露戦後における島田三郎の政治軌跡」（横浜近代史研究会・横浜開港資料館編『横浜の近代―都市の形成と展開―』日本経済評論社、一九九七年三月）

第四章「宗秩寮の創設と日露戦後の貴族院」（『日本史研究』第三四七号、一九九一年七月）

第五章「可睡斎護国塔と日置黙仙―ある仏教者の日露戦後における慰霊運動―」（東アジア近代史学会編『日露戦争と東アジア世界』ゆまに書房、二〇〇八年一月）

第六章「加藤高明とその周辺」（池田維他編『人物からたどる近代日中関係史』国書刊行会、二〇一九年六月）

第七章「辛亥革命と日本政府の対応」（王柯編『辛亥革命と日本』藤原書店、二〇一一年一一月）

第八章「辛亥革命のインパクトと日本」(辛亥革命百周年記念論集編集委員会編『総合研究　辛亥革命』岩波書店、二〇一二年九月)
第九章「清王朝の崩壊と護憲運動・大正政変」(未発表、ただし報告要旨は「清王朝の崩壊と日本政府・日本政治」(『FUKUOKA UNESCO』第四八号、二〇一二年)
第一〇章「後藤新平と宇都宮太郎」(『後藤新平の会会報』第四・五号、二〇〇九年三月)
第一一章「新疆と近代日本との関係史スケッチ」(『中国研究』(麗澤大学)第二二号、二〇一四年一二月)
第一二章「辛亥革命記念空間と観光施設―東南アジアとアメリカを題材として―」(『中国研究』(麗澤大学)第二三号、二〇一五年一二月)、「華人統合の象徴としての孫文と林則徐」(『中国研究』(麗澤大学)第二六号、二〇一九年一月)
第一三章「近代日中関係の担い手に関する研究(中清派遣隊)―漢口駐屯の日本陸軍派遣隊と国際政治―」(『(麗澤大学経済社会総合研究センター) Working Paper』第二九号、二〇〇八年一二月)、「シナ国際管理論に関する一史料」(『中国研究』(麗澤大学)第二四号、二〇一七年一月)、「鈴木一馬支那駐屯軍司令官『駐支秘録』(一九二二～一九二三)」(『中国研究』(麗澤大学)第二一号、二〇一三年一二月)

本書収録の論文を読み直してみて、第一に思うことは、「宇都宮太郎関係文書」に出会った影響の大きさである。この資料(文書)は、二〇〇二年に確認され、宇都宮太郎関係資料研究会(代表吉良芳恵、当時日本女子大学教授)が組織され、二〇〇三年から整理が始まったものである。筆者は、文書の発見の現場には立ち会わなかったものの、当初から整理や翻刻作業に加わり、二〇〇七年には日記を刊行することができた。この文書のハイライトの一つが、宇都宮が参謀本部第二部長として関係した辛亥革命期の史料であり、その豊富な書類や書簡を利用できたことが、本書の各章執筆の動機となり、また直接的・間接的に文章に反映することになった（本書をまとめるにあたって宇都宮に関する記述は多少整理した）。その後、翻刻した書類や書簡の刊行はできないまま「宇都宮関係文書」は国立国会図書館憲政資料室に移管され、二〇二二年に公開された。これにより、筆者が利用した文書について、他者による検証が可能となった。

次に筆者は、「宇都宮関係文書」に限らず、他の研究者に比べて、比較的多くの史料整理に関係し、多くの史料集の刊行に携わってきた。その成果は、そのつど解説や解題として刊行物に付した文章に示したが、本書第五章（『田健治郎日記』に関係する）は、その副産物として生まれたものである。そしてこれは、芙蓉書房出版に刊行をお願いしたものであった。

本書のような内容で一書を編むことは、何年も前から構想していたものの、次から次へと入ってくる新しい仕事に追われ、なかなか決心できないでいた。それを今回急遽進めることにしたわけは、長い間、同社を切り盛りされてきた平澤公裕社長が経営から退くことを聞いたことによる。筆者が研究者として駈け出しの頃に、立憲同志会の資料集の企画を、当時、政党機関誌の復刻を進めていた柏書房に相談した時に、相手になっていただいたのが平澤さんであった。『政友』や『憲政』『民政』は、ただ誌面を復刻したものであったが、立憲同志会については、機関誌の『同志』は刊行されるようになった時期が遅く、また号数も少なかったので、それだけでは本にするのは難しかったためか、同社の政党機関誌シリーズには入っていなかった（したがって『近代日本政党機関誌記事総覧』柏書房、一九八八年に収録されていない）。そこで当時誰も注目していなかった『同志会叢書』や、同志会の発行になる小冊子、そして会務関係書類その他をさまざまな文書から収集して、全四冊の資料集として刊行することを提案した。これが『立憲同志会資料集』（柏書房、一九九一年）として出版され、それにかなり細かい解題を書かせてもらい、その後の拙著『大正政治史の出発』（山川出版社、一九九七年）に活かすことができた。

最初に会った頃の平澤さんは、ずいぶん年上かと感じたが、今思えば、そんなにたいそう離れていたわけではなかったのだなと思う。バリバリで仕事をされていた時期（今もそうだが）で、まもなく芙蓉書房の経営権を引き継ぎ、古い芙蓉書房のイメージを刷新し、新しい芙蓉書房出版を創っていった。『内田良平関係文書』の出版は、柏書房からの引き継ぎであったが、その後、広瀬順晧先生の紹介と思うが、同社は戦前の華族団体を引き継ぐ尚友倶楽部の史料刊行事業を担うこととなり、筆者も、史料翻刻作業に参画することになり、自然と組んで仕事をすることが多くなった。『伊集院彦吉関係文書』全二巻（一九九六・一九九七年）、『阪谷芳郎東京市長日記』（二〇〇〇年）、『田健治郎日記』全七巻（二〇〇八〜二〇一八年）、『上原勇作日記』（二〇一一年）と続き、一〇年の間を置いて『財部彪日記〈海軍大臣時代〉』（二〇二一年）、『当用百科大鑑―昭和三年の日記帳付録―』（尚友ブックレット三七、二〇二二年）を発行していただいた。その他、尚友倶楽部以外の仕事で、芙蓉書房出版から出していただいた（あるいはかかわった）史料集として、『海軍の外交官竹下勇日記』（一九九八年）、『伊沢多喜男関係文書』（大西比呂志他編、二〇〇〇年）、『阪谷芳郎関係書簡集』（専修大学編、二〇一三年）があり、史料集ではないけれど『ヴェトナム独立運動家潘佩珠伝』（一九九九年）や『国際環境のなかの近代日本』（二〇〇一年）、『伊沢多喜男と近代日本』（二〇〇三年）でもお世話になった。書き出してみると、一九九六年から二〇一〇年頃が多く、同社の目録の著者名索引で最も数が多いという時期もあったそうだ。そのようなことで、多年のお礼（になるかどうかは心許ないが）の気持ちと若干の感傷を籠めて、平澤さんにお願いすることにした。

また右で触れた尚友倶楽部であるが、同倶楽部とのかかわりも、とても長くなった。本書の第四章は、本書のなかでは少し浮いている章である。もともと筆者の日露戦後政治史研究の一部には、貴族院に関する部分がけっこうあった。多くの部分は、高橋秀直さんが先に研究を出されたので、活字にはならず、残った部分が本章となったもので、明治末から大正期に至る貴族院の政治的自立化の文脈を意識したものであった。その研究過程で、『貴族院の会派研究会史（明治大正編）』（一九八〇年、非売品）が刊行されたことを知り、手に入れたいと思い、初めて倶楽部を訪れたのは、その頃のことであったと思う。建て変わる前の建物で（一九八五年以前）、その時に著者の水野勝邦様にお会いした。霞ヶ関の奥にこんな空間があるのだと驚いたことだけは覚えている。

その後、桂太郎の女婿であった長島隆二のことを調べるにあたって、上田和子さん（水野勝邦氏の娘さん、母が長島の娘）を紹介していただいた。この時は、新しい尚友会館でお話をうかがい、史料を見せていただいたりした。この史料については、長谷川怜「水野可壽子『昭和二十一年記　亡父を憶ふ』：長島隆二についての回想」（『皇學館史学』第三六号、二〇二一年）に全文が掲載されている。尚友倶楽部の仕事を紹介していただいたのは、先に書いたように広瀬順晧先生による前掲の『伊集院彦吉関係文書』の翻刻作業によるもので、その後、専務理事をされていた阪谷芳直様との話の中で、阪谷芳郎の東京市長日記が面白いことをお話したら、さっそく尚友叢書の企画として取りあげてくださることになった。こうしていくつかの史料集を通じて長く関係が続いた。現在では、一ヵ月に一度程度、倶楽部を訪問し、いくつかの企画にかかわり、上田さんの後をひきついだ藤澤恵美子さんにお世話になっている。ということもあり、一つくらい貴族院・華族関係のものを、古いものだが、収録することにした。

ところでこのように過去を整理していると、自分の研究が二〇〇〇年前後と二〇一〇年前後の二回変化しているということに気がついた。前者は、史料への向かい方の変化で、若い頃は、史料所蔵機関に通いひたすら目録を参考に、時にはあてどもなく史料を閲覧し、そこから課題を発見していくということをやっていたのが、史料翻刻・出版作業が中心となり、そのプロジェクトに関する史料を見て行くという変化である。これは時間的な制約も大きく作用していよう。後者は、テーマの変化の方で、これは本書に収めた明治・大正期の政治・外交の分野以外に、研究対象や時期が拡散（地域史や幕末期の国際交流）したことと、一般向けの色彩の強い叢書や通史・評伝（『加藤高明』『国際化時代「大正日本」』『華北駐屯日本軍』）をまとめた影響であるかもしれない。いずれにしても、そろそろ書き散らしてきたものを整理して形のあるものにしたいというのが、本書刊行の動機となった。そして本書の刊行および作業については、新しい芙蓉書房出版を経営されることになった奥村侑生市さんにお世話になりました。ありがとうございます。

二〇二四年六月

【や・ら・わ行】

【な行】

【は行】

【ま行】

【た行】

【あ行】

主要人名索引

＊本文中に出てくる近代の人物名を採択した。ただし第13章については解説部分のみとし、史料部分は除いてある。なお人物名を冠した事項のうち、内閣名のみ含めた。
＊配列は、日本人・外国人をとわず、日本語の通常の読みに従い50音順に並べたが、一部見やすいように工夫したところもある。
＊数字は登場するページを示した。次頁にも登場する場合はfを，次の2頁に登場する場合はffを、それ以上連続して登場する場合は○-○のように示した。

【著者略歴】

櫻井 良樹（さくらい りょうじゅ）

麗澤大学国際学部教授。第 33 回大平正芳記念賞（大平正芳記念財団）。主要著書：『国際化時代「大正日本」』（吉川弘文館、2017 年）、『華北駐屯日本軍―義和団から盧溝橋への道―』（岩波書店、2015 年）、『加藤高明―主義主張を枉げるな―』（ミネルヴァ書房、2013 年）、『辛亥革命と日本政治の変動』（岩波書店、2009 年）、『海軍の外交官竹下勇日記』（共編、芙蓉書房出版、1998 年）、『大正政治史の出発―立憲同志会の成立とその周辺―』（山川出版社、1997 年）。

大正期日本の転換

―辛亥革命前後の政治・外交・社会―

2024 年 11 月 29 日　第 1 刷発行

著者
櫻井良樹（さくらい りょうじゅ）

装幀者
クリエイティブコンセプト

発行者
奥村侑生市

発行所
株式会社芙蓉書房出版

〒162-0805
東京都新宿区矢来町 113-1
神楽坂升本ビル 4 階
TEL 03-5579-8295　FAX 03-5579-8786
http://www.fuyoshobo.co.jp

印刷・製本　モリモト印刷

ISBN 978-4-8295-0888-6 C3021